D1718807

Blumenmärchen

Blumenmärchen

Ausgewählt und illustriert von Djamila Jaenike
Herausgegeben von der Mutabor Märchenstiftung

Mutabor
VERLAG

© Mutabor Verlag 2014, CH-3432 Lützelflüh
Alle Rechte vorbehalten.
Illustrationen: Djamila Jaenike
Korrektorat: Andrea Vogel / Kai Richter
Layout: Alexander Lanz

Druck und Bindung: CPI-Ebner & Spiegel, Ulm

ISBN 978-3-9523692-3-4
www.mutaborverlag.ch

Inhalt

KAPITEL 6

Königliche Wunderblumen   175

Einleitung

Die Blumenmärchen in diesem Buch führen über Kontinente, durch Kulturen, Religionen, Lebens- und Jahreszeiten und schaffen damit Brücken zu Urbedürfnissen der Menschen, zu Fragen über Leben und Tod, Freude und Leid, Blühen und Vergehen und über die Sehnsucht, die die Menschen in sich tragen. Sie erzählen von der Entstehung der Blumen, von allerlei Metamorphosen, von Jenseitsblumen, Blütenfeen und Blumenköniginnen und von den legendären Wunderblumen, die so schwer zu finden sind.

Zahlreiche Blumengedichte und Gemälde mit Blumen sind erhalten und überliefert, Blumenmärchen jedoch sind rar, wenn man nach überlieferten Volksmärchen sucht. Viele der ausgewählten Märchen wurden vor mehr als 150 Jahren aufgeschrieben. Die Welt, die sie zeigen, gibt auch ein wenig Kulturgeschichte preis und je nach Herkunftsland und Religionszugehörigkeit sind die benannten Rituale und ihre Symbolsprache uns vielleicht fremd. Die Märchen wurden lange Zeit mündlich weitergegeben, sind in unzähligen Variationen über Generationen weitergereicht worden, und ähnlich den Blumen haben sich mit der Zeit verschiedene Färbungen entwickelt.

Blumen faszinieren die Menschen seit jeher und nehmen in der Kultur der Menschen einen besonderen Platz ein. Abgesehen von den Blüten, die zur Entstehung der Früchte, und damit eines grossen Teils der Nahrung, nötig sind, sind es die heilenden Kräfte der Blumen für Körper, Seele und Geist, die den Menschen dazu brachten, Blumen zu sammeln, in Gärten anzupflanzen und schliesslich auch zu züchten. Das schlägt sich auch in der bildenden Kunst nieder. Von den alltäglichen Mustern auf Kleidern, zu den Blumen und Ranken auf Gemälden, zur Zierde religiöser Texte, auf Teppichen, in der Bildhauerkunst der Kathedralen, überall finden sich die Blumen als Vorbilder für Formen und Farben. Kaum ein Muster, das sich nicht auch in einer Blüte findet. Damit entsteht ein Bild von ordnender Kraft, das den Menschen bereits früh als Wegweiser für die eigene Entwicklung gedient haben mag.

Im Hinblick auf das Schicksal von Werden und Vergehen, über das die Götter wachten, wurden ihnen Blumen geweiht und zu allen wichtigen Ritualen und Zeiten verwendet. Bis heute ist kaum ein Fest ohne Blumen denkbar. Von der Osterglocke zur Hochzeitsrose, von der Grabchrysantheme zur Christrose, alle drücken die Wichtigkeit und Vergänglichkeit des gefeierten Momentes und unterschiedliche Emotionen aus. Viele Blumenrituale, die wir heute noch benutzen, gehen weit in die Anfänge der Kultur zurück. Aus den antiken Quellen sind viele solcher Riten überliefert. In das Blumenreich der Nymphe Chloris kamen die Frauen und banden sich

Kränze, auch bei Hochzeiten waren alle bekränzt. Bei der Vermählung des Jason mit der Medea schmückten sich sämtliche Argonauten mit Blumen, das Hochzeitshaus wurde mit Kränzen behangen, und mit den schönsten und kostbarsten das Brautbett umwunden, und bereits die Römer legten in ihre Kissen die Blätter der seltensten und wohlriechendsten Blumen. Der Brauch, bei Begräbnissen Blumen als Schmuck zu verwenden, hat sich aus den Zeiten des klassischen Altertums gehalten.

Die Blumensprache wird gerne als Synonym für Dinge benutzt, die man sonst schwer in Worte fassen kann. Das Sprichwort «Etwas durch die Blume sagen» kommt dem ganz nahe. In vergangenen Zeiten gab es ausgeklügelte Bedeutungen für jede einzelne Blüte und so konnten Botschaften mittels Blumen überbracht werden. Unbewusst löst auch heute noch die Wahl der Blüten Sympathie oder Antipathie aus, ohne dass man sich der Bedeutung der gewählten Blumen bewusst ist. Die Volksmärchen erzählen in ihrer blumigen Sprache von den Geheimnissen der Natur, vom Wachsen, Erblühen und von der Vergänglichkeit der Blumen und von den Samen, die in der Erde auf den nächsten Frühling warten. Das Wunder dieses Kreislaufs beschäftigt die Menschen seit jeher und so spiegelt sich der Lauf des Lebens auch in ihren Geschichten und findet Parallelen zur Entwicklung des Menschseins auf der Erde. Die überlieferten Mythen und Zaubermärchen erzählen, wie die himmlischen Schöpfer Keime und Samen legen. Die individuellen Arten der Pflanzen bilden sich aufgrund der erzählten Geschehnisse heraus und werden so zu Allegorien. Regen und Tränen, Sonne und Sehnsucht, Blut und Erde, Nacht und Traurigkeit, Winter und Tod, Liebe und Frühling – sie alle verschmelzen in einer mythischen Bildersprache.

Wer in die Blumenmärchen eintaucht, wandelt voller Staunen in einem Zaubergarten, und wer möchte, sammelt ein paar Samen von den schönsten Blüten und streut sie in seinem Märchengarten aus.

Djamila Jaenike

Es war, als hätt' der Himmel
Die Erde still geküsst,
Dass sie im Blütenschimmer
Von ihm nun träumen müsst'.

JOSEPH VON EICHENDORFF

KAPITEL 1

Wie die Blumen auf die Erde kamen

Wie kamen die Blumen auf die Erde? Weshalb sind manche rot, andere blau oder gelb, und weshalb blühen einige im Sommer und andere im Winter? Mythen, Legenden und ätiologische Märchen erzählen in farbenfroher Sprache vom Beginn der Blumen auf der Erde. Meist sind die Beschreibungen nur bruchstückhaft, aber quer durch die Weltreligionen und Kulturen entsteht etwa folgendes Bild: Vor langer, langer Zeit, als Gott die Welt erschuf, war die Erde wüst und leer. Gottes Geist hatte den Himmel und die Erde geschaffen, das Licht und die Nacht, Erde und Wasser und die Gestirne, die über allem leuchteten, er belebte das Wasser und die Erde und erschuf Pflanzen, die blühten und sich mit ihren Samen auf der Erde vermehren konnten. Die Menschen lebten auf der Erde und manche waren dem Schöpfergeist und seinen Helfern noch nah, sie wurden in Lotosblumen geboren, unter ihren Füssen sprossen Blumen und wo immer sie hinkamen, verstreuten sie die Samen der Weisheit. Mit der Zeit entstanden immer neue Blumen, solche, die wie die Sonne aussahen, andere blau wie der Himmel, die Menschen nannten sie Tausendschön, Immergrün, Gottesblümchen, Gottesmäntelchen – viele Namen fanden sie, die sie an die göttliche Herkunft erinnerten. Boten der Götter kamen und lehrten die Menschen den Nutzen und die Heilkraft der Blumen, und die Menschen schmückten die Tempel der Götter mit den Blüten hunderter von Blumen. Zu bestimmten Zeiten aber schenkten die Götter den Menschen neue Blumen, um sie an den Paradiesgarten zu erinnern.

Die Märchen haben, wie kaum eine andere Literaturgattung, einen leichten Umgang mit anderen Welten und dem Übergang zwischen Diesseits und Jenseits. Es gibt Wege in den himmlischen Garten, und märchenhafte Wesen können Blumen aus dem Himmel holen; ihre Spuren findet man heute noch in besonderen Blüten und Blumennamen. Aus der christlichen Welt ist eine ganze Schar von Blumen benannt, andere sind uns weniger vertraut, da sie einem fremden Kulturkreis entstammen. In den verschiedenen Überlieferungen wechseln die Namen derer, die der Erde neue Blumen bringen. Ist es einmal die Jungfrau Maria, so kann es in einer anderen Fassung auch die Göttin Demeter, Frau Holle oder eine Fee sein. Immer aber sind es

Figuren, die für die Menschen von grosser Bedeutung waren. In der ersten Geschichte wird vom Gespräch zwischen dem Schöpfer und seinen Pflanzen berichtet und von den Blumensamen, die die Menschen als Erinnerung an das Paradies mit auf die Erde nehmen durften.

Die zweite Geschichte stammt aus Australien. Hier wird die Zeit auf der kahlen Erde geschildert, als der Schöpfergeist nicht mehr auf der Erde wandelte und sich alle Blumen mit ihm auf einen Gipfel über den Wolken zurückgezogen hatten. Doch ohne Blumen leiden die Menschen und unternehmen eine abenteuerliche Reise, um sie auf die Erde zurückzuholen.

Die Geschichte der Blume Quihuel-Quihuel ist ein Beispiel für Blumen, die einem Gott geweiht und damit für Menschen verboten waren.

Die Entstehung der Mohnblumen wird im vierten Märchen geschildert. Aus den Blutstropfen einer Mutter, die keine Schmerzen scheut, um ihr Kind zu retten, sollen sie gewachsen sein und bis heute wird eine aus Mohn gewonnene Substanz (Morphium) genutzt, um Schmerzen zu stillen.

Aus Griechenland ist die Mythe von Hyazinthus überliefert, aus dessen Blut die Götter eine purpurfarbene Blume wachsen liessen. Wie das Leben des jungen Hyazinthus nur kurz war, so blüht auch die Hyazinthe nur kurze Zeit, bevor sie sich in die Erde zurückzieht, um im nächsten Frühling wiederzukehren.

Das folgende Märchen erzählt, wie aus den Tränen eines Hirten das Maiglöckchen entstand. Die Herkunft dieser Blume wird aber auch den Tränen Marias oder Jesu zugeschrieben und sie werden in der Ikonographie als Symbol für Trost und Bescheidenheit verwendet. Ebenfalls aus Tränen soll die Christrose entstanden sein, die wie ein Wunder im kalten Winter erblüht.

Manche Blumen haben eine so eindrückliche Signatur, dass sich daraus ganz selbstverständlich Legenden und Geschichten ihrer Herkunft ableiten liessen. So eine Blume ist die Orchidee Frauenschuh. Sie soll aus den Pantöffelchen einer Schusterstochter entstanden sein. Eine andere Überlieferung erzählt von Frau Holles goldenen Schuhen, die sich im Wald in Blumen verwandelt haben. Wie die Winde ihre rosa Streifen erhalten hat, erzählt die Legende vom «Muttergottesgläschen» aus den Kinder- und Hausmärchen der Brüder Grimm.

Das reine weisse Blütenkleid des Schneeglöckchens mag zu der letzten Geschichte dieses Kapitels angeregt haben. Sie erzählt auch, wie die Blume, die den Anfang des Blumenreigens einläutet, zu ihrem Namen gekommen ist.

Wie die Blumen erschaffen wurden

Als die Blumen erschaffen waren, standen sie alle da und beschauten ihre Füsschen, auf denen sie fest und aufrecht stehen konnten. Sie freuten sich über ihre grünen Blätter, die sich im Morgenwind bewegten und staunten über die Blütenkronen, die der Schöpfer ihnen geschenkt hatte, jede in der Farbe, die ihr am liebsten war, dazu bekam jede einen passenden Namen. Zuletzt fragte er jede Blume, wo sie wohnen möchte. Wenn sie ihren Wunsch ausgesprochen hatte, trug sie ein Engel hin und pflanzte sie ein. Die eine Blume wollte auf dem Berg wohnen, die andere im Tal, die eine in trockener, die andere in sumpfiger Erde. Die meisten Blumen wollten in den Wiesen wohnen, im Wald aber mochte keine wachsen, da war ihnen zu wenig Sonnenschein.

Als nun die Sonne die Blumen zum Leuchten brachte, wurde der Wald traurig. Die Bienen und die Vögel zogen alle auf die Wiesen und er blieb leer zurück. Da fing er an, dicke Harztränen zu weinen und rief: «Ach, kämen doch ein paar Blumen zu mir, dann würden die Vögel und die Bienen auch zurückkehren.»

Die Maiglöckchen, die damals auf der Wiese blühten, hörten die Klagen und sprachen zu den anderen Blumen: «Wollen wir nicht in den Wald ziehen? So schlimm kann es dort nicht sein.»

Sie zogen ihre Beinchen eins nach dem andern aus der Erde und trippelten in den Wald hinein.

Der Wald nahm sie dankend bei sich auf, und die Bäume breiteten schützend ihre Zweige über ihnen aus. Deshalb muss, wer Maiglöckchen sucht, gute Augen haben, denn der Wald will sie nicht gerne hergeben und hält sie gut verborgen.

So hatte also jede Blume ihren Platz gefunden, manche sogar hoch oben, nah beim ewigen Schnee, und sie freuten sich über ihre schönen Blütenkleider und die hübschen Namen. Eine Blume aber, mit zarten, himmelblauen Blüten, stand traurig am Bach und weinte still vor sich hin. Als am Abend der Schöpfer noch einmal über Feld und Wiesen wandelte, um zu sehen, wie es seinen Blumen ging, sah er das weinende Blümchen. «Warum weinst du denn?», wollte er wissen.

Da erzählte das himmelblaue Blümchen: «Ach Herr, ich stand am Bach, freute mich über mein schönes Blütenkleid und schaute dem Bächlein zu, da vergass ich meinen Namen.»

«Hättest du mich doch gerufen, ich weiss die Namen von allen Blumen. Aber damit du deinen Namen nicht mehr vergisst, sollst du von nun an Vergissmeinnicht heissen.»

Und dieser Name ist der Blume bis heute geblieben.

Als der Schöpfer nun alles so wunderbar erschaffen hatte, bekam jeder Engel ein Beet, darauf durfte er seine Lieblingsblumen pflanzen. Da begann ein emsiges Wählen und bald leuchteten auf den Beeten die schönsten Blumen: Himmelsschlüssel, Vergissmeinnicht, Gänseblümchen, Maiglöckchen, Nelken, Rosen und Narzissen und ihr Duft zog durch den Himmelsgarten.

Ein Engel aber hatte geduldig gewartet und die anderen zuerst wählen lassen. Aber als er an die Reihe kam, war keine Blume mehr übriggeblieben. So stand er traurig bei seinem leeren Beet, als der Schöpfer durch den Garten ging, um sich die Blumenbeete der Engel anzuschauen. Der Schöpfer hatte Mitleid mit dem Engel und sprach: «Ich schenke dir eine Pflanze, die die Blume der Geduldigen und Bescheidenen werden soll», und in diesem Augenblick erblühten auf dem Beet des Engels die schönsten Veilchen.

Als später die Menschen aus dem Paradies vertrieben wurden, durften sie Samen von allen Blumen mitnehmen, nur nicht vom Veilchen. Da bat der Engel, den Menschen doch auch dieses Blümchen mitzugeben, und der himmlische Schöpfer schenkte den Menschen auch das bescheidene Veilchen.

Er gab den Menschen zwei Engel mit auf den Weg, die trugen ein Veilchen in der Hand und pflanzten es auf der Erde ein. Dort blüht es bis auf den heutigen Tag als Erinnerung an den Himmelsgarten.

Legende aus Deutschland

Wie die Blumen wieder in die Welt kamen

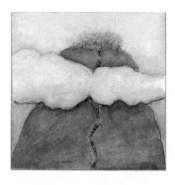

Einst lebte der grosse Schöpfergeist Byamee auf der Erde unter den Menschen. Als er die Erde verlassen hatte, um sich hoch oben auf den Oobi-Oobi-Berg ins fern-ferne Bullimah-Land zurückzuziehen, wurde die Erde wüst und leer, denn mit ihm waren auch alle Blumen verschwunden. Sie verwelkten und verdorrten und keine einzige keimte wieder. Doch die Menschen konnten sie nicht vergessen, die Alten erzählten den Jüngeren in ihren Märchen von der Pracht und dem Duft der Blumen und so blieb die Hoffnung, dass sie einst zurückkehren würden.

Ohne die Blumen hatten es aber auch die Bienen schwer und ohne Bienen gab es keinen Honig mehr. Die Kinder jedoch verlangten nach Süssem. Da zogen die Frauen mit ihren Sammelkörben los, doch sie kamen ohne Honig zurück, die Sammelkörbe blieben leer. Nur noch bei drei Bäumen lebten Bienen, doch diese drei Bäume gehörten den Göttern, und die Menschen durften nichts von ihnen nehmen.

Als der grosse Schöpfergeist Byamee hörte, dass die Menschen seine Bäume ehrten, hatte er Mitleid mit ihnen und schenkte ihnen einen süssen Saft, der die Rinde der Bäume herunterlief und in kleinen Klümpchen auf den Boden fiel. Dann kamen die Kinder und sammelten die süssen Geschenke und freuten sich an dem Manna des Himmels.

Doch die Alten sehnten sich noch immer nach den Blumen. Die Erinnerung an den Blütenflor, der früher die Erde bedeckt hatte, war in ihnen noch lebendig. Da beschlossen die Zauberer, zum grossen Schöpfergeist Byamee zu gehen und ihn zu bitten, er möge ihnen die Blumen wieder zurückgeben. Heimlich gingen sie in Richtung Nordosten davon. Sie wanderten immer weiter und weiter und kamen schliesslich zum Fuss des Oobi-Oobi-Berges. Sie schauten nach oben und sahen die steilen, kahlen Felswände, und die Spitze des Berges verschwand in den Wolken. Wie sollten sie jemals den Gipfel erklimmen? Ratlos umwanderten sie den Berg. Nach langem Suchen entdeckten sie auf einmal eine kleine Stufe, die in den Fels geschlagen war, und noch eine und noch eine – eine richtige Treppe, die immer höher hinaufführte, so weit das Auge reichte.

Sie erklommen die erste Stufe und gingen Schritt für Schritt, und nach einem Tag schien der Gipfel noch genauso fern wie am Anfang. Auch am zweiten und dritten Tag schien es so, doch langsam näherten sie sich der Spitze und am vierten Tag durchbrachen sie die Wolken und erreichten ihr Ziel. Sie waren ganz durstig und ermattet vom langen Weg. Mit letzter Kraft schleppten sie sich zu einer Quelle. Sie tranken vom sprudelnden frischen Wasser und alle Müdigkeit verschwand, und sie fühlten sich stark und frisch. Sie schauten sich um und fanden grosse Steine, die im Kreis standen. Dahinein begaben sie sich und nicht lange darauf erklang die helle Stimme des Geisterboten: «Was sucht ihr hier, Zauberer, an diesem Ort, wo die heiligen Worte verkündet werden?»

Da erzählten sie, wie leer und traurig die Erde geworden sei, seit der Schöpfergeist die Erde verlassen hatte, und wie gross die Sehnsucht der Menschen nach den Blumen war. Der Geisterbote hörte die Rede der Zauberer und befahl den Berggeistern, sie auf die Himmelswiese zu bringen.

Da fühlten die Zauberer, wie sie von unsichtbarer Hand in den Himmel hineingehoben und sanft auf der Himmelswiese abgesetzt wurden. Dort blühten die herrlichsten Blumen in einer unvorstellbaren Fülle. Wie Hunderte von Regenbogen zogen sich ihre Farben über die Wiese. Die Zauberer waren so ergriffen von dieser Schönheit, dass sie Freudentränen weinten.

Dann erlaubte ihnen der Geisterbote von den Blumen zu pflücken. Kaum hatten sie dies getan, da wurden sie von den Geistern wieder in den Kreis der Steine getragen.

«Nehmt diese Blumen und bringt sie auf die Erde. Jeder Baum und jeder Strauch soll seine Blüten bekommen, in den Tälern und auf den Hügeln, überall sollen Blumen blühen. Zu mancher Zeit wird es weniger geben, dann wird der Ostwind, der Regen und die Sonne sie wieder wecken, doch niemals wieder soll die Erde ohne Blumen sein.»

Die Stimme des Geisterboten verstummte, und die Zauberer begannen den langen Rückweg zu den Menschen. Sie stiegen die Treppe hinab, die die Geister für sie gebaut hatten, und als sie endlich mit den himmlischen Blumen im Dorf ankamen, wurden sie von Menschen umringt, die die ewig frischen Blumen bestaunten, und die Luft war erfüllt vom Duft der zauberhaften Blüten. Die Zauberer gingen nun an ihre Aufgabe und verstreuten die Blumen auf der Erde. Einige fielen auf die Spitzen der Bäume, andere in Täler, auf Hügel, manche sogar auf steinige Abhänge, und wo sie hinfielen, da wachsen seither die verschiedensten Blumen.

Seitdem ist viel Zeit vergangen und jedes Jahr, wenn der Ostwind bläst und den Regen bringt, spriessen die Blumen hervor. Alle Bäume und Büsche sind mit Blüten bedeckt, wie zu der Zeit, als der Schöpfergeist Byamee noch auf der Erde wandelte.

Die Stelle aber, wo die Zauberer den Menschen die Blumen zeigten und dann verstreuten, heisst heute noch «Platz der Blumen».

Märchen aus Australien

Die Blume Quihuel-Quihuel

Vor langer Zeit stiegen einmal des Nachts ein Mann und eine Frau mit ihrem Kind auf einen Berg. Oben auf dem Gipfel dieses Berges wuchs nämlich ein sehr seltenes Blümchen. Es war blassrosa und die Indianer nannten es Quihuel-Qhihuel, was soviel bedeutet wie: Ich wünsche. Dieses Blümchen sollte die Wünsche Liebender erfüllen, und der Mann wollte es pflücken, um damit zu zaubern. Zu dieser Zeit aber gehörte die Blume einzig dem Schöpfer der Erde, und niemand durfte sie nehmen.

Die Frau trug ihr Kind im Tuch auf dem Rücken. Sie pflückten eine grosse Menge der zarten Blüten, als es auf einmal zu donnern begann. Der Mond versteckte sich hinter dunklen Wolken, Blitze zuckten über den Himmel und ein schrecklicher Wind erhob sich.

Die drei Gestalten duckten sich, um sich vor den Naturgewalten zu schützen, doch der Wind schleuderte ihnen Steine, Schnee und Eis ins Gesicht.

Sie knieten sich hin, verhüllten ihre Gesichter und je länger sie so verharrten, umso steifer wurden sie. «Ay», rief die Frau in ihrem Jammer, als sie das erschrockene Gesichtchen ihres Kindes sah. In diesem Moment wurden sie langsam zu Stein, bis kein Klagelaut mehr über ihre Lippen kam und sie ganz versteinert waren.

Da sie den grossen Schöpfer beleidigt hatten, war niemandem erlaubt, sie zu trösten. Nicht einmal ein Vogel darf ihnen ein Lied singen, sofort schütteln sich die drei Steingestalten, der Vogel fällt tot um und seine Knochen bleichen in der Sonne. Noch heute kann man die drei Menschen sehen. Sie knien oben auf dem Berg und ganz deutlich sieht man im Fels das Tuch der Frau, in dem sie das Kind trug. Die Alten aber sagen, dieser Berg sei ein Schremm-Schremm-Berg, ein Berg der Rettung.

Wenn nach sechstausend Jahren wiederum die grossen Wasser anschwellen und die alte Erde hinwegschwemmt, so wird der Berg wachsen und mit den Menschen hochsteigen. Zusammen mit der Blume Quihuel-Quihuel wird er Menschen und Tiere am Leben erhalten, damit ihnen kein Leid geschieht. Die Wunderblume jedoch hat ihre Samen weit ausgestreut. Sie wächst heute fast überall und ist zur Medizinpflanze geworden, die die Liebe der Menschen erwecken soll.

Mythe der Mapuche aus Chile

Warum der Mohn blutrot ist

Es ist schon sehr lange her, lange bevor auf den Feldern und Rainen roter Mohn blühte, da lebte eine arme Witwe. Sie hatte nichts auf der Welt als eine alte Hütte und einen kleinen Sohn. Eine Freude war es, den Jungen anzuschauen: Augen wie Sterne, Wangen wie Rosen und Haare wie Gold. Er half der Mutter, wo er konnte. Obwohl die beiden sich nach Kräften mühten, war in dem kleinen Häuschen oft der Hunger Gast. Einmal, als die Witwe erkrankte, wurde es besonders schlimm. «Söhnchen, wir werden Hungers sterben», klagte sie und wusste nicht, was sie tun sollte. Schliesslich entsann sie sich des reich bestickten Hochzeitstuches in der Truhe. Sie hatte es von ihrer Mutter geerbt. So ein Tuch wurde damals mit Gold bezahlt.

«Nimm es und trag es zum Onkel ins Nachbardorf», bat sie den Jungen. «Er ist reich, er soll uns wenigstens ein Säckchen Mehl und ein Stück Käse dafür geben.»

Der Junge legte das Tuch zusammen, steckte es in die Tasche und brach ohne Zögern auf.

Der Weg war schwer, er führte zuerst durch einen tiefen Wald, dann durch eine Wüste und schliesslich über ein hohes Gebirge. Die Mutter fürchtete, er könne sich verirren oder von wilden Tieren zerrissen werden. Aber der Junge beruhigte sie.

«Bevor die Sonne hinterm Wald untergeht, bin ich zurück und dann wird alles gut!»

Doch die Sonne war schon hinter den Bäumen verschwunden, und der Junge kam noch immer nicht. Die Mutter hielt erst aus dem Fenster nach ihm Ausschau, dann trat sie über die Schwelle, schliesslich warf sie sich ein Tuch über die Schultern und ging ihm entgegen. Die Angst gab ihr Kraft.

«Söhnchen, wo bist du?», rief sie immer wieder.

So durchquerte sie den Wald und die Wüste, so hastete sie die Berge hinauf. Sie achtete nicht darauf, dass ihre Füsse von Dornen und Steinen bluteten und rief mit lauter Stimme nach ihrem Sohn.

Auf dem Gipfel des Berges hörte sie auf einmal eine leise Stimme: «Hier bin ich, Mütterchen!»

Der Junge war auf einem Stein ausgeglitten und in die Schlucht gefallen.

Dort fand ihn die Mutter. Sie nahm ihn in die Arme und küsste ihn liebevoll, dann machten sich die beiden langsam auf den Heimweg.

Aber als sie durch die Wüste gingen, blühten dort, wo vorher nur Dornengebüsch wuchs, wunderschöne rote Blumen. Sie waren aus den Blutstropfen gewachsen, die von den Füssen der Mutter fielen.

Seither blüht der Mohn überall auf der Welt. Am reichsten aber blühte er rings um das Häuschen, in dem die arme Witwe mit ihrem Sohn lebte. Mit den Mohnblumen war das Glück dort eingezogen. Wie durch ein Wunder verschwanden Elend und Not.

Märchen aus Rumänien

Warum die Hyazinthe nur kurze Zeit blüht

In den Zeiten, als die Götter des Olymps noch zur Erde hinabstiegen und sich unter die Erdbewohner begaben, herrschte auch König Amyklas.

Der Stolz seiner Frau war ihr Sohn Hyazinthus, schön, jugendlich, langhaarig. Wegen seiner männlichen Schönheit fand selbst der strahlende Gott des Lichtes, Apollo, an ihm Gefallen. Mit ihm ging der Gott spazieren, mit ihm streifte er durch die Berge, mit ihm jagte und wetteiferte er im Diskuswerfen. Der schöne Jüngling liebte und verehrte seinen göttlichen Freund, gab ihm den Vorrang, und das erweckte Zorn und Neid. Auch der Gott des Windes verzieh das dem schönen Jüngling nicht und sann nach Rache.

Eines Tages massen Apollo und sein junger Freund im Werfen ihre Kräfte. Als erster schwang Apollo die Scheibe, warf sie hoch in die Luft, so hoch, dass sie sogar die Wolken am Himmel durchstiess. Als die Scheibe wieder auf die Erde fiel, lief der schöne Jüngling zu ihr, wolle sie aufheben und selbst werfen.

Aber die Scheibe prallte vom Felsen ab! Der Gott des Windes schlug mit seinem heissen Atem die schwarze Scheibe dem Jüngling an den Kopf. Hyazinthus wurde bleich, und bleich wurde auch Apollo. Er fing den Jüngling mit seinen starken Armen auf und legte Wunder wirkende Heilkräuter auf seine Wunden, aber das verlöschende Leben konnte er nicht mehr aufhalten. Der schöne Jüngling sank nieder wie eine abgerissene Blüte.

Apollo weinte, klagte und wollte auch seine Seele aushauchen. Aber dann besann er sich, er war ein Gott und durfte nicht sterben. Er würde den schönen Jüngling in seinen Liedern besingen und ihn in eine wunderschöne Blüte verwandeln.

Schon bald wuchs aus dem roten Blut des Jünglings eine wunderschöne Purpurblüte empor, die jeden Frühling blüht. Sie blüht nur kurze Zeit, so kurz wie auch das Leben des Jünglings war.

Nach ihm erhielt sie ihren Namen und wir nennen sie bis heute Hyazinthe.

Märchen aus Griechenland

Wie das Maiglöckchen auf die Welt kam

Ein Schäfer hatte auf der Welt nichts als eine alte Flöte, aber die ersetzte ihm alles andere. Wenn er sie in die Hand nahm, vergass er, dass er keinen Vater und keine Mutter mehr hatte, wenn er darauf spielte, quälten ihn Hunger und Durst nicht länger, der Wald hörte auf zu rauschen, das Bächlein wurde still, und die Tiere im Gebüsch lauschten der Musik. Deshalb verlief sich auch nie eines seiner Schafe, es genügte, dass er auf der Zauberflöte spielte, und gleich kam es zurück, wo immer es auch gewesen sein mochte. Der Schäfer diente am kaiserlichen Hof. Jeden Morgen trieb er die Schafe des Kaisers auf die Weide, des Abends kehrte er mit ihnen zurück, am Hut ein Sträusschen Blumen, wie sie im kaiserlichen Garten nicht zu finden waren.

Dieses Sträusschen bemerkte bald auch des Kaisers Tochter. Sie war schön wie die Sonne, und der Schäfer drehte sich oft heimlich nach ihr um. Aber auch die Prinzessin wandte sich nach ihm um – sie beneidete ihn um das Sträusschen am Hut.

Eines Tages schlich sie dem Schäfer heimlich auf die Wiese nach. Sie fand ihn im Schatten des Waldrandes. Alles ringsum lauschte wie verzaubert seinem Flötenspiel, und auch die Prinzessin blieb wie angewurzelt stehen. Aber der Schäfer hatte sie schon erblickt, steckte die Flöte in seinen Brotsack und verneigte sich tief.

«Was wünscht Ihr, Herrin?»

«Ich möchte solch ein Sträusschen, wie du es jeden Tag am Hut trägst!», sagte die Prinzessin, und dann fragte sie: «Wo wachsen diese Blumen?»

«Tief im Wald, Herrin», antwortete der Schäfer. «Wenn ihr wollt, hole ich Euch so viele, wie Ihr nur wünscht.»

Aber die Prinzessin war nicht einverstanden.

«Ich will sie selbst pflücken, führe mich hin.»

«Es ist weit», wich der Schäfer aus. «Der Weg führt durch Dickicht und Dornengestrüpp.»

Doch die Prinzessin befahl: «Zeige mir den Weg!»

So machte sich der Schäfer auf und führte die Tochter des Kaisers durch Sträucher und Gebüsch dorthin, wo der Wald am tiefsten war. Äste schlugen sie, Dornen rissen an ihren Kleidern und stachen ihr Hände und Füsse blutig. Aber umkehren wollte die Prinzessin nicht. Schliesslich kamen sie zu einer Lichtung im Wald. Hier blühten Tausende von Blumen, wie die Prinzessin sie noch nie im Leben gesehen hatte, Vögel sangen, die sie noch nie gehört hatte, die Sonne strahlte wie sonst nirgends auf der Welt. Die Prinzessin lief hierhin und dorthin und pflückte mit beiden Händen die Blumen und füllte auch des Schäfers Brotsack damit.

Aber ach, der Heimweg war noch schlimmer, Äste peitschten sie, die Büsche zerrissen das Gewand der Prinzessin, Dornen zerstachen ihr Hände und Füsse. Bevor sie den Waldrand erreichten, waren von dem schönen Strauss nur ein paar Blumen geblieben. Die leuchteten und dufteten bei Weitem nicht mehr so wie auf der Waldlichtung. Der Prinzessin traten vor Schmerz und Zorn die Tränen in die Augen.

«Weine nicht, Herrin», tröstete sie der Schäfer. «Ihr habt ja noch die Blumen in meinem Brotsack.»

Aber auch diese waren der Prinzessin nicht schön genug. Sie glaubte, der Schäfer behielte die besten für sich.

«Es waren mehr, wo hast du die anderen versteckt?»

«Ich habe keine mehr», wehrte sich der Schäfer. «Schaut doch her!»

Er zeigte der Prinzessin den geöffneten Brotsack. Eine Brotkante, ein Taschenmesser und die Flöte lagen darin. Die Prinzessin griff nach der Flöte.

«Und was ist das?»

«Das ist meine Flöte!»

Erschrocken streckte der Schäfer die Hand danach aus.

«Wenn du mir meine Blumen nicht geben willst, nehme ich dir eben die Flöte weg!», rief die Prinzessin.

Und schon war sie im Schloss verschwunden. Was konnte der arme Schäfer tun? Er blieb stumm stehen, und grosse Tränen liefen ihm über die Wangen. Nie mehr konnte er auf seiner Flöte spielen. Für ihn gab es im Leben keine Freude mehr. Er ging, wohin die Füsse ihn trugen, und im Gras blieben seine Tränen zurück.

Die Tränen des Schäfers sind noch heute zu sehen – im Frühling, wenn die Maiglöckchen blühen.

Märchen der Roma aus Siebenbürgen

Wie die Christrose entstand

Mitten in der Heiligen Nacht, als der Engel den Hirten erschienen war, machten diese sich auf den Weg, um das göttliche Kind zu suchen. Jeder nahm ein Geschenk mit. Der eine Butter und Honig, ein anderer einen Krug mit Milch, Wolle vom Schaf und ein warmes Lammfell. Der jüngste Hirtenbub aber hatte nichts gefunden, das er hätte schenken können. Nun sass er da, wo der lichte Engel vorher gestanden hatte und seine Tränen fielen auf den Schnee, auf die gefrorene Erde, und da, wo sie hinfielen, wuchsen auf einmal seltsame Blumen empor, die der Hirtenjunge noch nie gesehen hatte.

Die zarten, weissen Blütenblätter schimmerten wie das Gewand des Engels und in der Mitte leuchtete ein goldener Kranz wie eine Krone. Voller Freude pflückte der Knabe ein paar von den Blumen, brachte sie freudestrahlend zum göttlichen Kind und legte sie ihm zu Füssen.

Seitdem blüht diese Blume jedes Jahr in der Weihnacht, und die Menschen nennen sie «Christrose».

Volkslegende

23

Der Frauenschuh

Vor vielen, vielen Jahren lebte einmal in den Bergen ein schlimmer Unhold. Ein Riese von Gestalt, mit Armen dick und stark wie Eichenäste und einer Stimme wie Donnergrollen. Er jagte den Menschen im Bergdorf Angst ein und man erzählte sich schreckliche Dinge von ihm; denn wer nicht aufpasste, wurde von ihm geraubt und kehrte niemals wieder zurück. Nah bei diesen Bergen lebte damals ein armer Schuster in einem kleinen Dorf. Seine einzige Freude war seine wunderschöne Tochter. Als sie fünfzehn Jahre alt wurde, schenkte er ihr ein paar wunderschöne gelbe Schühchen. Viele Nächte lang hatte er an dieser Arbeit gesessen und sie mit so viel Sorgfalt und Liebe fertiggestellt, dass sie ihr ganz genau passten.

Was für eine Freude das war, als das Mädchen mit den zarten Schühchen herumstolzierte – es wollte sie gar nicht mehr ausziehen. Um dem Vater für das Geschenk zu danken, ging es ein paar Schritte in den Wald hinein, um ein Körbchen voller Erdbeeren zu pflücken.

Nun hatte aber der Riese schon lange ein Auge auf das hübsche Mädchen geworfen, und als es jetzt in seinen neuen Pantöffelchen durch den Wald lief, verbarg er sich rasch hinter Bäumen und Sträuchern. Kaum war sie tief genug im Wald, sprang er hervor, packte sie, trug sie in seine Höhle und hielt sie dort gefangen.

Das Mädchen musste nun für den Riesen kochen und putzen und wenn es dies nicht tat, dann schnitt er entsetzliche Grimassen, dass das Mädchen vor Furcht weinte. Jeden Tag aber fragte er: «Willst du meine Frau werden?»

Wenn das Mädchen traurig den Kopf schüttelte, wurde der Riese umso grimmiger und sie wusste, ihr würde das gleiche Schicksal drohen, wie all den anderen und sie würde in den Bergen den Tod finden.

Nun kannte sich die Schusterstochter aber mit Kräutern aus und so gab sie ihm Kräuter in den Trank, dass er müde und schläfrig wurde. Kaum hatte er die Augen geschlossen, da schlüpfte sie durch den Felsspalt nach draussen, rannte in ihren Schühchen über Felsbrocken und Wurzelwerk, über Bäche und Wiesen. Aber in den zarten Pantöffelchen konnte sie nicht so schnell davonspringen und bald schmerzten ihr die Füsse in den Schühchen. Schon hörte sie die krachenden Schritte des Riesen, der sie verfolgte. Sie zog die Pantöffelchen aus, legte sie unter einen Busch und sprang davon. Der Riese aber holte sie mit seinen Riesenschritten ein. Als sie vor einer Schlucht standen und er sie packen wollte, stürzten beide den Felshang hinunter und Steine und Felsen fielen hinterher.

Nun war es still am Berg. Die gelben Pantöffelchen standen einsam unter dem Busch und der Tau befeuchtete sie. Mit der Zeit schlugen sie Wurzeln, trieben einen Stängel und daran wuchsen Blumen mit Blüten, die aussahen wie die Schühchen der Schusterstochter.

Als die Dorfleute das verschwundene Mädchen suchten, fanden sie einzig die Blume, die an ihre Schuhe erinnerte, und durch das ganze Land drang die Kunde, dass das Mädchen mit seinem Tod das Land von dem schrecklichen Riesen befreit hatte.

Die Blume vermehrte sich bald in den Wäldern und Wiesen der Berge. Die Menschen nennen sie «Frauenschuh» und in den gelben Blüten sieht man bis heute die roten Flecken von den Füssen der Schusterstochter.

Märchen aus Österreich

Einmal im Mai, da ritt Frau Holle auf ihrem Schimmel über die Fluren und die Erdleute folgten ihr. Sie segnete die Pflanzen und die Erdleute sorgten dafür, dass alles wuchs und gut gedieh.

Frau Holle war mit einem blauen Mantel bekleidet und an den Füßen trug sie goldene Schuhe. Nun kam sie gegen Ende ihres Rittes über die Schwäbische Alb.

Am Abend merkte sie, dass einer ihrer goldenen Schuhe fehlte. Sie wandte ihr Pferd und ritt noch einmal den ganzen Weg zurück, doch nirgends fand sie ihren goldenen Schuh. Sie sah aber, dass dort, wo die Hufe des Schimmels den Boden berührt hatten, besonders schöne Blumen blühten.

Als es Nacht wurde, gab sie die Suche auf und legte sich zur Ruhe. Als am andern Morgen die Sonne schien, sah sie eine Blume, die sie noch nie gesehen hatte: Sie war golden und hatte die Form eines Schuhes. Da erkannte Frau Holle, dass die Erdleute ihren Schuh in die Erde gebettet und zu einer schönen Blume umgewandelt hatten.

Seither trägt diese Blume den Namen «Frauenschuh».

Märchen aus Deutschland

Das Muttergottesgläschen

Es hatte einmal ein Fuhrmann seinen Karren, der schwer mit Wein beladen war, festgefahren, sodass er ihn trotz aller Mühe nicht wieder losbringen konnte. Nun kam gerade die Mutter Gottes des Weges daher, und als sie die Not des armen Mannes sah, sprach sie zu ihm: «Ich bin müde und durstig, gib mir ein Glas Wein, und ich will dir deinen Wagen freimachen.»

«Gerne», antwortete der Fuhrmann. «Aber ich habe kein Glas, worin ich dir den Wein geben könnte.» Da brach die Mutter Gottes ein weisses Blümchen mit roten Streifen ab, das Feldwinde heisst, und einem Glase sehr ähnlich sieht, und reichte es dem Fuhrmann. Der füllte es mit Wein, und die Mutter Gottes trank ihn, und in dem Augenblick ward der Wagen frei, und der Fuhrmann konnte weiterfahren.

Das Blümchen heisst noch immer «Muttergottesgläschen».

Legende aus Deutschland

Der Schnee und das Schneeglöckchen

Als der Schöpfer alle Dinge erschuf, gab er ihnen auch die Farben. Die Sonne erhielt ein leuchtendes Gelb, der Himmel ein kühles Blau, die Erde hatte alle Brauntöne gewählt und die Blumen durften von allen Farben ein wenig nehmen.

Ganz zuletzt blieb nur noch der Schnee und der Schöpfer sagte zu ihm: «Du darfst dir die Farbe aussuchen. So einer wie du, der in jeden Winkel kommt, wird ja wohl etwas finden.»

Der Schnee war ein wenig eitel und wollte schöne bunte Kleider haben. Also ging er zum Gras und bat: «Bitte, gib mir ein wenig von deiner schönen grünen Farbe!»

Das Gras aber wollte nichts hergeben und sprach nicht mit ihm. Da ging der Schnee zur Rose und bat sie um ein Stückchen von ihrem roten Kleid. Doch auch sie wollte nicht teilen und das Veilchen und die Sonnenblume lachten gar über ihn.

Schliesslich setzte er sich traurig auf die Wiese am Waldrand und entdeckte dort ein kleines weisses Blümchen und bat: «Bitte, liebe Blume, gib mir doch ein wenig von deinem weissen Mäntelchen.»

Da erbarmte sich das Blümchen und sprach: «Wenn dir mein Mäntelchen gefällt, darfst du gerne davon nehmen.»

Der Schnee nahm dankbar ein Stück vom weissen Blütenmäntelchen und seither ist er weiss. Dem Blümchen gab er den Namen Schneeblume und ihm allein fügt er keinen Schaden zu.

Im nächsten Frühling weckte die Sonne mit ihren warmen Strahlen das schlafende Blümchen. Es drängte sich durch die kalte Erde und streckte seine Blütenköpfchen aus dem Schnee heraus, und der Frühling, der seine ersten Schritte über das Land zog, freute sich so sehr, dass er dem Blümchen den Namen Frühlingsglöckchen gab. Das wollte der Schnee nun nicht gelten lassen: «Im Schnee des Winters ist es gewachsen, hat sein Mäntelchen mit mir geteilt, so soll es auch meinen Namen tragen.»

Doch schliesslich einigten sie sich, dass jeder ihm die Hälfte des Namens geben durfte, und seither heisst es «Schneeglöckchen». Es wächst früh im Jahr und läutet den nahenden Frühling ein.

Märchen aus Deutschland

Mädchen ähneln Rosen,
Knaben schlanken Bäumen,
und wo sie sich einander zuneigen,
wächst ein schöner Garten

<small>AUS DEM KAUKASUS</small>

<small>KAPITEL 2</small>

Blumenmetamorphosen

Liebe verwandelt – das gilt ganz besonders für die Märchen in diesem Kapitel. Ovid hat in seinen Metamorphosen unzählige Verwandlungen von Menschen in Pflanzen beschrieben. So wird die Entstehung neuer Gattungen erklärt und Besonderheiten wie Duft, Farbe und Aussehen werden über die Geschichten hervorgehoben. Dabei ist es vor allem die Empfindsamkeit der Blumen und ihre kurze Blütezeit, die sich als Symbol für die Verletzlichkeit der Seele zeigt. Ob es die unerwiderte Liebe ist, die erzwungene Heirat, der Verlust des Geliebten – das Leben der betroffenen Helden und Heldinnen welkt dahin wie eine Blume, und ihr Sterben wird in einer poetischen Blumensprache wiedergegeben. Das Leiden und die Liebe sind somit nicht verloren, eine seltene Blume geht daraus hervor, erzählt von der Vergänglichkeit und der kurzen Blüte des Lebens. Meist sind es Blumen, die die Menschen bis heute begleiten und bezaubern. Wer möchte ohne den Duft der Rosen sein, ohne das Leuchten der Sonnenblumen oder den Zauber der Kornblumen, die heute so selten geworden sind?

Mit dem Rätselmärchen über eine Blumenverwandlung aus den Kinder- und Hausmärchen der Brüder Grimm beginnt das Kapitel gleich mit einer Frage. Doch wer schon einmal früh am Morgen im Garten war, wird die Antwort des Rätsels finden.

Die nächste Geschichte erzählt vom verliebten Südwind und der Verwandlung seiner Geliebten, die in Wahrheit eine Blume ist. Dieses Jahreszeitenbild lässt sich wunderbar als Parabel auf das menschliche Leben übertragen, auf das Werden und Vergehen, und die Verwandlungen, die damit einhergehen.

Die Sonne, die die Blumen weckt und zum Wachsen und Blühen bringt, findet sich auch in den Blumennamen wieder: Sonnenblume, Sonnenbraut, Sonnenauge, Sonnenröschen – zahlreiche Blumen neigen ihre Köpfchen zur Sonne hin. In den Märchen wird die Sonne zum Bräutigam, zu dem die Blume aufschaut, die vormals die Tochter des Grünen Kaisers war, wie im dritten Märchen. Mal ist die Verwandlung eine Erlösung, sie kann aber auch eine Strafe sein. Im nächsten Märchen ist eine junge Frau sehr wählerisch bei der Wahl des Bräutigams, und als sie sogar den Sohn der Sonne verschmäht, wird sie in eine Blume verwandelt – in eine Wegwarte.

Beide sind sie berühmt: Die Nachtigall und die Rose. Das gleichnamige Märchen erzählt von der Liebe der beiden, die in ihrer Verwandlung den Höhepunkt erreicht. Das hochmütige Mädchen wird in eine hundertblättrige Rose verwandelt, die in ihrer kurzen Blüte eine Entsprechung zum kurzen Leben des Mädchens findet, während der junge Mann als Nachtigall ihre Schönheit besingt.

In den zwei folgenden Märchen ist es nicht die unerwiderte Liebe, sondern die Unmöglichkeit des Zusammenkommens, die den Heldinnen und Helden den letzten Lebensmut nimmt. Erst in Gestalt von Blumen können sie endlich beieinander sein.

Im folgenden Märchen schenken die Götter einem kinderlosen Paar eine Tochter, doch sie wird in der Blüte ihres Lebens in eine Pflanze verwandelt, denn kein Mann darf sie jemals berühren. So geschieht es auch bei der Tochter der Lilie und des Wermuts, die sich bei ihrer Heirat in eine Blume verwandelt.

Auch die Königin in «Die Rose und der Musikant» wünscht sich sehnlichst ein Kind. Sie verwendet ein besonderes Zauberritual, um schwanger zu werden, und gebärt eine Tochter – eine Rose! Das Mädchen in Rosengestalt muss die richtige Art der Aufmerksamkeit und Zuneigung, hier das Spiel der Geige, erhalten, um seine menschliche Gestalt erlangen zu können.

Auch die Jünglinge, die in drei Nelken verwandelt sind, müssen erlöst werden, um wieder Menschen werden zu können. In diesem Märchen ist es das gesprochene Wort, das den Zauberbann bricht.

Dass die Seerose vormals ein Sternenmädchen war, und wie es zu ihrer Verwandlung in eine Blume kam, wird im letzten Märchen erzählt.

Rätselmärchen

Drei Frauen waren verwandelt in Blumen, die auf dem Felde standen, doch eine durfte des Nachts in ihrem Haus sein. Da sprach sie einmal zu ihrem Mann, als der Tag nahte und sie wiederum zu ihren Gespielen auf das Feld gehen und eine Blume werden musste: «So du heute Vormittag kommst und mich abbrichst, werde ich erlöst und fürder bei dir bleiben»; was dann auch geschah. Nun ist die Frage, wie sie ihr Mann erkannt habe, da die Blumen ganz gleich und ohne Unterschied waren?

Antwort: Dieweil sie die Nacht in ihrem Haus und nicht auf dem Feld war, fiel der Tau nicht auf sie wie auf die andern zwei. Daran erkannte sie der Mann.

Märchen der Brüder Grimm

Die Löwenzahnblume

Oft fragten die Indianerkinder im Norden, warum der Schawondasi, der Südwind, nicht länger bei ihnen verweile und warum er nicht endlich den Nordwind Kabibonoka für immer dorthin jage, wohin er gehöre – nach Mitternacht, in das Land des Eises. Wie schön müsste es sein, wenn das ganze Jahr Sommer wäre! Die erwachsenen Indianer aber antworteten ihnen: «Der Schawondasi ist dick und faul. Er liegt den ganzen Tag nur müssig herum und raucht seine Pfeife. Damit kann er vielleicht seine unfrohen Gedanken, nicht aber den Kabibonoka vertreiben.»

«Warum ist denn der Südwind nicht glücklich?», fragten die Kinder einen alten Indianer.

«Warum er nicht glücklich ist? Ja – das kam so: Ihr wisst doch, dass der Schawondasi den Sommer bringt. Eines Tages, er war damals noch jung, schaute er über die Prärie nach Norden.

Die Luft war voll von Gesang und Sommerdüften, hoch und blau wölbte sich der Himmel, dass es eine Freude war.

Da sah er in der Ferne ein wunderschönes Mädchen. Ganz allein stand sie inmitten der Wiesenblumen, sie war schlank wie eine Gerte, und ihr Haar war von einem so herrlichen Glanz, dass ihm die Augen übergingen.

Er fand grossen Gefallen an ihr, aber nun denkt nur ja nicht, dass er etwa aufstand und zu ihr hinging. Er war nämlich damals schon genauso ein Faulpelz wie heute. Und so schaute er nur und schaute und hätte sich fast die Augen ausgeschaut. Aber etwas tat er trotz seiner Trägheit: Jedes Mal, wenn er erwachte, wandte er seinen Kopf der Gestalt auf der Wiese zu, um sich an dem Anblick ihrer Schönheit zu freuen. Es dauerte nicht lange und er war in das zarte Wesen bis über die Ohren verliebt. Oft und oft war er schon nahe daran, der Versuchung zu erliegen und seine Erwählte aufzusuchen, die wie eine liebliche Vision ununterbrochen vor seinen Augen stand. Aber seine Trägheit trug jedes Mal den Sieg davon und er schlief wieder ein. Aber das sollte ihn teuer zu stehen kommen!

Eines Morgens drehte er seinen Kopf wie immer gegen Norden, und siehe da, die goldenen Haare, die er so geliebt hatte, waren auf einmal silbergrau, als ob Reif daraufgefallen wäre. Sein erster Gedanke war der Kabibonoka, der Nordwind. Der musste das Mädchen mit seinen Mitternachtsmärchen an sich gelockt, es mit frostklirrenden Ketten gefesselt und ihm Reif aufs Haar gestreut haben! Schawondasi brach in laute Klagen aus und machte sich wegen seiner Faulheit die bittersten Vorwürfe. Und dann stiess er einen tiefen Seufzer nach dem anderen aus, sodass sein warmer Atem durch die ganze Gegend zog. Da brach über der Prärie ein Wetter los, durch die Luft flog etwas Weisses – der erste Schnee. Und das Mädchen? Ach ja, das Mädchen war für immer verschwunden.»

«Wie hat sie denn so mir nichts, dir nichts verschwinden können?», fragten die Kinder.

«Das werdet ihr gleich erfahren», sagte der Alte mit einem verschmitzten Lächeln. «Auf jener Wiese stand nämlich gar kein Mädchen, sondern – eine gelbe Löwenzahnblume, und weil der Schawondasi nicht nur faul, sondern auch nachlässig war, hatte er nicht einmal recht hingesehen und die Blume für ein Mädchen gehalten. Schliesslich verblühte sie – daher das silbergraue Haar. Und der Südwind, der, wie ihr wisst, den Nordwind im Verdacht hatte, blies durch seine vielen Seufzer den Flaum der Löwenzahnblüte über die ganze Prärie. Selbstverständlich konnte er das Mädchen dann nirgends mehr finden. Er hat sein Unglück selbst verschuldet, und die Reue kam wie immer zu spät. Aber was wollt ihr? Von einem Faulpelz kann man eben nicht verlangen, dass er sich die Mühe nimmt und ein wenig nachdenkt, um einer Sache auf den Grund zu kommen. Nur die Indianer wissen, dass am Ende des Sommers, wenn über dem Land Trauer und Trübsal liegt, der Schawondasi wieder seine Seufzer ausstösst und sich in Sehnsucht nach seiner erträumten Geliebten verzehrt.»

Märchen der Ojibwa aus Nordamerika

Warum sich die Sonnenblume zur Sonne dreht

Lange bevor in unseren Gärten die goldenen Sonnenblumen zu leuchten begannen, herrschte im grünen Kaiserreich der Grüne Kaiser, der hatte eine einzige Tochter, schön wie eine Frühlingsblüte. Aber der Kaiser machte sich grosse Sorgen um sie, denn die Prinzessin wollte nicht heiraten. Keiner der Prinzen, ob gross oder klein, ob hell- oder dunkelhaarig, gefiel ihr. Auf ihres Vaters Zureden antwortete sie stets: «Mir gefällt nur der Sohn der Sonne.» Eines Tages geriet der Kaiser darüber in Zorn und rief: «Also geh und nimm den Sohn der Sonne zum Gemahl, mir aber komm nie mehr unter die Augen!»

Die Prinzessin machte sich auf den Weg. Sie wanderte immer nach Osten, über Berg und Tal, durch Wälder und Wüsten, bis sie zu dem hohen Berg gelangte, auf dem die Sonne ihren Palast hatte.

«Was suchst du hier, Mädchen?», fragte dort eine alte Frau und begrüsste sie.

«Ich möchte zum Sohn der Sonne», erwiderte die Prinzessin und erzählte, warum ihr Vater sie aus dem Haus gejagt hatte.

Die Alte fand an dem Mädchen Gefallen. «Ich bin die Sonne», sagte sie, «und ich gebe dir meinen Sohn zum Gemahl. Aber wenn du bei ihm bleiben willst, darfst du ihm niemals ins Gesicht schauen.»

Das versprach die Prinzessin, und lange Zeit hielt sie ihr Versprechen. Ein ganzes Jahr lebte sie mit dem Sohn der Sonne glücklich und zufrieden. Aber schliesslich wurde sie doch neugierig. «Warum sollte ich dem Sohn der Sonne nicht ins Gesicht sehen dürfen, schliesslich ist er mein Gemahl», überlegte sie immer wieder.

Der Sonne fiel ihre Nachdenklichkeit auf. Mitleidig sagte sie: «Ich weiss, was dich quält, und gebe dir einen guten Rat. Stell ein Glas Wasser vor deinen Gemahl und schau dir darin sein Spiegelbild an. Aber eines merke dir: Wenn du zu lange dabei verweilst, wird er es bemerken, und dann ergeht es dir schlecht.»

Die Prinzessin tat, wie die alte Frau ihr geheissen. Als der Sohn der Sonne abends heimkehrte, stellte sie ein Glas Wasser vor ihn hin und schaute hinein. Im Glas zeigte sich das Gesicht ihres Gemahls, und es war so schön und freundlich, dass ihr schier das Herz stehenblieb. Sie vergass die Warnung der Sonnenmutter und sah das Spiegelbild so lange an, bis ihr Gemahl es bemerkte. Zornig rief er: «Wenn du nicht gehorchen kannst, will ich dich nicht hier haben!»

Und er vertrieb die Prinzessin aus dem Palast. Weinend lief sie über Stock und Stein. Aber weit ist sie nicht gekommen. Als sie über ein Feld lief, erbarmte sich die Sonne und verwandelte sie in eine hochragende Pflanze mit einer grossen gelben Blüte. Die grosse gelbe Blüte drehte sich sogleich der Sonne zu, und das macht sie noch heute. Die Menschen nennen sie «Sonnenblume».

Märchen aus Armenien

Die Sonne und das Mädchen mit den blauen Augen

Es war einmal ein Mädchen mit Haaren, so golden wie die Sonne, und Augen, so blau wie der Himmel. Aber so schön das Mädchen war, so stolz war es auch auf seine Schönheit. Den ganzen Tag betrachtete es sich in seinen Spiegeln; davon hatte es neunundneunzig, und das waren noch immer nicht genug. Sobald es das Haus verliess, wickelte es sich in neunundneunzig Schleier ein, damit ja niemand etwas von seiner Schönheit stahl, wenn er es ansah.

So erblickte das ganze Jahr über kein Mensch sein Gesicht, und auch kein Fingerchen, ja, nicht einmal die Fussspitzen. Trotzdem verbreitete sich die Kunde von seiner Schönheit bald in der ganzen Welt, und ein Brautwerber nach dem anderen fand sich ein.

Aber das Mädchen schickte sie alle fort. Selbst der junge König war ihm nicht gut genug. Vielleicht hoffte es, der Rote oder der Blaue Kaiser werde um es freien.

Die beiden Kaiser aber hatten noch nichts von seiner Schönheit vernommen. Dafür hörte die Sonne davon. Jeden Morgen blieb sie für einen Augenblick über dem Haus des Mädchens stehen, um sich zu überzeugen, was an der Nachricht wahr sei. Aber nie gelang es ihr, das Mädchen zu erblicken, sie sah höchstens einen der neunundneunzig Schleier. Einmal im Mai jedoch, als sie ganz früh aufgestanden war, hatte die Sonne endlich Glück. In der Dämmerung ging das schöne Mädchen barfuss im Morgentau spazieren. Es glaubte sich unbeobachtet, da sich um den Garten eine hohe Mauer zog. Aber die Sonne stand bereits höher als die Mauer. Beim Anblick des Mädchens stockte ihr der Atem vor so viel Schönheit. Noch am gleichen Tag sandte sie ihre Boten, zwei Sterne, auf die Erde.

«Seid gegrüsst, ihr Sternchen», hiess das Mädchen sie willkommen. «Was führt euch zu mir?»

«Wir möchten um deine Hand anhalten, schönes Mädchen», antworteten die Boten.

«Na, dann tretet ein, setzt euch, esst und trinkt. Die Werbung hat noch Zeit.»

Aber die Sterne schüttelten den Kopf.

«Wir sind nicht gekommen, um zu essen und zu trinken. Du sollst mit uns gehen, unser Herr will dich heiraten.»

«Schon viele wollten mich heiraten. Wer ist denn euer Herr?»

«Es ist der Sohn der Sonne», sagten die Sterne. «Einen besseren Bräutigam findest du nirgends.»

Aber das Mädchen lachte. «So einen Bräutigam will ich nicht. Den ganzen Tag läuft er umher, und in der Nacht schläft er, wer weiss, wo. Ich wäre ständig allein und müsste immer auf ihn warten.»

Da sahen die Sterne, dass sie gegen das Mädchen nicht ankamen. Sie verabschiedeten sich, kehrten in den Himmel zurück und richteten der Sonne die Antwort aus.

«Sie will deinen Sohn nicht haben.»

«Das wird sie wohl müssen!», rief zornig die Sonne und sprach:

> «Steig ich überm Berg herauf,
> hebst du das Köpfchen zu mir auf.
> Geh ich hinterm Berg zur Ruh,
> senkst den Kopf zur Erde du.
> Muss ich am Abend schlafen gehen,
> wirst du allein am Wege stehn
> und warten voller Sorgen
> bis zum helllichten Morgen.»

Und so geschah es auch. Kaum war die Schöne am nächsten Tag aus dem Haus getreten, da packte der Wind ihre neunundneunzig Schleier und blies sie in alle Himmelsrichtungen auseinander. Statt des Mädchens stand am Wegrand eine blaue Blume. Den ganzen Tag dreht sie ihre Blüte nach der Sonne. Wenn das Taggestirn frühmorgens erscheint, hebt sie froh den Kopf. Geht die Sonne am Abend unter, so senkt sie ihn zur Erde. Einsam wartet sie die ganze Nacht auf ihren goldenen Bräutigam. Deshalb nennen die Menschen sie «Wegwarte».

Märchen aus Rumänien

Die Rose und die Nachtigall

Wie viele Dichter haben die Liebe einer Nachtigall zu einer Rose besungen! Aber von der Liebe der Rose zur Nachtigall erzählten sie nicht, vielleicht weil sie nichts davon wussten. Doch die Rose hat wie jede Blume ihre Geschichte. Sie beginnt in einem wunderschönen Land am Ufer eines kalten Meeres. Dort lebte ein junger Mann, der hiess Dajnas. Er war wie eine Kiefer gewachsen, hatte ein klares Gesicht und Haare wie Flachs. Wer ihn traf, schaute ihn mit Freude an, ob Mann oder Frau, ob alt oder jung. Und besonders die Dorfschönen konnten die Blicke nicht von ihm wenden. Sie schauten sich die Augen nach ihm aus, nur eine schien ihn nicht zu sehen, und die hiess Skajstra.

Sie war wie eine Birke gewachsen, hatte ein Gesicht wie Milch und Blut und Haare wie Gold. Wer ihr begegnete, schaute ihr nach, ob Mann oder Frau, ob jung oder alt. Und die Dorfburschen dachten nur an sie. Alle Burschen träumten von Skajstra, aber einer von ihnen war ihr mit Leib und Seele verfallen, das war Dajnas. Für ihre Liebe würde er sein Leben geben, sagte er.

Aber Skajstra lachte nur. «Das sind Worte», sagte sie, wenn er davon sprach, und liess den Burschen stehen. Doch Dajnas war es ernst.

«Sag, was ich tun soll», bat er einmal, als sie ihn wieder abgewiesen hatte, «damit ich es dir beweise.»

Da wies Skajstra höhnisch auf den reissenden Strom, der unter dem Felsen tobte.

«Wenn du dein Leben für mich geben würdest, so spring in den Fluss.»

Skajstra machte sich über Dajnas lustig; sie hätte lieber weinen sollen. Ohne Zögern warf sich der Bursche in den reissenden Strom. Aber die Götter wollten seinen Tod nicht. Kaum berührte er das Wasser, verwandelte er sich in einen kleinen braunen Vogel.

Seither war im Gebüsch am Fluss Nacht für Nacht eine Nachtigall zu hören. Sie sang so lieblich, so rührend von ihrer Liebe, dass sie auch das Herz der stolzen Skajstra bewegte. Sooft das Mädchen früher vor Dajnas davongelaufen war, lief sie jetzt der Nachtigall nach.

Allnächtlich eilte sie zum Flussufer und hörte ihren Liedern zu. Dabei verzehrte sie sich vor Sehnsucht, wie eine Blume vertrocknet. Und sie wäre an ihrer Liebe zur Nachtigall gestorben, doch die Götter wollten ihren Tod nicht. Als der Frühling vorbei war und die Nachtigall zu singen aufhörte, verwandelten sie Skajstra in eine hundertblättrige Rose.

Seit dieser Zeit fehlt nichts mehr an ihrem Glück. Jeden Frühling singt die Nachtigall der Rose von ihrer Liebe, und die Rose dankt es ihr mit dem Duft ihrer Blüten.

Märchen der Roma aus Siebenbürgen

Gretel im Busch und Hansl am Weg

Vor langer, langer Zeit lebte in einem Dorf ein Bauer, der war ebenso reich wie geizig. Seine einzige Tochter hiess Gretel. Schon lange hatte der Bauer nach einem reichen Bauernsohn Ausschau gehalten, dem er seine schöne Tochter zur Frau geben könnte. Endlich hatte er einen gefunden, der zwar hässlich, aber reich war, und wollte die hübsche Gretel mit ihm verheiraten. Gretel aber mochte den jungen Mann nicht. Sie weinte Tag und Nacht und wäre lieber gestorben, als des Vaters Wunsch nachzukommen, denn heimlich liebte sie den Nachbarsjungen, den Hansl. Hansl war der Sohn eines armen Tagelöhners und nie und nimmer hätte er der Schwiegersohn des reichen Bauern werden können.

Heimlich aber trafen sich die beiden und Gretel klagte dem Hansl ihr Leid. Als der Bauer dies erfuhr, sperrte er Gretel ein und sie durfte das Haus nicht mehr verlassen. Einzig in den Küchengarten liess er sie, um Kräuter für die Küche zu holen.

Hansl suchte jede Gelegenheit, um seine Gretel in den wenigen Augenblicken im Küchengarten zu sehen, und mit den Augen sprachen sie zusammen mehr als mit vielen Worten.

Der Bauer aber wollte nicht nachgeben und so verging Jahr um Jahr, ohne dass Hansl und Gretel zusammenkommen konnten.

Jeden Tag stand Gretel im Kräutergarten und schaute nach Hansl, der am Wegesrand stand und zu ihr hinüberblickte. Doch eines Tages zersprangen ihre Herzen vor Sehnsucht und sie verwandelten sich in Blumen. Seitdem steht im Bauerngarten eine «Gretel im Busch» oder auch «Jungfer im Grün» genannt und am staubigen Wegrand wächst der arme «Hansl am Weg». Die Menschen nennen die Pflanze «Wegwarte».

Märchen aus Deutschland

Die Mohnblume und die Kornblume

Es lebte einmal in einem Dorfe ein armer Töpfer mit seiner Frau, die hatten eine hübsche Tochter. Doch als das Mädchen erwachsen wurde, starben beide Eltern einen frühen Tod. Seinen einzigen Trost fand es in den schönen Liedern eines jungen Spielmanns, der wunderbar die Geige spielen konnte. Neben dem Haus des hübschen Mädchens aber stand eine Mühle, und dort wohnte eine Müllerin, die konnte zaubern. Der junge Müllerssohn wollte das schöne Mädchen um jeden Preis heiraten, doch dieses konnte an niemand anders denken als an den Spielmann. Nach einiger Zeit brach ein Krieg aus und der junge Spielmann musste in fremde Länder ziehen.

Jahr um Jahr verging, ohne dass das Mädchen etwas von ihm hörte. Die Müllerin aber kam jeden Tag und drängte das Mädchen, endlich ihren Sohn zum Mann zu nehmen.

Eines Tages, als die junge Frau auf dem Kornfeld arbeitete und immer wieder Ausschau nach ihrem Geliebten hielt, verwandelte die Müllerin sie in ihrem Ärger in eine Mohnblume.

Da stand sie nun zwischen den Getreidehalmen, wankte im Wind und streckte ihr Köpfchen dem Horizont entgegen.

Zwanzig Jahre vergingen, da hörte man eines Tages auf der Dorfstrasse Lieder erklingen und Geigenklänge zogen über das Feld. Der Spielmann kam in einen blauen Mantel gehüllt ins Dorf und gleich versammelten sich die Dorfbewohner um ihn herum, um seinen Liedern zu lauschen.

Er aber sagte: «Ich suche die schöne Töpferstochter, die neben der Mühle wohnte, denn sie ist meine Braut.»

Niemand konnte sich an das Mädchen erinnern. Doch da trat ein altes Mütterchen hervor und sprach: «Deine Braut findest du im Kornfeld, denn die böse Müllerin hat sie verzaubert, weil sie ihren Sohn nicht heiraten wollte.»

Da wurde der Spielmann blass vor Trauer und Kummer. Er nahm seine Geige und ging traurig aus dem Dorf hinaus, dem Kornfeld zu, wo die rote Mohnblume wuchs. Er setzte seine Geige ans Kinn und spielte für die Blume die schönsten Lieder.

Dann verstummte die Geige und Tränen rollten über das Gesicht des Spielmanns. Auf einmal fühlte er eine tröstende Hand auf seinem Haar und eine wunderschöne Frau stand vor ihm und sprach: «Eine schöne rote Blume wächst in meinem Garten, die ist einsam und wartet auf ihren Spielmann. Komm mit mir, du sollst nun für immer mit ihr zusammen sein.»

In diesem Augenblick verwandelte sich der Spielmann in eine zarte Pflanze und sein blauer Mantel wurde zu einer leuchtenden Blüte.

Seit dieser Zeit blühen Mohn und Kornblume still vereint nebeneinander in den Kornfeldern, flüstern miteinander und nicken sich glücklich zu.

Märchen aus Deutschland

Von der duftenden Blume Ylang

Einst lebte ein Mann mit seiner Frau in Eintracht und in Überfluss. Sie hatten alles, ein schönes Haus und einen blühenden Garten und auch ausgedehntes Land. Zum vollkommenen Glück fehlten ihnen aber Kinder. Sie sehnten sich sehr nach einer Tochter. Tag und Nacht beteten sie zu den Göttern, sie mögen ihnen doch ein Kind schenken. Dafür waren sie bereit, sogar auf ihren Reichtum zu verzichten. Schliesslich erschienen ihnen die Götter im Traum und sprachen: «Ihr werdet eine Tochter haben. Doch wenn sie herangewachsen ist, darf kein Mann sie jemals berühren. Ihr Name sei Ylang.»

Noch ehe ein Jahr um war, kam das Mädchen, dem sie den Namen Ylang gaben, zur Welt.

Die Zeit verflog, und das kleine Mädchen Ylang wuchs zu einem grossen Mädchen heran, zu einem so schönen Mädchen, dass es bald von vielen Freiern umgeben war. Das machte ihren Eltern grosse Sorgen. Sie befürchteten, sie könnten die Tochter verlieren, deshalb schlossen sie sie in eine grosse Kammer ein.

Ylang aber liebte die Blumen und die Bäume. Sie kam sich in dem Zimmer vor wie ein Vogel im Käfig.

Tage und Nächte bat sie die Götter, sie mögen sie befreien. Und als sie eines Tages die Gefangenschaft nicht mehr ertrug, stieg Ylang durchs Fenster ihres Zimmers in den Garten hinaus.

Ihr Herz schlug vor Freude, dass sie die Freiheit wiedererlangt hatte. Sie lief im Garten umher und pflückte Blumen. Da vernahm sie hinter sich eine angenehme Stimme, die sie beim Namen rief. Sie wandte sich um und erblickte einen schönen Jüngling.

«Ylang, gestatte, dass ich dir beim Pflücken der Blumen helfe», sprach der Jüngling.

Ylangs Herz begann wild zu klopfen, sie wollte sich entfernen, doch der Jüngling rief: «Ylang, ich liebe dich!»

Als das Mädchen diese Worte hörte, lief es davon, doch der Jüngling folgte ihm, nahm seine Hand und sprach zum zweiten Mal: «Ylang, ich liebe dich!»

Da geschah ein Wunder. Vor den Augen des Jünglings verschwand Ylang, und an ihrer Stelle wuchs ein Bäumchen hervor, an dem sich bald darauf weisse Blüten mit schmalen Blütenblättern öffneten.

Der ganze Garten wurde erfüllt von ihrem Duft.

Der bestürzte Jüngling rief mit lauter Stimme: «Ylang! Ylang!», doch niemand antwortete ihm.

Zum Andenken an das Mädchen gab der Jüngling dem Bäumchen den Namen Ylang-Ylang, was soviel bedeutet wie «Blume der Blumen».

Auch heute noch schmücken sich die Mädchen gerne mit seinen duftenden Blüten.

Märchen von den Philippinen

Die Tochter der Lilie und des Wermuts

Im roten Kaiserreich lebte der Rote Kaiser, und weil er ein Kaiser war, war seine Frau eine Kaiserin, und kaiserlich lebten sie lange Jahre.

Ihre Freude wurde nur dadurch getrübt, dass sie keine Kinder hatten. Und sie hätten auch niemals eins bekommen, wären nicht eines Tages zwei Greise am Schlosstor vorübergegangen. Der eine fragte: «Weisst du wohl, Bruder, wer in diesem Schloss wohnt?»

«Ich weiss es, Bruder», antwortete der andere. «Hier lebt ein Kaiser mit seiner Kaiserin, und sie haben keine Kinder.»

«Aber sie könnten ein Kind haben», sprach der erste Greis.

«Wenn die Kaiserin ein Glas von dem Tau trinkt, der frühmorgens auf den Lilien und dem Wermut liegt, so bringt sie übers Jahr eine wunderschöne Tochter zur Welt. Dann wären die beiden glücklich.»

«Ja, aber das Glück wäre nicht von langer Dauer», entgegnete der zweite. «Was aus einer Pflanze entsteht, kehrt zu den Pflanzen zurück. Wenn ihre Zeit kommt, verwandelt sich das Töchterchen wieder in eine Blume.»

«Deshalb ist es besser, wenn niemand etwas davon weiss, wenn niemand es der Kaiserin sagt», sprach der erste Greis. «Es brächte ihr Kummer.»

«Du hast recht», nickte der andere, und sie gingen ihrer Wege.

Aber am Tor sass eine alte Bettlerin, die zögerte nicht lange und lief ins Schloss, um der Kaiserin zu berichten, was sie gehört hatte.

«Wenn du ein Glas von dem Tau trinkst, der frühmorgens auf den Lilien und auf dem Wermut liegt, bringst du übers Jahr ein Töchterchen zur Welt.»

Davon, was die Prinzessin im Leben erwarten würde, sagte die Alte kein Wort. Doch auch wenn sie es erzählt hätte, genützt hätte es nichts. Die Kaiserin wollte nichts weiter wissen. Sie beschenkte die Bettlerin reich und befahl, am nächsten Morgen den Tau von Lilien und Wermut zu sammeln.

Übers Jahr gebar die Kaiserin ein wunderschönes Mädchen, das weiss wie eine Lilie war und dessen Haar nach Wermut duftete. Ein so schönes Mädchen hatte es auf der Welt noch nicht gegeben. Mit der Zeit nahm seine Schönheit noch zu. Aber die Prinzessin wurde deshalb nicht hochmütig, im Gegenteil. Sie hielt sich am liebsten im Garten auf, spazierte zwischen den Blumen umher und sprach mit ihnen. Und die Blumen gaben ihr Antwort.

Die Jahre vergingen. Der Kaiser und die Kaiserin begannen, einen Bräutigam für die Prinzessin zu suchen. Das war nicht leicht. Es gab Bewerber wie Sand am Meer. Aus aller Herren Länder strömten sie herbei, denn die Kunde von der Schönheit der Königstochter hatte sich über die ganze Welt verbreitet. Aber die Prinzessin wollte nichts von einer Heirat wissen. Sie empfing die fremden Prinzen freundlich und unterhielt sich mit ihnen, sprachen sie aber von der Hochzeit, so sagte sie: «Ich kann dich nicht heiraten, denn du wärst nicht glücklich mit mir.»

Und das sagte sie so traurig, dass ihr jeder glaubte. So kamen immer weniger Freier, und bald zeigte sich im Schloss kein einziger mehr. Die Königstochter wurde wieder fröhlicher, der Kaiser und die Kaiserin aber grämten sich.

«Was soll nur aus dir werden, wenn wir einmal nicht mehr leben?»

Eines Tages aber kam noch ein Königssohn aus einem fernen Land. Auch er hatte von der schönen Prinzessin gehört und wollte sein Glück versuchen. Die Prinzessin empfing ihn wie alle anderen, und als er von der Hochzeit sprach, sagte sie traurig: «Nein, ich kann dich nicht heiraten, denn du wärst nicht glücklich mit mir.»

Doch der Prinz wollte ihr nicht glauben. «Warum sollten wir miteinander nicht glücklich werden?», fragte er.

«Die Lilie im Garten hat mir erzählt», entgegnete die Prinzessin, «dass meine Zeit gekommen sei, wenn ich das Hochzeitskleid anziehe. Und der Wermut hat hinzugefügt: ‹Wenn man dir den Brautkranz aufsetzt, wirst du zu uns zurückkehren.›»

Aber der Prinz lachte nur und rief: «Wie soll ich das glauben, schöne Prinzessin?»

Da senkte die Königstochter den Kopf und sprach: «So magst du es denn versuchen, doch beklage dich später nicht. Soll geschehen, was geschehen muss!»

Zur Freude des alten Kaisers und der alten Kaiserin begannen die Vorbereitungen zur Hochzeit. Die Schneiderinnen nähten das Hochzeitskleid, die Gärtner wanden den Kranz für die Braut, aus allen Ländern der Welt kamen Könige und Kaiser gefahren. Wie nun alle Gäste eingetroffen waren, das Kleid fertig war und das Kränzchen bereit lag, wurde die Prinzessin für die Hochzeit geschmückt. Als man ihr aber das Hochzeitskleid anzog, wurde sie blass und begann zu weinen, und als man ihr den Brautkranz aufsetzte, schloss sie die Augen, als berühre sie der Tod. Der Prinz umarmte und küsste sie, doch die Prinzessin verwandelte sich in seinen Armen in eine Feldblume.

Der Bräutigam beweinte sein verlorenes Glück. Statt der schönen Prinzessin brachte er Kummer und eine weisse, duftende Blüte nach Hause. Die weisse duftende Blume blüht heute auf vielen Feldern und Wiesen. Die Menschen nennen sie «Kamille».

Märchen aus Frankreich

Die Rose und der Musikant

Es lebte einmal ein König mit seiner jungen Frau in Glück und Zufriedenheit. Lange Zeit blieb ihre Ehe kinderlos und das machte die Königin trübsinnig, den König missmutig. Da ging die Königin einmal zu einer alten Frau, die allerlei Zauberstücke verstand, und bat sie um Rat. Die alte Frau sagte: «Das ist eine sehr schwere Sache. Wenn du eine Tochter haben willst, so kann ich dir einen Rat geben, aber einen Sohn wirst du nie gebären. Am Karfreitag in der Nacht kurz vor der zwölften Stunde, gehe allein auf den Friedhof, grabe dir das Bein eines Gehenkten heraus und trag es nach Hause. Am ersten Ostertag verbrenne das Bein zu Pulver und nimm dann ein Haar eines Mädchens, das sieben Jahr, sieben Monate, sieben Wochen und sieben Tage alt ist. Lege das Haar zum Pulver und koche beides mit Stechapfelsamen in einem neuen Topf. Dann iss den Brei und du wirst eine Tochter gebären.»

Die Königin tat alles so, wie die Alte es ihr vorgeschrieben hatte, und gebar eine wunderschöne Rose, die durchs offene Fenster ins Freie schwebte und dort an einem Rosenstrauch hängenblieb. Der König lief mit seinen Dienern in den Garten und wollte die Rose vom Strauch pflücken, doch kein Mensch war imstande dies zu tun; so sehr war die Rose an den Strauch gewachsen. Da eilte der König erzürnt zu seiner Frau und rief: «Ein ordentliches Weib bringt Kinder auf die Welt, nicht aber Rosen! Du bist eine Hexe und mit einer solchen will ich nicht in einem Land wohnen. Entferne dich sogleich aus meinem Reich, sonst lasse ich dich töten.»

Die kranke Königin musste aus dem Bett aufstehen und sich aus dem Land entfernen. Als sie im Garten zur Rose kam, weinte sie bitterlich und küsste ihr Rosenkind. Da glänzte ein Tautropfen im Kelch der Rose und eine Stimme sprach: «Mutter weine nicht! Trink diesen Tropfen, der in meinem Kelch glänzt und du wirst überall Speise und Trank finden, wie du es eben benötigst.»

Die Königin erfüllte den Wunsch ihrer Rosentochter und verliess das Land. Sie kam nach langer Wanderschaft in einen Wald, wo sie eine geräumige Höhle fand. Da dachte sie sich: «Hier will ich wohnen. Ich will keinen Menschen mehr sehen und hier einsam und allein leben!»

Sie sammelte nun Moos und Gräser und richtete sich die Höhle wohnlich ein. Jedesmal in der Frühe, wenn sie aufwachte, fand sie für den Tag die feinsten Speisen und Getränke vor. Die Vöglein sangen die schönsten Lieder und die schönsten Blumen wuchsen um ihre Höhle herum. So lebte die unglückliche Königin lange Zeit im Wald, ohne dass sie wusste, was der König und ihre Rosentochter daheim machten.

Jahre kamen und vergingen, und die Rose blühte jahraus jahrein im Garten des Königs; im Winter und Herbst ebenso wie im Sommer und Frühling. Der König trat oft an die Rose heran und wollte sich an ihrer Schönheit erfreuen, doch so oft er sich ihr näherte schloss sie ihren Kelch und hing welk an ihrem Stängel. Das bekümmerte den König sehr und einmal, als er wieder traurig vor der Rose stand, murmelte er leise vor sich hin: «Wenn ich nur wüsste, warum die Rose so welk wird, wenn ich mich ihr nähere!»

Darauf hörte er eine Stimme sagen: «Meine Mutter hast du aus dem Land vertrieben und lässt sie an der Grenze in einer Höhle wohnen. Wenn du meine Mutter zu dir ins Haus zurücknimmst, so werde ich nicht mehr welk, wenn ich dich sehe.»

Der König schickte nun seine Leute nach allen Richtungen aus, um die Königin zu suchen und nach Hause zu bringen. Einige Diener fanden die Königin in der Höhle und führten sie zum König. Da begann wieder das lustige Leben im Haus des Königs. Auch die Rose blühte jetzt noch schöner und wurde nicht mehr welk, wenn sich der König ihr näherte. Mit der Zeit verbreitete sich die Kunde von des Königs Tochter, der Rose, durch alle Lande und viele Leute kamen, um diese Wunderblume zu sehen. Es kamen Herren und Könige und brachten der Rose kostbare Geschenke. Sie dachten, dass sie ihr vielleicht dadurch die menschliche Gestalt zurückgeben könnten. Doch die Rose blieb am Strauch und verwandelte sich nicht in ein Mädchen. Zauberer, böse und gute, fragte der König um Rat und versprach ihnen kostbare Geschenke, wenn sie der Rose eine menschliche Gestalt geben könnten; doch niemand konnte das zustande bringen. Da kam einmal ein junger Musikant in den Garten des Königs. Der König und die Königin blickten gerade zum Fenster hinaus und hörten ihn sprechen: «Oh, das ist eine wundervolle Rose, die muss ich wenigstens küssen, denn abpflücken darf ich sie ohnehin nicht.»

Er küsste die Rose, setzte sich dann nieder und begann auf seiner Geige ein so trauriges Lied zu spielen, dass der König und die Königin laut weinten, und aus den Rosenblüten fielen glänzende Perlen auf die Erde. Da sprang auf einmal ein wunderschönes Mädchen aus der Rose hervor, umarmte den Musikanten, küsste ihn und sprach: «Hätte jemand früher gespielt, so hätte ich meine menschliche Gestalt auch früher erlangt.»

Der König und die Königin und alle Leute im Lande waren ausser sich vor Freude. Der Musikant blieb beim König und heiratete später die Königstochter, die er stets seine goldene Rose nannte.

Märchen der Roma aus Siebenbürgen

Die drei Nelken

Es war einmal ein Bauer, der hatte eine Tochter, die er sehr liebte. Eines Tages, als er auf das Feld hinausging, sah er drei wunderschöne Nelken. Er brach sie ab und brachte sie seiner Tochter. Sie war ganz glücklich über ihre Nelken, und einmal, als sie in der Küche stand und sie betrachtete, fiel ihr eine in die Kohlen und brannte auf. Da erschien ein schöner Jüngling, der fragte sie: «Was hast du? Was machst du?» Und da sie nicht antwortete, sagte er: «Du sprichst nicht mit mir? Nun, bei den Steinen der ganzen Welt kannst du mich finden.» Und er verschwand. Da nahm sie die zweite Nelke und warf sie in das Feuer. Sogleich erschien wieder ein Jüngling vor ihr, der fragte sie: «Was hast du? Was machst du?»

Doch sie antwortete wieder nicht, und da sagte er zu ihr: «Du sprichst nicht mit mir? Nun, bei den Steinen der ganzen Welt kannst du mich finden.»

Und er verschwand. Maria – denn so hiess das junge Mädchen – nahm nun die letzte Nelke, die ihr noch übrigblieb, und warf sie ins Feuer; da erschien wieder ein Jüngling vor ihr, der war noch viel schöner als die beiden anderen, und er fragte sie: «Was hast du? Was suchst du?»

Doch da sie nicht antwortete, sagte er: «Du redest nicht mit mir? Nun, bei den Steinen der ganzen Welt kannst du mich finden.»

Und er ging fort. Ja, da wurde Maria ganz traurig, denn sie hatte sich in den letzten Jüngling, der erschienen war, verliebt, und sie beschloss nach einigen Tagen, aufzubrechen und die Steine der ganzen Welt zu suchen.

Sie zog aus, ganz allein, und ging weiter und immer weiter, bis sie an einen Platz kam, wo drei hohe Steine standen, und da sie sehr müde war, setzte sie sich auf die Erde und begann zu weinen. Und als sie so weinte, sah sie, dass sich einer der drei Steine öffnete, aus dem kam der Jüngling hervor, in den sie sich verliebt hatte, und er sagte zu ihr: «Maria! Was hast du? Warum weinst du?»

Und als er sah, dass sie immer weiter weinte und nicht antwortete, sagte er zu ihr: «Mach dir keine Sorgen! Steig da oben hinauf, von dort kannst du ein Bauernhaus sehen; geh hinein und frage die Herrin, ob sie dich nicht als Magd anstellen will.»

Das Mädchen brach auf, und als es auf den Hügel kam, von dem er gesprochen hatte, sah es ein sehr schönes Bauernhaus; es trat ein, und sobald es die Herrin fand, fragte es, ob sie es nicht als Magd anstellen wolle. Als die Herrin sah, wie jung und wie schön Maria war, hatte sie Mitleid mit ihr und sagte, es sei gut, sie könne als ihr Mädchen dort bleiben. Und da sie sehr fleissig und guten Herzens war, wurde sie nach wenigen Tagen der Liebling der Herrin, die sie sehr gern hatte, so gern, dass die anderen Mägde, die sehr neidisch waren, ihr übelwollten, denn sie konnten sie nicht ausstehen, und so beschlossen sie, die Neigung der Herrin von ihr abzuwenden.

Sie begannen zu überlegen, wie sie es nur anstellen könnten, und eines Tages gingen sie zu ihrer Herrin und sagten: «Wisst Ihr, was Maria gesagt hat?»

«Was hat sie denn gesagt?»

«Dass sie nicht versteht, warum Ihr so viele Mägde habt, denn sie meint, dass sie die ganze schmutzige Wäsche an einem Tag allein waschen kann.»

«Komm her, Maria», sprach die Herrin, «hast du gesagt, du könntest in einem Tag die ganze schmutzige Wäsche allein waschen?»

«Nein, Herrin», sprach Maria, «das habe ich nicht gesagt.»

«Die Mägde aber sagen, du hast es gesagt, und nun bleibt dir nichts anderes übrig: Du musst es tun oder das Haus verlassen.»

Dann befahl sie einigen Dienern, die ganze Wäsche an den Fluss zu tragen, und die arme Maria, die nicht wusste, wie sie das bewältigen sollte, ging zu den Steinen hin und begann zu weinen. Sogleich öffnete sich einer von ihnen, es erschien derselbe Jüngling und fragte sie: «Was hast du? Warum weinst du?»

Doch sie antwortete nicht und weinte weiter; da fuhr er fort: «Mach dir um die Wäsche, die meine Mutter dir zu waschen gegeben hat, keine Sorgen. Geh an den Fluss und sage zu den Vögeln: Ihr Vögelein der ganzen Welt, kommt und helft mir waschen.»

Da ging Maria an den Fluss, und kaum hatte sie die Worte gesprochen, die der Jüngling ihr gesagt hatte, sah sie von allen Seiten grosse Schwärme Vögel aller Art kommen, die machten sich daran, die Wäsche zu waschen. In einem Nu war alles fertig, und als die Diener am Nachmittag kamen, war alles schon getrocknet.

Die Herrin war so froh darüber, dass sie ihr neues Mädchen von Tag zu Tag lieber hatte; das aber verstärkte die Wut der anderen Mägde, die immer neue Sachen erfanden, um die Herrin mit Maria zu entzweien. Nun müsst ihr wissen, dass die Herrin kranke Augen hatte, denn sie hatte drei Söhne gehabt, die eines Tages auf der Jagd verzaubert wurden und nicht wiederkamen, sodass die Mutter nicht wusste, wo sie waren. Die arme Frau trauerte so sehr darüber, dass sie vom vielen Weinen schlechte Augen bekommen hatte. Die Mägde nun, die immer wieder einen Vorwand suchten, um die Zuneigung der Herrin von Maria abzuwenden, gingen zu ihr hin und sagten: «Wisst Ihr, was Maria gesagt hat?»

«Was hat sie denn gesagt?»

«Dass sie weiss, wo sich das Wasser befindet, das die Augen heilt.»

«Ja?», sprach die Herrin. «Komm her, Maria! Du weisst also, wo sich das Wasser befindet, das meine Augen wieder gesund machen kann, und hast mir nichts davon gesagt?»

«Nein, Herrin», sprach Maria, «ich habe nichts gesagt, was ich nicht weiss.»

«Nun, aber wenn sie es doch sagen», erwiderte ihre Herrin, «dann müssen sie es doch von dir gehört haben, denn sie können es ja nicht erfinden. Entweder bringst du mir das Wasser, oder du kehrst nicht mehr in dies Haus zurück.»

Die arme Maria ging fort, und da sie nicht wusste, wo das Wasser war, ging sie zu den Steinen und setzte sich dort weinend hin. Doch der Jüngling, der das Klagen hörte, erschien wieder und sagte zu ihr: «Was hast du? Warum weinst du?»

Sie antwortete nicht, und er fuhr fort: «Mach dir keine Sorgen darüber, dass meine Mutter von dir das Wasser verlangt, das ihre Augen heilt; nimm dieses Glas, geh an das Ufer des Flusses und sage: Ihr Vögelein der ganzen Welt, kommt und weint mit mir. Wenn alle erschienen sind, so wird das letzte eine kleine Feder fallen lassen: Die tauchst du in das Glas und bestreichst dann die Augen deiner Herrin damit, und du sollst sehen, wie sie besser werden.»

Das tat sie auch; sie ging an den Fluss und sagte: «Ihr Vögelein der ganzen Welt, kommt und weint mit mir.»

Wie das vorige Mal kamen Scharen von Vögeln von allen Seiten, und alle liessen in das Glas einige Tränen fallen, bis es voll war. Und als der letzte mit den Flügeln schlug, liess er eine Feder fallen. Maria nahm das Glas und die Feder und ging nach Hause. Sobald sie angekommen war, tauchte sie die Feder in das Glas und strich damit ihrer Herrin über die Augen, die schon nach einigen Tagen besser wurden.

Die Herrin war so entzückt über ihr Mädchen, dass sie nicht wusste, was sie ihr Gutes tun sollte. Doch die anderen Mägde waren wie vom Teufel besessen und wussten nicht, was sie anstellen sollten, um Maria aus dem Haus zu stossen. Eines Tages gingen sie zu ihrer Herrin und sagten zu ihr: «Wisst Ihr, was Maria gesagt hat?»

«Was hat sie denn gesagt?»

«Dass sie imstande ist, Eure Söhne zu erlösen.»

«Das kann sie unmöglich machen.»

«Ja, Herrin, sie hat es doch gesagt.»

Die Herrin rief Maria zu sich und fragte sie, ob sie das gesagt habe. «Nein, Herrin», sprach Maria, «ich habe es nicht gesagt.»

«Die Mägde sagen aber, du hast es doch gesagt, und du musst es jetzt vollbringen, wie du die beiden andern Sachen vollbracht hast.»

Die arme Maria ging hinaus zu den Steinen und begann zu weinen. Der Jüngling erschien und sagte: «Was hast du? Warum weinst du?»

Sie weinte weiter, ohne zu antworten, und er fuhr fort: «Ich weiss schon, was du hast: Meine Mutter hat dir befohlen, uns zu erlösen. Geh zu ihr und sage ihr, alle Mädchen der Umgegend sollen in Prozession mit einer brennenden Kerze kommen und dreimal um die Steine gehen; doch müssen sie achtgeben, dass ihnen keine Kerze auslischt.»

Da ging Maria zu ihrer Herrin hin und sagte alles. Und diese befahl, alle jungen Mädchen zu versammeln, und sie gab jeder eine brennende Kerze, und Maria gab sie auch eine. Sie gingen in Prozession zu den Steinen und schritten dreimal um sie herum. Doch beim letzten Mal kam ein Windstoss und löschte Marias Kerze aus. Sie dachte an den Auftrag, den ihr der Jüngling gegeben hatte ,und stiess einen Schrei aus und sagte: «Weh! Sie ist mir ausgegangen!»

Da öffneten sich die Steine, und die drei Brüder kamen heraus, und der jüngste sagte zu Maria: «Gott sei Dank, dass du gesprochen hast.»

Dann verschwanden die Steine, und nun erzählten die Jünglinge, dass ein Zauberer sie verzaubert habe, als sie an diesem Ort vorbeigegangen seien, und sie in Nelken verwandelt habe und dass sie nur erlöst werden könnten, wenn diejenige, die die drei Nelken verbrannte, bei den Steinen reden würde.

Da waren nun Mutter und Söhne überglücklich, und der Jüngste fragte Maria, ob sie ihn heiraten wollte, und da sie ihn liebte, sagte sie ja. Sie heirateten, und alle waren froh und zufrieden. Und die Mägde, deren Herrin jetzt Maria war, legten ihr nichts mehr in den Weg und baten Maria um Verzeihung. Und sie verzieh ihnen allen.

Märchen aus Spanien

Die weisse Seerose

Als die Kriegstrommeln noch nicht durch das Indianerland wirbelten, stand am Rande der Prärie das schöne Dorf der Odschibwa. Seine Männer kehrten allabendlich mit reicher Jagdbeute heim, die Frauen besorgten den Haushalt, und die Kinder spielten den ganzen Tag. Nirgendwo konnte es zufriedenere Menschen geben. Die Sonne weilte von früh bis spät am Himmel und lachte auf die roten Menschen herab. Es regnete nur, wenn es Zeit war, die Brunnen, Flüsse und Blumen mit Wasser zu versorgen. Aber einmal geschah etwas Aussergewöhnliches! Die Sterne, die Nacht für Nacht über dem Lager funkelten, hatten die Indianersiedlung entdeckt, und weil ihre Lämpchen so klein waren, dass ihr Licht nicht bis zur Erde hinabreichte, bestürmten sie ihren Häuptling so lange mit Bitten, bis er ihnen erlaubte, das Dorf aufzusuchen.

Der Häuptling des nächtlichen Himmels war der Mond, und der sah es gar nicht gerne, wenn seine Untertanen in der Welt herumstreunten und erst mit dem Morgenstern schlafen gingen; denn das trug ihm immer Scherereien mit der Sonne ein. Aber an jenem Abend war er zufällig gut aufgelegt, und so gab er ihren Bitten nach.

Die Sterne sagten es einer dem anderen, sie lachten und tanzten vor Freude und hörten kaum hin, als ihnen der Mond beim Abschied noch seine Ratschläge mit auf den Weg gab: «Ihr könnt gehen, wohin ihr wollt, hütet euch aber, die Erde zu berühren, denn dann könntet ihr nie wieder zurück. Am folgenden Tag würde euch die Sonne mit ihren Strahlen, die den Sternen den Tod bringen, verbrennen.»

Die Sterne hatten einen langen, langen Weg vor sich. Zum Glück war damals gerade Vollmond, sonst hätten sie sich bestimmt verirrt. Endlich kamen sie wohlbehalten über dem Dorf an und beäugten es von allen Seiten.

Die Indianer lagen in tiefem Schlaf und hatten nicht die leiseste Ahnung davon, was über ihnen vorging. Nur ein kleiner Knabe, der weit draussen am Lagerrand wohnte, konnte lange nicht einschlafen. Da hörte er ein seltsames Raunen über sich. Er hob den Kopf und lauschte.

Schliesslich lugte er zu der Dachöffnung hinaus, und was er sah, verschlug ihm den Atem. So viele, viele Sterne und so nahe! Er kletterte bis an die höchste Stelle des Wigwams hinauf und schob eine Stange beiseite, um besser sehen zu können. Bum! Die Stange war irgendwo angestossen. Der kleinste und neugierigste Stern war nämlich gerade über den hohen Wigwam geflogen, als der Knabe an der Stange rührte. Stern und Stange stiessen aneinander, und der Stern stürzte auf die Erde. Kaum hatte er den Boden berührt, verwandelte er sich in ein schönes, bitterlich weinendes Mädchen.

«Weisst du, was du angestellt hast?», sagte es vorwurfsvoll zu dem Knaben. «Jetzt kann ich nicht mehr zu meinen Sternengeschwistern zurück, und wenn es Tag wird, werden mich die Sonnenstrahlen finden und töten!»

Der Knabe sah das Mädchen staunend an. Die übrigen Sterne hatten inzwischen bemerkt, was geschehen war, und flohen Hals über Kopf nach Hause. Sie wussten, dass ihre Gefährtin für immer verloren war.

Dem Mädchen strömten die Tränen über das Gesicht. Der Knabe empfand tiefes Mitleid mit ihr. Wie gerne hätte er ihr geholfen!

«Ich weiss, was ich mache», sagte er endlich. «Bevor es Tag wird und die Sonne aufgeht, schliesse ich den Wigwam und verstecke dich unter meiner Decke. Dort kann sie dich nicht finden. Aber was soll dann weiter geschehen?»

«Wenn ich den ersten Tag überlebe, verwandle ich mich in der nächsten Nacht in eine Blume. Ich werde auf einem hohen Felsen leben und euch von dort aus immer sehen können. Mir gefällt es bei den Indianern.»

Und sie taten, wie sie es sich vorgenommen hatten. Der Knabe blieb im Wigwam und sorgte dafür, dass nicht einmal der allerneugierigste Sonnenstrahl ins Innere dringen konnte. Als der Tag zur Neige ging, schlüpfte das Mädchen durch den Rauchabzug hinaus und eilte auf einen hohen Felsen. Und dort erblühte am folgenden Tag eine herrliche weisse Rose.

Die Indianer bestaunten aus der Ferne ihre Schönheit, und nur der Knabe wusste, dass dies der Stern war, den er in seinem Wigwam vor den Sonnenstrahlen behütet hatte.

Es dauerte nicht lange, und das Mädchen fühlte sich auf seinem Felsen einsam und verlassen. Es hatte zwar einen weiten Ausblick in die Gegend und konnte auch das Leben im Lager beobachten, aber wer hätte schon auf die steile Felsenklippe klettern mögen, um seine Gedanken mit ihr auszutauschen? Nur die Vögel, die in der Nähe nisteten, kamen manchmal, um ihr die Zeit zu vertreiben.

Einmal besuchte sie ein Zaunkönig.

«Ich habe Sehnsucht nach den Menschen», klagte die weisse Rose. «Wie schön müsste es sein, in der Prärie zu wohnen.»

«Ich will dir helfen», sprach der kleine Vogel. «Neige nur deinen Kopf ein wenig zu mir herüber, damit ich dich in meinen Schnabel nehmen kann.»

Die Rose neigte ihm gehorsam ihre Blüte zu. Der Zaunkönig nahm sie in seinen Schnabel und flog damit in die Prärie.

Dort gefiel es der Rose viel besser. Da kamen Indianer und allerlei Tiere vorbei und erzählten ihr, was sich in der Welt zugetragen hatte. Eines Morgens hörten sie aus der Ferne ein dumpfes Dröhnen. «O weh!», riefen alle. «Die Büffel kommen!»

Jeder schützte seinen Kopf so gut er konnte. Auch die Rose wurde von namenloser Angst ergriffen, sie verbarg das Köpfchen unter ihren schreckensstarren Blättern und lauschte dem Dröhnen von Tausenden Hufen, die wie der Sturmwind vorüberjagten.

Endlich wurde es still. Vor Angst bebend lugte die Rose aus ihrem Versteck und – ach! Die ganze Prärie war niedergetrampelt, nirgends mehr war eine Spur von Leben zu sehen.

«Soll ich hier bleiben und mich nochmals einer solchen Gefahr aussetzen?», überlegte die Rose. «Am sichersten und wohlsten würde ich mich auf dem Wasser eines Sees fühlen.»

Sie löste sich von der Erde und sah nicht weit von dem Indianerlager den Wasserspiegel eines Sees glänzen. Geräuschlos wie die Kanus der Indianer glitt sie auf das Wasser.

Am nächsten Morgen fuhren die Indianer auf den See hinaus. Da sahen sie, dass der sonst glatte Wasserspiegel mit wunderschönen weissen Blüten übersät war.

«Die Nachtsterne sind aufgeblüht», sagten die kleinen Kinder.

Aber die weisen Männer wussten es besser: «Der weisse Stern ist gekommen, um mit uns zu leben.»

Seither lebt der Stern als weisse Seerose auf dem Wasserspiegel der Seen.

Märchen der Ojibwa aus Nordamerika

Ich suche die blaue Blume,
Ich suche und finde sie nie,
Mir träumt, dass in der Blume
Mein gutes Glück mir blüh.

JOSEPH VON EICHENDORFF

KAPITEL 3
Blumen der Sehnsucht und Tränen

Die Sehnsucht nach Blumen, nach duftenden Veilchen und Rosen und einem blühenden Garten ist in fast allen Menschen verankert. Es mag die Sehnsucht nach einem vollkommenen Moment sein, der dieses Sehnen antreibt, die wenigen sorglosen Stunden, wenn der Mohn blüht, die Sonne scheint und die Vögel zwitschern. Doch am Abend schliessen sich die Blütenköpfe, bereits am nächsten Tag sind sie verblüht, hängen trocken an ihren Stängeln. Die ganze Kraft sammelt sich nun in den Samenkörben, wo die Samen reifen, um im nächsten Jahr wieder einen Tag zu blühen. Die Menschen versuchen seit jeher, dieses Wunder zu bewahren – immer mit den Möglichkeiten, die ihnen gegeben sind. Blumen werden getrocknet, ihr Duft durch Destillation bewahrt, ihre Form in unzähligen Kunstwerken in Stein, Bild und in Worten festgehalten und doch: Nichts kommt diesem einen Moment nahe, der in der Natur in der Betrachtung einer Blüte erfahren werden kann.

Die Kaiserstochter im ersten Märchen möchte die Tautropfen auf den Blüten besitzen. Dieser Wunsch ist ein Synonym für Wünsche, die bis heute nicht erfüllbar sind. So entspinnt sich mit der Sehnsucht nach einer Blume eine ganze Geschichte. Die Tochter des Kaisers in der zweiten Geschichte wünscht sich eine blaue Rose und keiner der Freier vermag diesen Wunsch zu erfüllen. Erst die wilde Rose, gepflückt von ihrem Liebsten, ist die richtige.

Den Wunsch der ersten Tochter kann der Vater im folgenden Märchen mit Leichtigkeit erfüllen: Das gewünschte Kleid kauft er auf dem Markt. Doch die drei Rosen auf einem Stiel für die zweite Tochter findet er nur in einem Zaubergarten. Der Preis für die Rosen ist hoch, denn er muss seine Tochter einem Bären als Braut versprechen. Dieses Motiv von der Schönen und dem Biest erzählt von der verwandelnden Kraft der Liebe, die dem Tierbräutigam zu seiner Menschengestalt verhilft. Er wäre wohl für immer ein Tier geblieben, hätte sich die Jüngste nicht die Rosen gewünscht.

Im nächsten Märchen wünscht sich die jüngste Tochter ein Säckchen mit Lavendelsamen. Mit dem blühenden Lavendel lockt sie ihren Liebsten heran, der als Tierbräutigam die Gestalt eines Vogels hat. Mit Hilfe von Erde kann er für kurze Zeit

Mensch werden. Doch der Verrat der Schwestern wiegt schwer und die Heldin muss eine lange Suchwanderung bestehen, bevor sie mit ihrem Liebsten im Glück leben kann.

Auch die fünfte Geschichte erzählt von Verrat und Neid und der Kraft der Sehnsucht: Die Tochter eines Padischahs gebärt ein Mädchen, das von den Feen Zaubergaben erhält. Seine Tränen werden zu Perlen, sein Lachen zu Rosen und unter seinen Füssen spriesst Gras hervor. Diese übermenschlichen Geschenke rufen Neider hervor. Das Lachen wird ihm genommen, die Augen muss es hergeben und lange ist die Leidenszeit, bis die Rosenschöne endlich durch den Prinzen erlöst wird.

In verschiedenen Varianten taucht das Motiv der singenden Rose auf. Der Wunsch, diese Rose zu besitzen, löst eine ganze Reihe von Geschehnissen aus. Nicht nur, dass der Weg, um sie zu erreichen, voller Gefahren ist – viele Prüfungen müssen bestanden werden, damit sie dann auch singt. Während die junge Frau die Wünschende darstellt, die in ihrem Garten sitzt und sich nach der Rose sehnt, ist ihr Bruder der Aktive, der in das ferne Reich reitet, sich der Menschenfresserin stellt und die Schätze nach Hause bringt. Mit der Rose aber kommt auch die verborgene Wahrheit ans Licht.

In «Jorinde und Joringel» werden Jungfrauen in Nachtigallen verwandelt und zeigen damit ein deutliches Bild der gefangenen Seelen. Ein Traum weist den Helden an, die für die Erlösung notwendige Blume zu finden, die das Böse bannt und der Geliebten wieder zu ihrer wahren Gestalt verhilft.

Die folgenden Sagen und Märchen enden meist mit dem Sterben der Helden und Heldinnen. Doch ihr Sterben wird in eine blumige Sprache eingebunden und erzählt damit vom Weiterleben der Seele. Die Schweizer Sage von der Nixe im Hüttensee berichtet von der grossen Sehnsucht eines Jünglings zur Nixe im See, die ihm im Traum erschienen ist. Sein Liebespfand, eine weisse Rose, öffnet ihm den Weg zu seiner Braut.

Im koreanischen Märchen «Die Hunderttageblume» wachsen Blumen in Erinnerung an eine Frau, die hundert Tage auf ihren Liebsten gewartet hat und schliesslich in grosser Trauer gestorben ist. Tatsächlich hat die Hunderttageblume, die Zinnie, eine erstaunlich lange Blütezeit.

Die Sage von der weissen Rose berichtet von der Blume als Zeichen für den bevorstehenden Tod. Schön ist dies für jene, die – alt und zufrieden – ihren Körper verlassen wollen. Als ein junger, verliebter Mönch diese Rose auf seinem Platz findet, stürzt er in grosse Verzweiflung.

Im nächsten Märchen verdeutlichen die Blumen die göttliche Vergebung, die selbst da geschieht, wo die Menschen dazu nicht mehr fähig sind.

In der folgenden Sage aus Thüringen begegnet ein armes Mädchen dem Tod in Gestalt eines jungen Mannes. Die Blumen, die er ihr schenkt, verwandeln sich nach ihrem Tod in Gold und Edelsteine.

Kaum eine grössere Trauer gibt es, wenn Eltern ein Kind verlieren. Das chinesische Märchen «Die Lotosblume» erzählt von einer Blüte, die den Eltern des verstorbenen Kindes Trost schenkt. Sie sehen in ihr das Zeichen, dass die Kinderseele den Weg in den Himmel gefunden hat.

Das Kapitel endet mit der Geschichte vom Mann im Garten, der im Blütentaumel eine Blume nach der anderen pflückt und am Ende doch mit leeren Händen dasteht. Hinter dieser Leere jedoch steht auch eine Fülle, die Fülle des erlebten Augenblicks, die uns die Kostbarkeit dessen vor Augen führt, was man nicht mit Händen greifen kann.

Das Diadem aus Morgentau

Es war einmal ein mächtiger Kaiser, der herrschte über ein grosses Reich. Seine Tochter war die allerschönste Prinzessin der ganzen Welt. Sie war sehr stolz und eitel. Nur die allerfeinsten Seidenkleider mit goldgestickten Drachen, blauen Meeren und weissen Wolken gefielen ihr. Sie trug den wertvollsten Schmuck aus Gold, Silber und Jadestein. Ihre Haare schmückten die herrlichsten Nadeln mit Perlen und Diamanten. Und doch war die Prinzessin nicht zufrieden. Sie wünschte sich etwas, das niemand auf der Welt besass. Einmal ging die schöne Prinzessin im Morgengrauen durch den kaiserlichen Park spazieren. Es war so früh, dass auf den Blumen und Blättern der Morgentau lag.

Als die Sonne über den Bäumen aufging, erstrahlten die Tautropfen wie die klarsten Edelsteine. Sie leuchteten wie Diamanten in einer geöffneten Schatztruhe. Die schöne Prinzessin sah die Pracht und wurde blass vor Zorn. So herrliche Edelsteine hatte sie nicht in ihrer Schmuckkassette. Sofort eilte sie zu ihrem Vater: «Schenke mir ein Diadem aus Tautropfen», sprach sie zum Vater, «und wenn du es nicht tust, sterbe ich vor Kummer.»

Dann ging sie in ihre Kammer, und den ganzen Tag über konnte man ihr Weinen im Palast hören.

Der alte Kaiser wusste zwar, dass niemand auf der Welt diesen Wunsch der Tochter erfüllen konnte. Trotzdem liess er noch am gleichen Tag die besten Goldschmiede und Juweliere in den Palast kommen. Er befahl ihnen, in spätestens drei Tagen für die Prinzessin ein Diadem aus Morgentau anzufertigen, sollten sie es nicht schaffen, würde ihnen der Kopf abgeschlagen.

Sein strenger Befehl rief im ganzen Land Entsetzen hervor. Die Goldschmiede und Juweliere sahen mit ihren Familien und Gehilfen den Tod vor Augen. Wie sollten sie ein Diadem aus Morgentau schaffen?

So verging der erste Tag, dann der zweite und schliesslich kam der dritte Tag. Da erschien ein alter Mann vor dem Kaiserpalast.

Die Wächter führten ihn sofort zum Kaiser und seiner schönen Tochter. Der Alte verneigte sich tief vor den kaiserlichen Hoheiten und sprach: «Ich bin gekommen, um für die allerschönste Prinzessin ein Diadem aus Tautropfen anzufertigen. Aber eine untertänige Bitte habe ich», sagte der Alte.

«Sprich sie aus! Sie wird dir sofort erfüllt!», entgegnete der Kaiser. Da sagte der Alte: «Ich bitte die Prinzessin, die gewünschten Tautropfen selbst auszuwählen und mir zu bringen. Daraus mache ich ihr ein Diadem, wie es niemand in der weiten Welt hat.»

Die Prinzessin erhob sich und wurde von dem Alten in den Garten begleitet. Es war noch früh am Morgen. Noch lag in jeder Blüte ein glitzernder Tautropfen. Die Prinzessin ging von Strauch zu Strauch, von Blume zu Blume und suchte die schönsten Tropfen aus, doch kaum berührte sie einen, zerfloss er unter ihren Fingern. Keinen einzigen Tropfen Morgentau konnte sie dem Alten bringen, und als sie zu ihm zurückkehrte, waren ihre Hände leer. Da blickte der Alte sie milde an und die Prinzessin senkte beschämt ihren Kopf. Der Alte lächelte sie an und sie lächelte zurück, und seit jenem Tag hatte sie nie wieder Sehnsucht nach einem Diadem aus Morgentau.

Märchen aus China

Die blaue Rose

Vor langer Zeit lebte in China ein Kaiser, der hatte zwei Kinder, einen Sohn und eine Tochter. Der Sohn war bereits verheiratet, und seine Frau hatte ihm bereits einen gesunden Sohn geschenkt. Die Tochter aber war noch nicht vermählt, und der Kaiser wünschte, auch sie mit einem ebenbürtigen Mann zu verheiraten, bevor er starb. Diese Tochter war weit und breit berühmt wegen ihrer Schönheit. Sie hatte schöne, braune Augen, und ihr Lächeln war fein wie Silberglocken. Ihre Füsse waren die schmalsten, die man finden konnte. Obendrein war sie ebenso weise wie schön und sang die Lieder der grossen Künstler wie niemand sonst im Lande. Aber heiraten wollte sie nicht.

Sobald bekannt wurde, der Kaiser suche einen Freier für seine Tochter, kamen viele Jünglinge in den Palast des Kaisers. Der Minister empfing sie alle, führte sie in ein Gemach und erklärte ihnen, die Tochter gewinne nur derjenige, der ihr eine blaue Rose bringe. Diese Bedingung hatte sie selber gestellt. Die erstaunten Freier fragten sich untereinander, wo sie wohl die blaue Rose finden könnten. Die meisten verzichteten sofort. Einige versuchten es, aber sie gaben es bald wieder auf. So blieben zuletzt nur noch drei Freier übrig.

Der eine war ein reicher Kaufmann. Er ging in den grössten Bazar und verlangte dort eine blaue Rose. Der Händler entschuldigte sich mit vielen Verbeugungen: «Eine blaue Rose habe ich noch niemals gehabt.»

Aber der Kaufmann befahl ihm, eine blaue Rose herbeizuschaffen, koste es, was es wolle. Der Händler versprach, sein Bestes zu tun.

Der zweite Freier war ein Krieger. Er setzte sich auf ein starkes Ross und ritt mit hundert Reitern zum Land der fünf Flüsse. Dort regierte ein König, der die wertvollsten Schätze sein Eigen nannte. Der mutige Krieger verlangte aus diesen Schätzen eine blaue Rose und drohte, das Land zu vernichten, wenn er sie nicht erhalte. Der König, der nicht kämpfen wollte – er war ein friedfertiger Mann –, übergab dem Fremden eine kostbare Edelsteinrose, und der Freier verliess mit diesem Edelstein das fremde Land. Er ging zum Palast des Kaisers, wurde sofort dem Kaiser vorgeführt und erzählte ihm sein Abenteuer.

Der Kaiser rief seine Tochter: «Hier ist ein tapferer Held mit der Rose. Hat er seine Aufgabe erfüllt?»

Die Prinzessin nahm den kostbaren Stein in ihre schmalen Hände. Dann sagte sie: «Das ist keine Rose. Das ist ein Saphir, ein Edelstein. Solche Dinge habe ich genug.»

Sie dankte dem Krieger höflich, und der Freier verliess das Schloss. Kaum hatte der Kaufmann von der Niederlage des Kriegers gehört, ging er aufs Neue zum Händler und verlangte die blaue Rose.

«Wenn du sie findest, werde ich dich reich und mächtig machen, denn dann bin ich der Schwiegersohn des Kaisers. Andernfalls aber töte ich dich.»

«Gib mir drei Tage Zeit», flehte der Händler. «Ich werde die blaue Rose bestimmt finden.»

Der Kaufmann gab ihm drei Tage Zeit. Der arme Händler wusste genau, dass es keine blauen Rosen gab, und am dritten Tag ging er zu seiner Frau und klagte ihr sein Leid. Diese Frau war nun sehr klug. Sie liess von einem zauberkundigen Mann eine Flüssigkeit herstellen, tränkte den Stil einer weissen Rose darin, und siehe, die Rose wurde blau.

Der Kaufmann eilte mit der blauen Rose in den Kaiserpalast. Wieder fragte der Kaiser seine Tochter: «Schau die herrliche blaue Rose! Hat dieser Freier seine Aufgabe zu deiner Zufriedenheit vollbracht?»

Die Prinzessin nahm die Rose in ihre Hand, und dann sagte sie: «Nein! Diese Rose wurde künstlich gefärbt. Sie hat ihre weisse Farbe in Blau verwandelt. Wenn sich Vögel und Schmetterlinge auf sie setzen, müssten sie sterben. Nehmt die Rose zurück.»

Der Kaufmann musste beschämt den Palast verlassen.

Der dritte Freier war ein sehr geschickter Staatsmann. Er rief den besten Künstler des Landes zu sich und sagte zu ihm: «Mach mir einen Becher von feinstem Porzellan, weich in den Farben und vollendet in der Form und male darauf eine blaue Rose.»

Der Künstler arbeitete drei Monate an dem Becher und schuf das Schönste, was er je geschaffen hatte. Der Staatsmann hatte grosse Freude an dem Becher und eilte beglückt in das Schloss. Der Kaiser liess wieder seine Tochter kommen, stellte ihr den Freier vor und fragte sie, ob dieser seine Sache recht gemacht habe. Die Prinzessin nahm das Werk in ihre schmalen Hände und sprach: «Dieser Becher ist würdig, die blaue Rose dereinst aufzunehmen.»

Auch dieser Freier war enttäuscht. Doch dankte er der Prinzessin herzlich, weil sie seine Gabe angenommen hatte, und zog von dannen.

Nicht lange danach kam ein Wandersmann am Kaiserpalast vorüber. Er hatte noch nichts von der Geschichte mit der blauen Rose gehört, sondern zog seines Weges, schlug die Laute und sang die Lieder, die ihm gerade in den Kopf kamen. Es war Abend, und da er müde war und die Sonne herrlich unterging, setzte er sich an die Mauer des kaiserlichen Gartens, spielte und sang und lauschte zwischendurch dem Quaken der Frösche und dem Murmeln des Flusses.

«Neben Weidenbäumen steh' ich
und sehe, wie der Abend sinkt.
Über den Fluss kommt mein Herz,
ein Liebesname, den ich nie zuvor gewusst.
Und aus der Wiese steigt
ein Vogel auf, der über dem Strom fliegt.
In seiner Silberflut
seh' ich ein zartes Blau aufblitzen,
wie ich es nie gesehen.»

Da hörte er hinter sich eine Pforte gehen, und eine schlanke Gestalt trat heraus. Sie führte ihn in den Schatten eines Zedernbaumes, und sie wisperten und flüsterten sich unter den Sternen tausend Dinge zu, während die Nacht zerrann wie silberner Nebel.

«Sowie der Morgen kommt, werde ich zu deinem Vater gehen und um deine Hand bitten», sagte er. «Ach», klagte die Unbekannte, «ich bin des Kaisers Tochter und habe die Bedingung gestellt, dass mich nur derjenige heiraten darf, der mir eine blaue Rose bringt.» Der Wanderbursch lächelte: «Das ist sehr einfach. Ich werde die blaue Rose finden.»

Der Morgen kam, und er brach vom Wegrand eine weisse Rose, die brachte er in den Palast des Kaisers. «Dieser fremde Strassensänger bringt dir das, was er unter einer blauen Rose versteht. Willst du sehen, ob vielleicht sie die richtige ist?», sagte der Kaiser lachend.

Die Prinzessin nahm die taufrische Rose in die Hand, und ohne zu zögern sprach sie: «Ja, das ist die blaue Rose, die ich haben wollte.» Alle am Hof protestierten, denn die Rose war weiss und nicht blau. «Ich weiss, dass die Rose blau ist», sagte die Prinzessin und fügte freundlich hinzu: «Vielleicht seid ihr alle farbenblind.»

Der Kaiser beschloss, diese Rose habe blau zu sein, da die Prinzessin recht behalten sollte und keiner daran zweifeln durfte, weder die Astrologen, noch die Wissenschaftler, noch ihre Schüler oder Propheten.

Die Prinzessin und der Strassensänger heirateten einander und lebten glücklich in einem Haus am See mit einem Garten voll weisser Rosen, die sie zeitlebens «blau» nannten. Der Kaiser aber war zufrieden, da er seine Tochter glücklich wusste und gern den Liedern seines Schwiegersohnes lauschte.

Märchen aus China

Drei Rosen auf einem Stiel

Auf einem abgelegenen Hof, nahe bei einem grossen Tannenwald, lebte einmal ein Bauer, dem seine Frau schon vor Jahren gestorben war. Zum Glück hatte er aber zwei erwachsene Töchter, die eine blond und die andere schwarz; die führten ihm nun den Haushalt, versahen den Stall und das Hühnervolk und halfen auch draussen auf dem Felde mit, so gut sie konnten. Meist richteten sie es aber so ein, dass die eine dem Vater bei den bäuerlichen Arbeiten half, während die andere zu Hause blieb und dort nach dem Rechten sah. Denn es war nun einmal so, und niemand wusste eigentlich zu sagen warum, dass die zwei Schwestern sich nicht vertrugen, sondern sich wegen jeder Kleinigkeit zankten oder tagelang, ohne sich ein Wort zu gönnen, aneinander vorübergingen.

Dem Vater aber waren beide gleich lieb; er bemühte sich redlich, keine der anderen gegenüber zu bevorzugen, und erfreute sie häufig durch Geschenke, die sie sich immer selber wählen durften.

Als er darum eines Tages wieder einmal auf den Markt ging, rief er sie zu sich in die Stube und fragte: «Ihr wisst ja, heut' ist Markt im Dorf drunten; was soll ich euch mitbringen?»

«Ich möchte ein schönes Sonntagskleid haben», sagte die eine.

«Und ich wünsche mir drei Rosen auf einem Stiel», entgegnete die andere.

«Drei Rosen auf einem Stiel? Wenn ich die nur bekommen kann», sagte der Vater und machte sich auf den Weg.

Als er seinen Handel abgeschlossen und im Wirtshaus zu Mittag gegessen hatte, kaufte er der einen Tochter ein schönes neues Kleid. Obwohl er den ganzen Markt zweimal auf und ab ging und sich auch auf dem Heimweg lange und angestrengt umsah, konnte er doch nirgends drei Rosen erblicken, die auf einem Stiel wuchsen. Endlich, als er schon ein gutes Stück vor dem Dorf draussen war, sah er in einem Garten einen blühenden Rosenstrauch stehen. Er betrachtete ihn näher, und wahrhaftig: An ihm wuchsen drei Rosen auf einem Stiel beisammen, so wie die zweite Tochter es sich gewünscht hatte. Ohne sich lange zu besinnen, trat er in den Garten ein, fasste das Zweiglein mit den drei Rosen und wollte es gerade abbrechen. Da stand mit einem Male ein brauner, zottiger Bär vor ihm und sagte: «Was suchst du da in meinem Garten?»

Als er sich von seinem Schrecken erholt hatte, erzählte der Bauer, dass seine eine Tochter gewünscht habe, er solle ihr drei Rosen auf einem Stiel als Marktgeschenk mitbringen. Lange habe er vergeblich gesucht; hier an diesem Strauch habe er endlich einen solch wundersamen Zweig gefunden. Ob er ihn nicht brechen und mit nach Hause nehmen dürfe.

«Du kannst die drei Rosen mitnehmen», sagte der Bär, «doch nur unter der Bedingung, dass du morgen um dieselbe Stunde wieder hierherkommst und deine Tochter mitbringst. Es soll ihr Schaden nicht sein. Tust du aber nicht, was ich dir geboten, so musst du sterben!»

Der Bauer versprach wiederzukommen, bedankte sich für die drei Rosen und machte sich auf den Heimweg.

Als er auf dem Hofe ankam, warteten seine Töchter schon auf ihn. Die Älteste begrüsste ihn am Brunnen, wo sie gerade Wasser für das Vieh schöpfte; die Jüngere trat ihm freudig aus der Küche entgegen. Als sie das Zweiglein mit den drei Rosen in des Vaters Hand sah, strahlten ihre Augen vor Glück. Sie bewunderte es lange und stellte es dann sorgsam in ein Glas ans Fenster. Die Ältere aber, die ihr Kleid gleich einmal zur Probe angelegt hatte, lächelte nur verächtlich, als sie die drei Rosen sah, und wie sie erst vernahm, dass die Schwester morgen den wilden Bären besuchen sollte, meinte sie: «Du wirst deine drei Rosen teuer bezahlen müssen und nicht wieder zurückkehren!»

Die Jüngere aber sagte: «Was der Vater dem Bären versprochen hat, das will ich halten.»

Am anderen Tag begab sich der Bauer mit seiner Tochter zum Garten des Bären. Als sie eintraten, kam auch schon der Bär angetrottet und fragte: «Ist das die Tochter, die sich die drei Rosen gewünscht hat?»

«Ja», erwiderte der Vater.

«Lass sie bis zum Sonnenuntergang bei mir», sprach der Bär. «Es soll ihr kein Leid geschehen und wird sie nicht reuen.»

Dem Bauern fiel es schwer, die Tochter so mutterseelenallein bei dem wilden Tier zu lassen, und er dachte den ganzen Tag über voll Sorge an sie. Doch er hätte sich nicht mit solchen Gedanken zu quälen brauchen. Denn als der Bär mit dem Mädchen allein war, nahm er es behutsam bei der Hand und führte es in ein herrliches Schloss, das zwischen Bäumen und blühenden Sträuchern versteckt mitten in dem Garten lag. Er zeigte ihm alle die prunkvollen, bemalten Räume und auch die Schmuckschränke, in denen es nur so glänzte und funkelte von Gold, Silber, Perlen und Edelsteinen. So etwas hatte die einfache Bauerntochter noch nie gesehen, und sie konnte ihre Augen fast nicht mehr abwenden von all den Herrlichkeiten.

«Wähle für dich aus, was dir am besten gefällt», sprach der Bär. «Ich will es dir schenken, wenn du morgen noch einmal allein zu mir in den Garten kommst.»

Das Mädchen versprach es, suchte sich eine Halskette und einen Ring aus und kehrte am Abend vergnügt nach Hause zurück.

Als die ältere Schwester den kostbaren Schmuck sah, wurde sie blass vor Neid. Und weil sie vermutete, dass die Schwester beim nächsten Besuch womöglich noch reicher beschenkt werden könnte, versuchte sie ihr wiederum Furcht vor dem Bären einzureden und sie so weit zu bringen, ihr Versprechen nicht einzuhalten und lieber daheim zu bleiben. Aber all ihr Zureden und Einflüstern war umsonst. Da stand sie in der Nacht heimlich auf, raffte die Kleider und Schuhe der Schwester zusammen und versteckte sie in der Scheune unter dem Heu. Wohl eine Stunde lang suchte die Jüngste am anderen Morgen nach ihren Kleidern und ahnte bald, dass die neidische Schwester ihre Hände im Spiel hatte. Doch sie liess sich in ihrem Entschluss, dem Bären ihr Wort zu halten, nicht beirren, zog ihre alte verwaschene und geflickte Küchenschürze an und ging barfuss vom Hof.

Weil sie sich aber beim Suchen zu lange aufgehalten hatte, kam sie verspätet im Garten an. Da stand der Rosenstrauch mit traurig leblosen Zweigen, und die Rosen hingen blass und halb verwelkt zwischen den Blättern.

«Es ist auch so totenstill überall», dachte sie und rief mit banger Stimme nach dem Bären. Niemand gab Antwort. Weinend irrte sie von einem Ende des Gartens zum anderen und lockte und rief: «Komm, komm mein Bär! Wo bist du denn, mein liebes Tier?»

Da hörte sie endlich aus dem Rosenstrauch hervor etwas wimmern und winseln, lief drauf zu und sah den Bären wie tot auf dem Moose liegen. Als sie aber mit ihren Händen die Zweige und Blüten berührte, um dem Tier den Weg freizumachen, richteten sich die welken Ranken und Blätter wieder auf, die Rosen dufteten und leuchteten, und der Bär schlug die Augen auf, kroch aus dem Dickicht hervor, streifte daran seinen zottigen Pelz ab und stand als ein schöner, junger Prinz vor dem Mädchen.

«Nun bin ich unglücklicher, verwunschener Königssohn endlich befreit!», sprach er. «Deiner Liebe und Treue, liebes Mädchen, habe ich mein neues Leben zu danken, und darum will ich dich zu meiner Frau und Königin machen!»

Unter dem Rosenstrauch gab er ihr den Verlobungskuss, und bald darauf hielten sie Hochzeit und lebten glücklich miteinander bis an ihr Ende.

Märchen aus Deutschland

Die Lavendelblüte

Es war einmal ein Witwer, der hatte eine bezaubernde Tochter, an der sein ganzes Herz hing. Er liebte sie so sehr, dass es ihm niemals in den Sinn gekommen war, sich wieder zu verheiraten. Denn er wollte ihr keinen Verdruss bereiten, indem er eine Stiefmutter ins Haus holte. In der Nachbarschaft des Witwers lebte eine Witwe mit zwei Töchtern. Die Witwe hielt nach einem neuen Gatten Ausschau und hatte ein Auge auf den Witwer geworfen. Doch der blieb seinem Vorsatz treu und gab ihr niemals Gelegenheit, die Angelegenheit zur Sprache zu bringen. Die Witwe war jedoch von dem Gedanken wie besessen und ersann einen Plan, um sich die Tochter mit Schmeicheleien und Geschenken gewogen zu machen. Dies tat sie mit solchem Eifer und Geschick, dass das Mädchen nicht umhin konnte, dem Vater eine Ehe mit der Nachbarin ans Herz zu legen, denn sie war eine gute Tochter und wollte nicht, dass der Vater ihretwegen auf ewig allein blieb.

Also feierten der Witwer und die Witwe Hochzeit, und alle zogen ins Haus des Witwers. Zunächst verlief ihr gemeinsames Leben zur grossen Zufriedenheit der Eltern und Töchter, aber nach ein paar Monaten schon wurde das anfängliche Paradies zur Hölle. Nicht nur unter den Stieftöchtern herrschte Missgunst, die beiden waren auch ganz besonders eifersüchtig auf die Witwerstochter, die nicht nur die Hübscheste von ihnen war, sondern auch allerorten mehr geschätzt wurde.

Die Stiefmutter konnte sie nicht ausstehen und richtete das Wort nur an sie, um sie zu tadeln. So machten die drei dem Mädchen das Leben derart zur Qual, dass sie beschloss, zu einer Tante zu ziehen, die bei ihren Nachbarn im Ruf stand, eine Hexe zu sein.

Ihr Vater freilich war tief betrübt, erhob aber keinen Einspruch, denn obwohl er seine Tochter weit mehr als die anderen beiden liebte, wollte er doch keinen Grund zur Eifersucht geben und behandelte sie alle drei stets gleich. Doch Tag für Tag ging er zum Haus der Tante und besuchte seine Tochter.

Eines Tages wollte der Witwer zu einem Nachbardorf reisen, in dem Markttag war, und so fragte er seine Stieftöchter, was er ihnen mitbringen solle. Die Ältere wünschte sich ein besticktes Schultertuch und die Jüngere ein Seidenkleid. Doch als er zum Haus seiner Tochter kam und sie das gleiche fragte, antwortete diese ihm, sie wolle nichts weiter als ein Beutelchen Lavendelsamen.

«Sonst nichts?», fragte der Vater. «Aber von überallher kommen die Händler zum Markt, du kannst dir wünschen, was du nur willst.»

Doch sie bestand darauf: «Ich will nichts weiter als das, worum ich gebeten habe.» Das hatte ihr nämlich die Tante geraten. Also machte sich der Vater zum Markt auf und brachte einer jeden mit, worum sie gebeten hatte. Die Tochter säte sogleich die Samen in einem Topf aus, pflegte sie liebevoll, und schon bald wuchs eine prächtige Lavendelpflanze daraus, die bald blühen sollte. Jede Nacht stellte sie Schlag zwölf den Blumentopf an ihr Fenster und sang:

«Komm schnell herbei, Königssohn,
denn die Lavendelblüte, die öffnet sich schon.»

Sogleich kam ein Vogel herbeigeflogen, der sich in der Blumenerde wälzte, sich in einen strahlenden Jüngling verwandelte und ins Zimmer stieg, um sich neben sie zu setzen und die ganze Nacht hindurch mit ihr in angeregter Unterhaltung zu verbringen. Im Morgengrauen verwandelte er sich wieder in einen Vogel, und wenn er sich in die Lüfte schwang, liess er stets ein Säckchen voll Goldmünzen fallen. So ging es Nacht für Nacht, und schon bald hatten die beiden Frauen einen stattlichen Berg Münzen zusammengetragen. Die Tante kaufte dem Mädchen, was immer es begehrte, worauf beide in der ganzen Nachbarschaft schon bald im Ruf standen, im Überfluss zu leben.

Dies kam rasch der Stiefmutter zu Ohren, die Eifersucht nagte an ihr, und sie zerbrach sich den Kopf darüber, wie es den beiden wohl gelingen mochte, so aus dem Vollen zu schöpfen.

Sie nahm ihre ältere Tochter beiseite und erklärte ihr: «Etwas geht im Haus deiner Stiefschwester nicht mit rechten Dingen zu, sie werfen das Geld dort geradezu zum Fenster hinaus, dabei hat die Tante doch gar kein Vermögen, das ihr ein solches Leben erlaubte. Am besten, du stattest ihr einen Besuch ab. Sorge dafür, über Nacht dortzubleiben, damit du ihnen auf die Schliche kommst.»

Die ältere Tochter tat, was die Mutter ihr aufgetragen hatte, und begab sich zum Haus ihrer Stiefschwester. Tagsüber fiel ihr nichts Ungewöhnliches auf, und nachdem sie zu Bett gegangen war, schlummerte sie alsbald fest ein, sodass sie auch nachts nichts bemerkte.

Da schickte die Stiefmutter die jüngere Tochter mit dem gleichen Auftrag fort, und diese begab sich noch am selben Nachmittag zum Haus der Stiefschwester unter dem Vorwand, letzte Nacht habe ihre Schwester sie besucht, und diese Nacht sei nun sie an der Reihe, ihr Gesellschaft zu leisten, da sie sich sonst nie sehen würden. Das Mädchen hatte ein grosses Herz, empfing ihre Stiefschwester wie die andere zuvor und forderte sie auf, über Nacht bei ihr zu bleiben.

So verbrachten sie den Tag gemeinsam, und als es dunkel geworden war, gingen sie zu Bett. Von der Mutter vorgewarnt, gab die jüngere Tochter nur vor, zu schlafen, bemühte sich jedoch, wach zu bleiben. Die andere wähnte sie unterdessen in tiefem Schlaf, nahm Schlag Mitternacht ihre Lavendelpflanze vom Fensterbrett und sang:

«Komm schnell herbei, Königssohn,
denn die Lavendelblüte, die öffnet sich schon.»

Auf ihre Worte hin kam der Vogel herbeigeflogen, nahm in Prinzengestalt Platz neben ihr, und sie unterhielten sich die ganze Nacht über. Im Morgengrauen verabschiedete er sich und hinterliess sein Säckchen voll Gold. Die jüngere Tochter hatte alles beobachtet und eilte am nächsten Morgen nach Hause, um es ihrer Mutter zu erzählen.

«Aha!», rief die Mutter. «Ich wusste doch, dass es eine besondere Bewandtnis mit diesem Geldsegen hat und er nicht von der Tante kommen konnte. Aber sei unbesorgt, dem wollen wir flink ein Ende bereiten.»

Sie trug der Tochter auf, bei ihrer Stiefschwester zu bleiben. Sie gab ihr ein Paar Messer mit, die sie im Topf der Lavendelpflanze mit der Schneide nach oben vergraben sollte. Also machte sich die Tochter erneut auf den Weg zu ihrer Stiefschwester und erklärte: «Heute morgen vermisste ich ein Ohrgehänge, ich will schauen, ob ich es vielleicht bei dir liegenliess.»

Die Stiefschwester versicherte ihr, dass weder sie noch die Tante es gefunden hatten, bat sie jedoch ins Haus, damit sie selbst nachsehen könne, ob sie es irgendwo finde. Als niemand achtgab, vergrub die Stiefschwester die Messer im Topf, zog dann den Ohrring aus ihrer Tasche hervor und rief: «Hier ist er ja, ich habe ihn gefunden.»

Dann ging sie wieder nach Hause und berichtete ihrer Mutter, dass sie ausgeführt hatte, was ihr aufgetragen worden war.

Die Nacht brach an, und als es zwölf schlug, stellte das Mädchen seinen Blumentopf auf das Fensterbrett und sang:

«Komm schnell herbei, Königssohn,
denn die Lavendelblüte, die öffnet sich schon.»

Der Vogel erschien und wälzte sich wie jede Nacht in der Blumenerde. Kaum hatte er sich aber einmal umgedreht, da war er überall ganz zerschnitten, und sie hörte ihn klagen: «O weh, du Niederträchtige, du hast mich verwundet!»

Und er flog davon. Das Mädchen war wie vor den Kopf geschlagen und begann so untröstlich zu weinen, dass die Pflanze auf der Stelle vertrocknete und alle ihre Blätter abwarf. Da sah sie die Messer, die ihre Stiefschwester vergraben hatte. Sie waren voll Blut, und so begriff sie, warum der Vogel mit jenem Fluch davongeflogen war.

Auf ihr Weinen hin kam die Tante herbeigelaufen, und als sie von dem Mädchen erfuhr, was geschehen war, riet sie ihr: «Keine Tränen mehr. Verkleide dich als Arzt, nimm dieses Fläschchen mit Balsam und geh zu einem Palast, den ich dir beschreibe. Dort bitte darum, zum kranken Prinzen vorgelassen zu werden. Sobald du bei ihm bist, reib ihm die Wunden mit einer Feder ein, die du mit diesem Balsam getränkt hast. Ist er geheilt, ziehst du dich zurück, ohne dich zu erkennen zu geben. Und nimm keinerlei Lohn für deine Dienste an.»

Das Mädchen befolgte gewissenhaft den Rat. Sie schlüpfte in ein Arztgewand, das die Tante ihr gab, und machte sich auf den Weg. Tagelang musste sie wandern, bis sie zu dem Palast gelangte. Dort bat sie, den König zu sprechen, und erzählte ihm, sie habe gehört, der Prinz sei schwer erkrankt, und wolle ihn nun sehen, um ihn mit einem Balsam zu heilen.

Man führte sie zum Prinzen, den sie sofort wiedererkannte, nur war sein Körper jetzt über und über mit Schnittwunden bedeckt. Sie wusch ihm die Wunden aus und rieb sie dann mit der in den Balsam getränkten Feder ein. Dies tat sie an dem einen und am folgenden Tag, und am dritten war der Prinz schon so weit genesen, dass er aufstehen konnte und sich für geheilt ansah.

Der Arzt erklärte, da der Prinz nun genesen sei, müsse er weiterziehen. So sehr das Königspaar auch versuchte, ihn zurückzuhalten, es gelang ihnen nicht, und als sie ihm vielerlei Geschenke anboten, wies der Arzt auch diese zurück. Bevor er ging, gemahnte er den Prinzen jedoch: «Vergiss nur nie, wer dich geheilt hat!»

Das Mädchen kehrte nach Hause zurück, legte das Arztgewand ab, und als sie ihren Blumentopf holte, entdeckte sie, dass die Lavendelpflanze erneut blühte und wunderschön anzusehen war. Noch in derselben Nacht trug sie den Topf Schlag zwölf zum Fenster und sang:

«Komm schnell herbei, Königssohn,
denn die Lavendelblüte, die öffnet sich schon.»

Da erschien der Prinz mit einem Degen in der Hand, trat ins Zimmer und schrie: «Niederträchtige du! Bereite dich vor, zu sterben.»

Das Mädchen erwiderte: «Vergiss nur nie, wer dich geheilt hat!»

Als der Prinz das hörte, erkannte er, wer sein Arzt gewesen war, warf den Degen fort und umarmte das Mädchen.

Nun wollte er natürlich wissen, wer die scharfen Schneiden in der Erde vergraben hatte, und das Mädchen erzählte ihm, wie sich die Geschichte zugetragen hatte. Der Prinz erklärte seinerseits, dass sie ihn durch ihre Heilkunst von dem Zauber befreit habe, der ihn in einen Vogel verwandelte.

So konnte er in Prinzengestalt um ihre Hand anhalten und sie in seinen Palast mitnehmen, wo sie glücklich und zufrieden lebten. Was die Stiefmutter und ihre Töchter anging, so wurden sie nicht nur vom Neid zerfressen, auch ihr Hass aufeinander wuchs immer mehr, sodass sich das Leben in ihrem Haus in eine wahre Hölle verwandelte.

Märchen aus Spanien

Die singende Rose

Ein König schlug seinem Wesir vor: «Lass uns heute Nacht durch die Strassen der Stadt streifen, um zu sehen, in welchem Zustand die Basare, Moscheen, Bäder und Kaffeestuben sind.» Bevor sie ihren Rundgang begannen, verkleideten sie sich als Derwische. Die Bewohner der Stadt schliefen bereits und alles war ruhig. Da kamen sie an einem Haus vorbei, in dem noch ein Petroleumlicht brannte. Beim Näherkommen hörten sie, dass drei Frauen sich miteinander unterhielten. Sie hielten vor dem Fenster ihre Schritte an und belauschten die Unterhaltung. Da hörten sie eine Frau sagen: «Wenn der König mich heiratet, bereite ich ihm eine Pastete zu, von der er und sein ganzes Heer satt werden.»

Da sagte eine andere Frau: «Wenn der König mich heiratet, mache ich ihm ein Zelt, das gross genug ist für ihn und sein ganzes Heer.»

Nach einer Weile hörte man die dritte Frauenstimme: «Wenn der König mich heiratet, schenke ich ihm eine Tochter und einen Sohn, die abwechselnd ein goldenes und ein silbernes Haar haben; wenn sie weinen, donnert und regnet es, wenn sie aber lachen, erscheinen Sonne und Mond zur gleichen Zeit.»

Der König horchte aufmerksam, dann beendete er mit seinem Wesir den Rundgang.

Als der nächste Tag anbrach, liess er die Frauen in seinen Palast holen. Er heiratete die drei Schwestern gleichzeitig und liess drei Heiratsurkunden ausstellen. Die erste Nacht verbrachte er mit der ältesten; am Morgen fragte er sie: «Wo ist die Pastete, die für mich und das Heer ausreicht?»

Sie antwortete ihm: «Die Reden der Nacht sind wie Butter; sobald die Sonne erscheint, schmelzen sie dahin.»

Mit der zweitältesten Schwester verbrachte er die nächste Nacht, und auch sie fragte er am anderen Morgen: «Wo ist das Zelt, das mich und mein Heer beherbergen soll?»

Sie erwiderte: «Das ist ein Bild, das mir gerade in den Sinn kam.»

Da schickte er die beiden Schwestern in die Küche und befahl ihnen, dort mit den Sklavinnen zu arbeiten.

Die dritte Nacht verbrachte er mit der jüngsten der Schwestern. Am nächsten Morgen fragte er sie: «Wo sind das Mädchen und der Junge, dessen Haare abwechselnd golden und silbern sind?» Sie entgegnete ihm: «Warte mit mir neun Monate und neun Minuten, o König!»

Die jüngste Schwester wurde schwanger, und es vergingen fast neun Monate. Am Tage bevor sie niederkommen sollte, benachrichtigte der König die Hebamme.

Die älteste Frau, die auf ihre junge Schwester eifersüchtig war, ging der Hebamme entgegen und fragte sie: «Sag mir, meine Tante, wie viel hat der König dir für die Geburt versprochen?»

Die Alte berichtete: «Er befahl, mir zwei Dinare zu geben.»

Die Frau des Königs sagte: «Bei Allah, das ist nicht viel! Ich gebe dir vier Dinare und diese Kiste mit zwei kleinen blinden Hunden. Wenn meine Schwester ein Mädchen und einen Jungen zur Welt bringt, verstecke sie in dieser Kiste und lege die beiden Hunde an ihren Platz. Die Kinder musst du unbemerkt aus dem Palast schmuggeln und sie töten. Möge dein Haus verbrennen und deine Augen erblinden, wenn du nicht tust, wie ich dir geheissen habe.»

Die Hebamme nahm das Geld und die Kiste und ging zum Königspalast.

Als das Mädchen und der Junge gerade geboren waren, steckte die alte Hebamme sie in die Kiste, legte an ihre Stelle die zwei kleinen blinden Hunde und ging zum König. Sie sprach zu ihm: «Ich traue mich nicht, dir die Wahrheit zu sagen, o König.»

Der König befahl: «Sprich! Ich versichere dir im Voraus Vergebung.»

Die Hebamme stammelte: «Diese Frau hat zwei blinde Hunde zur Welt gebracht!»

Der König wurde zornig. Er rief nach seinen Sklaven und befahl wütend: «Nehmt meine jüngste Frau, bestreicht sie mit Teer und bindet sie an der Treppe fest. Jeder, der an ihr vorbeigeht, soll auf sie spucken!»

Die alte Hebamme verliess den Palast und warf die Kiste mit den beiden Kindern in den Fluss. Auf einer kleinen Insel im Fluss lebte ein Fischer mit seiner Frau. Allah hatte ihnen keine Kinder geschenkt. An diesem Morgen ging der Fischer wie immer zum Fluss, um zu angeln, und entdeckte die Kiste. Er holte sie aus dem Wasser und ging damit zu seiner Hütte zurück.

Dort stellte er die Kiste zwischen sich und seine Frau und sagte zu ihr: «Ich mache mit dir einen Vertrag: Wenn diese Kiste mit Geld oder Gold angefüllt ist, gehört sie mir; wenn darin aber Schmuck ist, gehört sie dir.»

Seine Frau erwiderte: «Ich bin mit allem einverstanden.»

Sie öffneten die Kiste und erblickten zwei aussergewöhnlich schöne Kinder: Der kleine Junge hatte seinen Finger in den Mund des Mädchens gesteckt und das Mädchen seinen Finger in den Mund des Jungen, und einer saugte am Finger des anderen. Die Frau war entzückt und nahm die beiden behutsam aus der Kiste. Sie bat Allah, er möge ihre Brüste mit Milch füllen, und der Allmächtige erhörte sie. Sie zogen die beiden Kinder auf, als wären es ihre eigenen und besser.

Eines Tages fing der Fischer zwei grosse, weisse Fische. Der Junge sagte zu dem

Fischer: «Mein Vater, diese zwei Fische sind besonders schön. Ich werde sie auf dem Markt verkaufen oder sie dem König als Geschenk anbieten.»

Er ging mit den Fischen zum Basar und setzte sich auf den Fischmarkt. Alle Leute, die vorbeigingen, blieben vor ihm stehen. Wenn sie nicht die Fische betrachteten, so bewunderten sie den schönen Knaben. Auch der König kam dort vorbei. Er sah die Fische, sah den Jungen und rief ihn zu sich: «Zu welchem Preis verkaufst du die Fische, mein Junge?», fragte er ihn.

Er antwortete: «Dir mache ich sie zum Geschenk, o König!»

Da nahm der König ihn mit in sein Schloss. Er fragte ihn nach seinem Namen, und der Junge berichtete: «Ich heisse Mohammed, und mein Vater ist der Fischer, der auf der Insel wohnt.»

Der König gab ihm drei Dinare und sagte: «Geh nun, mein Junge, und komm morgen wieder!»

Der Junge ging auf die Insel zurück und gab dem Fischer die drei Dinare.

Am nächsten Tag nahm er die Fische, die der Fischer gefangen hatte, und ging damit zum Königspalast. Der König empfing ihn und setzte sich mit ihm in den Garten des Palastes. Der König sass dem Jungen gegenüber, trank Wein und bewunderte die Schönheit des Knaben. Das Herz wurde ihm warm aus Sympathie für diesen Jungen. Er blieb zwei Stunden mit ihm zusammen. Dann liess er ihm ein Pferd aus seinem Marstall bringen und schenkte es dem Jungen, damit er ihn mühelos besuchen könne.

Mohammed stieg stolz auf das Pferd und ritt hinweg. Nun kam er täglich zum Königspalast geritten, und der König setzte sich mit ihm in den Garten. Er ergötzte sich nicht mehr an den Springbrunnen, deren Wasser sich aus den Mäulern wilder Tiere und den Schnäbeln von Vögeln in Marmorbecken ergoss, er betrachtete nur die Schönheit des Knaben. Da geschah es, dass die Frau des Königs durch das Fenster schaute und den Knaben erkannte. Sie schickte sofort ihre Schwester zu der alten Hebamme und liess ihr sagen: «Ich hatte dir befohlen, die Kinder meiner jüngsten Schwester zu töten; doch sie leben noch auf dieser Erde.»

Die Hebamme liess ihr ausrichten: «Hab Geduld mit mir, o Königin, nach drei Tagen werden sie nicht mehr unter den Lebenden sein.»

Die Alte holte sich einen Krug, befestigte einen Sattel darauf und verzauberte ihn; sie schlug mit einer Reitpeitsche darauf, und der Krug flog mit ihr durch die Luft und setzte sie auf der Insel ab, in der Nähe der Fischerhütte. Sie ging auf die Schwester Mohammeds zu, die alleine mit einer Handarbeit neben der Hütte sass, und sagte zu ihr: «Mein Mädchen, warum bleibst du so alleine und einsam? Sag deinem Bruder, dass er dir die singende Rose der Arab Zandyq holen soll. Sie singt für dich und unterhält dich, wenn du alleine bist, sodass du dich nicht langweilst.»

Nach diesen Worten verliess die Alte sie. Als Mohammed zu seiner Schwester zurückkam, fand er sie traurig. Er fragte sie: «Warum bist du traurig, meine Schwester?»

Sie erwiderte: «Ich möchte die Rose der Arab Zandyq, damit sie für mich singt und mich unterhält, wenn ich alleine bin.»

«Ich bin zu deinen Diensten», sagte Mohammed. «Ich werde sie dir holen.»

Er stieg auf sein Pferd und ritt fort. Er ritt durch eine endlose Wüste. Plötzlich sah er vor sich eine Menschenfresserin sitzen. Sie hatte ihm den Rücken zugewandt und mahlte mit einer Handmühle Korn zu Mehl. Während der Arbeit hatte die Menschenfresserin ihre langen Brüste über die Schultern auf den Rücken geworfen. Mohammed stieg vom Pferd, näherte sich ihr von hinten und saugte zuerst an ihrer rechten, dann an ihrer linken Brust, dann näherte er sich ihr von vorne und grüsste sie: «Friede sei mit dir, Mutter Menschenfresserin!»

Sie entgegnete: «Wenn du vor deinem Gruss nicht an meinen Brüsten gesaugt hättest, hätte ich dich mit Haut und Knochen verschlungen. So aber sage mir, Mohammed, wohin du gehst.»

Er berichtete ihr: «Ich suche die singende Rose der Arab Zandyq.»

Sie zeigte ihm den Weg und sagte: «Vor dem Palast findest du ein Zicklein und einen Hund, die beide angebunden sind; vor dem Zicklein liegt ein Stück Fleisch, und vor dem Hund liegt Klee. Nimm das Stück Fleisch, das vor dem Zicklein liegt, und gib es dem Hund, und gib den Klee, der vor dem Hund liegt, dem Zicklein. Dann öffnet sich die Tür vor dir, und du kannst in den Garten eintreten und die Rose pflücken. Wenn du sie gepflückt hast, dann verlasse den Garten, ohne zu verweilen und Umwege zu machen; vor allem schau dich nicht um, denn wenn du dich umschaust, wirst du in ein Stück Stein verwandelt wie die vielen Jünglinge, die vor dir verzaubert wurden.»

Mohammed ritt in die Richtung, die ihm die Alte gezeigt hatte, und er tat, wie sie ihm geheissen hatte. Da öffnete sich das Tor zu einem paradiesischen Garten. Doch er sah nur die Rose, pflückte sie und verliess den Garten, ohne zu verweilen.

Er ritt zur Insel zurück und brachte seiner Schwester die Rose. Am nächsten Tag besuchte er den König, der ihn nach dem Grund seines langen Ausbleibens fragte. Er antwortete: «Ich war krank, o König.»

Der König nahm ihn bei der Hand und ging mit ihm durch den Garten. Sie setzten sich zusammen auf eine Bank und betrachteten die Blüten und Bäume und atmeten ihren Duft ein. Die Frau des Königs sah den Jungen an der Seite ihres Mannes und liess die Alte holen. Sie schlug heftig auf sie ein und schrie: «Machst du dich über mich lustig, Alte?»

Die erwiderte: «Gedulde dich noch drei Tage mit mir, o Königin.»

Sie stieg wieder auf ihren verzauberten Krug und ritt zu dem Mädchen auf der Insel. Sie fragte freundlich: «Hat dein Bruder dir die Rose gebracht, meine Tochter?»

«Ja», antwortete das Mädchen enttäuscht, «aber sie singt nicht.»

Die Alte entgegnete: «Ich vergass, dir zu sagen, dass sie nur vor ihrem Spiegel singt.»

Nach diesen Worten verliess sie sie und ritt hinweg.

Als Mohammed zur Fischerhütte zurückkam, fand er seine Schwester betrübt. Er fragte sie nach dem Grund ihrer Betrübnis, und sie sagte zu ihm: «Ich wünsche mir den Spiegel zur Rose.»

Er erwiderte: «Ich bin unter deinem Befehl, meine Schwester; ich werde ihn dir bringen.»

Er stieg auf sein Pferd und ritt hinweg. Er ritt wieder durch die Wüste, bis er zu der Menschenfresserin kam, und begrüsste sie wie beim ersten Mal.

Auf ihre Frage hin berichtete er, dass seine Schwester den Spiegel zur Rose wünsche. Die Menschenfresserin riet ihm: «Tu, was ich dir beim letzten Mal geheissen; sobald du im Garten bist, geh ohne zu verweilen auf dem Hauptweg zum Palast, du kommst an eine Marmortreppe; die gehe hinauf und betritt das erste Zimmer rechts; dort findest du den Spiegel an der Wand. Nimm ihn und geh hinweg, ohne zurückzuschauen. Wenn die Erde bebt, so bleibe standhaft, sonst bist du umsonst dorthin geritten, wie viele andere vor dir.»

Mohammed ritt den Weg, den die Alte ihm gewiesen hatte, und tat, wie sie ihm geheissen, und als die Erde bebte, machte er sein Herz hart und ging festen Schrittes weiter. Unversehrt brachte er den Spiegel seiner Schwester; die stellte ihn sogleich der Rose gegenüber, aber die Rose blieb stumm, und die Schwester war sehr enttäuscht.

Als Mohammed zum König kam, wurde er von ihm freundlich empfangen. «Du darfst nicht so lange ausbleiben, Mohammed», sagte der König. «Weisst du nicht, wie sehr ich dich vermisse?»

«Ich war mit meinem Vater auf Reisen», antwortete Mohammed, «und bin nun zurückgekehrt.»

Der König nahm ihn bei der Hand, und sie spazierten so durch den Schlossgarten.

Da sah sie die Frau des Königs, die aus einem Fenster in den Garten schaute. Sie liess sofort die alte Hebamme rufen, schlug sie und schrie: «Meine Geduld ist nun zu Ende! Allah verbrenne deine Augen! Verbirg dich vor mir, oder ich steinige dich auf der Stelle!»

Die Alte flehte: «Gib mir noch drei Tage, o Königin, und wir sind endgültig am Ende mit den beiden.»

Wiederum ritt sie auf dem verzauberten Krug zu der Schwester Mohammeds. Sie fragte sie freundlich: «Na, hat dein Bruder dir den Spiegel gebracht?»

Das Mädchen antwortete ärgerlich: «Ja, aber die Rose singt trotzdem nicht!»

Die Alte flüsterte ihr zu: «Natürlich, sie singt nur in der Gegenwart ihrer Herrin, der Arab Zandyq.»

Darauf verliess sie das Mädchen und ritt auf ihrem Krug hinweg.

Als Mohammed zurückkam, fand er seine Schwester verärgert und fragte sie: «Worüber ärgerst du dich, meine Schwester?» Und sie sagte zu ihm: «Ich möchte Arab Zandyq, die Herrin des Spiegels und der Rose, damit sie endlich singt und mich unterhält, wenn ich alleine bin.» Er bestieg sein Pferd und ritt zu der Menschenfresserin in der Wüste. Er begrüsste sie wie üblich und fragte: «Wie geht es dir, Mutter Menschenfresserin?»

«Was willst du denn schon wieder hier, Mohammed?», entgegnete sie überrascht.

Er erwiderte: «Ich suche Arab Zandyq, die Herrin der Rose und des Spiegels.»

«Wenn dir dein Leben lieb ist, o Mohammed, dann gehe wieder zurück», warnte die Menschenfresserin ihn. «Könige, Emire und Paschas sind ausgezogen, um Arab Zandyq zu erobern, und keiner von ihnen ist zurückgekehrt; sie hat sie alle in Steine verwandelt. Es ist zu schade um dein junges Leben.»

«Lass das meine Sorge sein, Mutter Menschenfresserin», erwiderte er darauf. «Sag mir nur, was ich zu tun habe. Allah wird mein Leben schützen.»

Die Menschenfresserin schien nicht ganz überzeugt, aber sie sagte zu Mohammed: «Reite zur Westseite des Palastes, den du schon kennst. Dort findest du ein offenes Fenster. Sieh zu, dass du dein Pferd so weit wie möglich der Mauer näherst, bis du unmittelbar unter dem Fenster stehst, dann rufe mit lauter Stimme: Komm herunter, Arab Zandyq!»

Mohammed ritt zu dem Palast und näherte sich der Westseite; er stellte sich unter das offene Fenster und rief mit lauter Stimme: «Komm herunter, Arab Zandyq!»

Sie schaute durch das Fenster und befahl: «Geh hinweg, Jüngling!»

Da fühlte Mohammed, wie die Hälfte seines Pferdes zu Stein wurde. Er rief verzweifelt ein zweites Mal: «Komm herunter, Arab Zandyq!»

Sie wiederholte ungehalten: «Ich sage dir, geh hinweg, Jüngling!»

Und Mohammed spürte, dass das ganze Pferd unter ihm zu Stein erstarrt war. Aber er rief nur noch lauter: «Komm herunter, Arab Zandyq!»

Sie neigte sich ein wenig aus dem Fenster, und dabei fielen ihre Haare bis auf den Boden. Er griff nach ihren Haaren, wickelte sie um seine Hand und zog sie so aus dem Fenster. Da sagte sie zu ihm: «Du bist mir vom Schicksal bestimmt, Mohammed. Beim Leben deines Vaters, des Königs, lass nun meine Haare frei!»

Er antwortete: «Mein Vater ist kein König, sondern ein Fischer.»

«Nein», entgegnete Arab Zandyq, «dein Vater ist König; später werde ich dir seine Geschichte erzählen.»

Mohammed drohte: «Ich lasse deine Haare nicht frei, bis du alle frei lässt, die du bisher verzaubert hast!»

Sie machte ein Zeichen mit ihrer rechten Hand, und die Figuren aus Stein erwachten zu Leben. Einige stürzten auf Arab Zandyq zu, um sie zu entführen, aber die anderen riefen ihnen zu: «Dank sei dem, der uns vom Zauber befreit hat! Wollt ihr ihn dafür bestrafen und ihm Arab Zandyq entführen?»

Sie liessen von ihrem Vorhaben ab, und alle ritten dankend und grüssend hinweg.

Arab Zandyq nahm Mohammed bei der Hand und führte ihn in ihr Schloss. Sie liess ihn auf einem Ehrensitz aus Alabaster und Seidenkissen Platz nehmen; ihre Dienerinnen, Monden gleich, spielten auf Flöten und Lauten; die Luft war erfüllt von Räucherwerk; ihre Diener reichten süssen Wein in Kristallgläsern, Mokka und Süssigkeiten.

Dann befahl Arab Zandyq ihren Dienern, einen Palast wie den ihren auf der Fischerinsel zu bauen. Als der Bau beendet war, zog sie mit Mohammed und ihren Soldaten in den Palast ein. Eines Tages sagte sie zu Mohammed: «Geh zum König, und wenn er dich fragt, wo du so lange gewesen bist, antworte ihm, dass du deine Hochzeit vorbereitet hast, und lade ihn mit seiner ganzen Armee zu uns ein.»

Der König sah Mohammed von Weitem, kam ihm entgegen und sagte: «Du bist zurückgekehrt, und mit deiner Rückkehr ist die Sonne aufgegangen, o Mohammed!»

Er antwortete dem König wie Arab Zandyq ihn geheissen hatte, und lud den König mit seiner Armee zur Hochzeit ein. Als Mohammed weggeritten war, sagte der König lachend zu seinem Wesir: «Dieser Jüngling ist der Sohn eines Fischers und lädt uns und die ganze Armee zu seiner Hochzeit ein.»

Der Wesir entgegnete ihm: «Deine Liebe zu diesem Jüngling gebietet dir, seine Einladung anzunehmen. Befiehl den Soldaten, dass sie Nahrung für acht Tage mitnehmen, und auch wir nehmen unsere Vorräte für eine Woche mit.»

So machten sie sich auf und zogen zur Insel, auf der der Fischer wohnte. Zu ihrem Erstaunen fanden sie auf der ganzen Insel schöne weisse Zelte aufgeschlagen, die zur Unterbringung des Heeres dienten, und ein herrlich rotes Zelt für den König. Dann wurde das Essen aufgetragen: gebratene Ochsen, Kälber, Hammel in grosser Zahl, erlesene Gemüse und Salate, köstliche Weine und Kuchen, alle denkbaren Arten an Früchten; sobald ein Gedeck beendet war, wurde ein anderes aufgetragen. Die Soldaten sagten: «So köstlich wie hier haben wir noch nirgendwo gegessen. Hier würden wir gerne für immer bleiben.»

Sie blieben vierzig Tage, bis die Hochzeit beendet war, und waren mehr als zufrieden. Nur ungern zogen sie mit ihrem König ins Schloss zurück. Als sie ins Schloss zurückgekommen waren, sagte der König zu seinem Wesir: «Wir werden Arab Zandyq und Mohammed hier empfangen, wie sie uns empfangen haben», und sie schickten ihnen eine Einladung. Arab Zandyq befahl, die Soldaten vorauszuschicken, um sie beim König anzukündigen. Die Soldaten ritten voraus und füllten die ganze Stadt. Der König, der nicht genug Unterbringungsmöglichkeiten für sie hatte, schickte sie zu den Bauern in der Umgebung. Dann erschienen Arab Zandyq, Mohammed und seine Schwester mit dem Fischer und seiner Frau und betraten den Palast.

Als sie die Treppe emporgingen, sah Arab Zandyq die Mutter Mohammeds mit Pech bestrichen und an der Treppe angekettet. Sie bedeckte sie mit einem Seidenschal. Die Diener, die an der Treppe standen, sagten: «Es ist jedem befohlen, der an ihr vorbeigeht, auf sie zu spucken!» Dann kündigten die Diener dem König den Besuch an, und sie berichteten: «Diese Dame hat die, die an der Treppe angekettet ist,

nicht bespuckt, sondern sie mit einem Seidenschal bedeckt.» Der König kam auf sie zu, begrüsste sie herzlich und fragte: «Warum hast du das getan?»

Arab Zandyq erwiderte: «Befiehl deinen Dienern, sie ins Bad zu bringen, sie mit kostbaren Seifen und Ölen zu säubern und ihr ein königliches Gewand anzulegen, dann erzähle ich dir ihre Geschichte.»

Der König gab diesen Befehl an seine Diener weiter, und als man sie in königlichem Gewand in den Diwan führte, sagte der König zu Arab Zandyq: «Nun erzähle uns ihre Geschichte!»

Sie begann: «Hör gut zu, o König, was der Fischer berichtet», und sie wandte sich an den Fischer und fragte ihn: «Hat deine Frau diese beiden Geschwister zusammen oder getrennt geboren, o Fischer?»

Der Fischer antwortete: «Meine Frau und ich, wir haben keine eigenen Kinder. Eines Tages ging ich zum Fischen an den Fluss und fand eine Kiste, in der diese beiden Kinder lagen. Meine Frau und ich haben sie aufgezogen, als wären es unsere eigenen.»

Der König wandte sich an seine jüngste Frau und fragte sie: «Sind es deine Kinder, o Frau?» Sie erwiderte: «Wenn ihre Haare abwechselnd golden und silbern sind, so sind es meine Kinder. Bitte sie, ihre Köpfe zu entblössen.»

Die beiden entblössten ihre Köpfe, und ihre Haare waren abwechselnd golden und silbern. Der König wandte sich an seine geschmähte Frau und fragte noch einmal: «Sind es deine Kinder, o Frau?» Sie erwiderte: «Sag ihnen, sie sollen weinen; wenn es gleichzeitig donnert und regnet, sind es meine Kinder.»

Die beiden weinten, und es donnerte und regnete draussen. Der König war ergriffen, und er fragte noch einmal: «Sind das unsere Kinder, o Frau?» Sie erwiderte: «Sag ihnen, sie mögen lachen, wenn dann Sonne und Mond gleichzeitig scheinen, sind es unsere Kinder.»

Die Kinder lachten, und Sonne und Mond schienen zur gleichen Zeit. Die jüngste Frau sagte: «Ja, das sind meine Kinder; ich habe sie geboren.»

Der König machte den Fischer zu seinem zweiten Wesir. Er ordnete ein vierzigtägiges Fest zu Ehren seiner jüngsten Frau und ihrer Kinder an. Die Stadt war alle Tage hell beleuchtet, und alle Bewohner feierten mit dem König und seiner Familie. Die zwei eifersüchtigen Schwestern und die alte Hebamme wurden verbrannt, und der König lebte mit seiner Frau und seinen Kindern in Harmonie und Wohlleben.

Märchen aus Arabien

Die Rosenschöne

Es war einmal oder es war einmal nicht, es war in uralter Zeit, als man noch ins Stroh siebte, als das Kamel noch Pferdehändler, die Maus Rasierer, der Kuckuck Schneider, der Esel noch Bedienter und die Schildkröte noch Bäcker war – damals war ich nur fünfzehn Jahre alt und schaukelte schon meinen Vater in seiner Wiege; damals war es, ob es war oder nicht, kurz, es war ein Müller und dieser hatte eine schwarze Katze. Dann war aber auch ein Padischah und dieser hatte drei Töchter, von denen die eine vierzig, die andere dreissig und die jüngste zwanzig Jahre alt war. Einmal hetzte die vierzigjährige Tochter die jüngste auf und liess sie folgenden Brief an ihren Vater schreiben: «Herr Vater! Die eine meiner Schwestern ist vierzig, die andere dreissig Jahre alt und du hast sie noch nicht verheiratet. Fürwahr, ich will nicht auch so alt werden, bis ich endlich einen Mann bekomme!»

Der Padischah las den Brief, liess seine Töchter herbeiholen und sprach also zu ihnen: «Hier habt ihr jede einen Pfeil, schiesst ihn ab und wohin er fällt, dort mag jede ihren Zukünftigen suchen.»

Die drei Mädchen nahmen also die drei Pfeile; zuerst schoss die Älteste, deren Pfeil in den Palast des Sohnes des Wesirs fiel; man gab sie dem Sohn des Wesirs zur Gattin.

Der Pfeil der Mittleren fiel in den Palast des Sohnes des Priesters und man gab sie ihm zur Gattin.

Die jüngste Tochter schoss auch ihren Pfeil ab und dieser flog in die Hütte eines Badeheizers.

«Es gilt nicht», rief man und als sie nun zum zweiten Male schoss, da flog der Pfeil wieder dorthin. Sie schoss zum dritten Mal und wieder flog der Pfeil in die Hütte des Badeheizers.

Der Schah wurde nun zornig und schrie seine Tochter an: «Nun, Garstige, das geschieht dir recht. Sieh, deine älteren Schwestern warteten geduldig und haben ihr Ziel erreicht; du warst die jüngste und doch hast du den Brief geschrieben; hier hast du die Strafe. Führt sie hinweg zu jenem Badeheizer, ihrem Gatten, und gebt ihr weiter nichts!»

Man führte also das arme Mädchen zum Badeheizer und gab es ihm zur Frau.

Eine Zeitlang lebten sie miteinander, da wurde die Frau schwanger und als die Zeit der Geburt kam, eilte ihr Mann, um eine Hebamme zu rufen. Während der Badeheizer die Hebamme suchte, überfiel der Schmerz die Frau, aber sie hatte kein Bett, wohinein sie sich niederlegen konnte, sie hatte kein Feuer, an dem sie sich hätte erwärmen können; und dabei herrschte strenger Winter.

Sie weinte und jammerte; da traten aus der Hüttenwand drei wunderschöne Feen hervor. Die eine stellte sich zu ihrem Haupt, die andere zu ihren Füssen, die dritte neben sie und dann schritten sie ans Werk. Und plötzlich war alles in der kleinen Hütte in Ordnung und in einem reinen Bett lag die Königstochter und neben ihr das neu geborene Mädchen. Als die drei Feen mit allem fertig waren, traten sie einzeln an das Bett der jungen Mutter heran und die eine sprach:

«Rosenschöne soll es heissen,
Und so oft es weint, Perlen ausstreuen!»

Die Zweite sprach:
«So oft es lacht, sollen Rosen erblühen!»

Die Dritte sprach:
«Wo es hintritt, sollen Gräser spriessen!»

Darauf verschwanden die drei Feen. Inzwischen suchte der Badeheizer vergeblich nach einer Hebamme; er fand keine. Was sollte er nun beginnen? Er eilte heim und war erstaunt, dass seine ärmliche Hütte in Ordnung gebracht und seine Frau in einem schönen Bett lag.

Die Zeit verging, das Mädchen wuchs von Tag zu Tag und erreichte bald das zehnte und zwölfte Jahr und wurde so schön, wie auf der Welt noch keins gesehen. Wer es nur einmal ansah, entbrannte in Liebe. Wenn es lachte, erblühten Rosen, Perlen entfielen seinen Augen, wenn es weinte und Gras entspross seinen Fussspuren. Wer die junge Frau gesehen hatte, hätte seine Seele für sie hingegeben und gross war der Ruf ihrer Schönheit.

Von diesem Mädchen vernahm auch die Mutter eines Prinzen und sie nahm sich vor, diese und keine andere solle die Gattin ihres Sohnes werden. Sie liess den Sohn zu sich rufen und sagte: «Höre, mein Sohn, in der Stadt lebt ein Mädchen, welches Rosen lacht und Perlen weint. In seinen Fussspuren entspriesst Gras; gehe hin und schau es dir an, denn es soll deine Braut werden.»

Dem Prinzen hatten die Feen die Rosenschöne schon längst im Traume gezeigt und seither zehrte die Sehnsucht an ihm. Aber er schämte sich vor seiner Mutter und weigerte sich zum Mädchen zu gehen. Die Mutter aber rief eine Palastdame, die sie zum Badheizer begleiten sollte.

Sie traten in die Hütte ein, erklärten den Grund ihres Erscheinens und auf Allahs

Befehl erbaten sie die Rosenschöne für den Prinzen zur Frau. Die armen Leute freuten sich des grossen Glückes und begannen mit den Vorbereitungen für die Hochzeit.

Jene Palastdame aber hatte eine Tochter; die war hübsch und glich ein wenig der Rosenschönen. Diese Frau grämte sich gar sehr, dass der Prinz jenes arme Mädchen heiraten solle; dass eine Dienerstochter Sultansfrau werde, nicht aber ihre Tochter. Sie dachte sich nun eine List aus, um den Prinzen zu betrügen und statt der Rosenschönen ihre eigene Tochter zur Hochzeit zu führen.

Am Hochzeitstage gab sie der Rosenschönen salzige Speisen zu essen. Dann nahm sie einen Krug voll Wasser und einen grossen Korb und setzte sich mit ihr und der eigenen Tochter auf den Brautwagen, und so fuhren sie dem königlichen Serail zu.

Auf dem Wege wurde die Rosenschöne durstig und verlangte von der Palastdame Wasser. Diese aber sprach: «Ich gebe dir so lange kein Wasser, bis du mir nicht eines deiner Augen hergibst.»

Das Mädchen war kurz vor dem Verdursten, was sollte es tun? In seiner Verzweiflung gab es das eine Auge für einen Trunk Wasser hin.

Sie fuhren nun weiter und bald wurde das Mädchen wieder von Durst geplagt und bat um Wasser. «Ich gebe dir Wasser, wenn du auch dein anderes Auge hergibst», versetzte die Frau. Der Durst plagte die Arme so sehr, dass sie für einen zweiten Trunk auch ihr anderes Auge hingab.

Die Frau nahm nun die beiden Augen und versteckte sie. Das blinde Mädchen steckte sie in den Korb hinein und liess es auf einer Bergspitze zurück. Das schöne Brautkleid aber zog sie ihrer Tochter an und übergab sie dem Prinzen.

Eine grosse Hochzeit wurde gefeiert und als die Braut ihren Schleier anhob, sah der Prinz, dass es nicht das Mädchen aus seinem Traum war. Da es aber seinem Traumbild ein wenig glich, sprach er kein Wort darüber.

Der Prinz wusste, dass das Mädchen aus seinem Traum Perlen weinte, Rosen lachte und dass Gras ihrer Fussspur entspross – dieses hatte aber weder Perlen, noch Rosen und Gras. Der Jüngling ahnte, dass man ihn betrogen hatte, dass dies nicht das Mädchen war, das er hätte erhalten sollen. «Aber bald werde ich es erfahren», dachte er sich und sprach zu niemandem ein Wort davon.

Während die einen im Palaste lebten, weinte und jammerte die arme Rosenschöne auf dem Berggipfel und Perlen entrollten ihren Wangen, sodass sie im Korb kaum mehr Platz fanden. Ein Misträumer kam eben des Weges und wollte den Mist dort ausleeren, als er das Weinen des Mädchens hörte; erschreckt fragte er: «Wer ist da? Bist du ein Geist oder eine Fee?»

Das Mädchen antwortete: «Ich bin weder ein Geist, noch eine Fee; ich bin ein Mensch wie du.»

Der Misträumer näherte sich dem Korb, öffnete ihn und erblickte nun die blinde Frau und die vielen Perlen, die aus ihren Augen rollten. Er führte sie in seine Hütte und weil der Alte niemanden auf der Welt hatte, nahm er sie an Kindes statt auf und pflegte sie so, als ob sie sein eigenes Kind wäre. Doch die junge Frau weinte jeden Tag über den Verlust ihrer Augen und der Mann hatte nichts anderes zu tun, als die Perlen zu sammeln, und wenn ihm das Geld ausging, dieselben zu verkaufen. So lebten sie eine ganze Zeit.

Die Zeit verging im Palaste voll Lustbarkeit, beim Misträumer voll Kummer und Leid.

Eines Tages sass die Rosenschöne in der Hütte und es fiel ihr etwas ein, sodass sie lächelte und auf ihr Lachen spross eine Rose hervor. Nun sprach die junge Frau zu ihrem Misträumer-Vater: «Nimm diese Rose, Väterchen, geh' damit vor den Palast des Prinzen und rufe, dass du Rosen verkaufst, solche, wie sie selten zu haben sind. Kommt die Palastdame heraus, so verkaufe ihr keine Rosen für Geld, sondern sage, dass du sie nur für Menschenaugen gibst.»

Der Mann nahm die Rose in die Hand, ging vor den Palast und begann zu rufen: «Ich verkaufe Rosen, solche, wie keine dergleichen auf der Welt zu haben sind!»

Und es war damals nicht einmal die Rosenzeit. Dies hörte die Palastdame und dachte sich, sie werde die Rose für ihre Tochter kaufen, damit der Prinz denke, dass sie doch seine rechte Gattin sei. Sie rief den armen Mann herbei und fragte ihn, wie teuer er die Rose verkaufe.

«Sie ist für Geld nicht zu haben, aber für ein Menschenauge gebe ich sie hin!», sprach der Misträumer. Die Frau nahm das eine Auge der Rosenschönen hervor und gab es für die Rose hin. Sie trug die Rose gleich zu ihrer Tochter, steckte sie ihr ins Haar und als der Prinz am Abend die Rose erblickte, meinte er die Fee seines Traumes in ihr zu erkennen, konnte sich aber nicht erklären, wie sie hierher gelangt sei. Er tröstete sich, dass er bald die Wahrheit erfahren werde und sprach zu niemandem ein Wort davon.

Der Alte ging mit dem einen Auge fort und übergab es seiner Tochter, der Rosenschönen. Diese setzte es sich ein, flehte zum allmächtigen Allah, blickte herum und siehe da! Sie sah mit dem Auge ganz gut. Sie freute sich darüber so sehr, dass ihrem Lächeln abermals eine Rose entspross. Auch diese gab sie ihrem Vater, damit er wieder vor den Palast gehe und dieselbe für ein Auge verkaufe. Der Alte nahm also die Rose in die Hand und kaum, dass er vor dem Palaste zu rufen begann, so hörte ihn schon die Palastdame.

«Er kommt mir eben recht», dachte sie sich. «Der Prinz beginnt schon meine rosengeschmückte Tochter zu lieben; ich kaufe auch diese, damit er sie noch mehr lieb gewinnt, dann wird er bald des Dieners Tochter vergessen.»

Sie rief den Misträumer herbei, verlangte die Rose, doch er gab sie wieder nicht für Geld, sondern für ein Menschenauge hin. Die Frau gab ihm das andere Auge, der Alte eilte damit nach Hause und übergab es seiner Tochter. Die Rosenschöne setzte es sich ein, flehte zu Allah, blickte herum und freute sich nun ihrer beiden Augen so sehr, dass ihrem Lächeln viele Rosen entsprossen und sie wurde noch schöner als sie früher gewesen war.

Eines Tages ging nun die Rosenschöne spazieren und überall entsprossen Rosen ihrem Lächeln, Gräser ihrer Fussspur. Die Palastdame erblickte die Frau und erschrak sehr. Was wird nun mit ihrer Tochter geschehen, wenn man die Sache erfährt! Sie erkundigte sich nach dem Haus des Alten, ging hin und jagte ihm einen ordentlichen Schrecken ein, als sie ihm erzählte, dass er eine Hexe unter seinem Dach wohnen lasse.

Der Alte hatte nie in seinem Leben eine Hexe gesehen und er war ganz ausser sich vor Angst. «Was soll ich denn tun?», fragte er die Frau.

«Frag sie nach ihrem Talisman», riet sie ihm. «Ich werde dann die Sache in die Hand nehmen!»

Als seine Tochter heimkehrte, wollte er gleich wissen, woher sie als Mensch solche Zauberdinge beherrsche. Sie ahnte nichts Böses und erzählte ihm vom Talisman, den sie von den Feen bekommen hatte. «Durch ihn kann ich die Rosen, Perlen und Gräser hervorbringen, so lange, wie mein Talisman lebt», erklärte sie.

«Was ist dein Talisman?», forschte der Alte.

«Ein kleiner Hirsch auf der Bergeshöhe; wenn er stirbt, so muss auch ich sterben», antwortete die Rosenschöne.

Am nächsten Tag kam die Palastdame, erfuhr vom Alten alles und eilte freudig nach Hause. Sie teilte ihrer Tochter alles mit. Noch am selben Tag begann diese beim Prinzen zu jammern und klagen, dass sich auf der Bergeshöhe ein Hirsch befinde, dessen Herz sie essen möchte. Schon nach kurzer Zeit hatten die Leute des Prinzen das kleine Wild gefangen. Sie schlachteten es, nahmen sein Herz heraus und gaben es der Sultansfrau zu essen. In diesem Augenblick, als der Hirsch getötet wurde, starb auch die Rosenschöne.

Der Misträumer bedauerte sie und bedauerte sie auch nicht, und schliesslich beerdigte er sie. An der Spitze des Hirschherzens aber befand sich eine rote Koralle, die niemand bemerkt hatte. Als nun die Sultansfrau das Herz ass, fiel die Koralle zu Boden und rollte unter die Treppe, als ob sie sich verstecken wollte. Nach neun Monaten und zehn Tagen gebar die Frau des Prinzen ein Töchterlein, das Perlen weinte, Rosen lachte und dessen Fussspur Gras entkeimte. Als der Prinz dies sah, wunderte er sich sehr, da es der Rosenschönen so ähnlich war. Im Traum erschien ihm die Rosenschöne und sie sprach zu ihm: «O Prinz, mein Bräutigam, meine Seele liegt unter der Palasttreppe, mein Leib im Friedhof, deine Tochter ist meine Tochter, mein Talisman die kleine Koralle.»

Als der Prinz erwachte, ging er zur Treppe, suchte und fand die Korallenperle. Er hob sie auf, trug sie in sein Gemach und legte sie auf den Tisch. In dem Moment kam sein Töchterlein herein, sah die rote Koralle und kaum ergriff es sie mit der Hand, da war es auch schon verschwunden, als ob es nie da gewesen wäre. Die drei Feen hatten das Kind mitgenommen und trugen es zu seiner Mutter. Sie gaben der Rosenschönen die Koralle in den Mund und in dem Augenblick erwachte sie zu neuem Leben.

Der Prinz jedoch fand keine Ruhe. Er ging zum Friedhof, öffnete das Grab, liess den Sarg aufschliessen; siehe da! Dort befand sich die Rosenschöne aus seinem Traum, der Talisman, die kleine Koralle, lag auf ihrer Brust und das Kind hielt sie im Arm. Sie stiegen aus dem Grab, umarmten sich und als sie beide weinten, strömten Perlen aus ihren Augen; als sie lachten, so sprossen Rosen hervor und ihren Fussspuren entkeimten Gräser.

Die Palastdame und ihre Tochter aber mussten schwer büssen. Die Rosenschöne holte ihren Vater und ihre Mutter, die Sultanstochter, zu sich und sie lebten nun glücklich zusammen.

Vierzig Tage und vierzig Nächte dauerte die Hochzeit, ewig aber die Lustbarkeit.

Märchen aus der Türkei

Jorinde und Joringel

Es war einmal ein altes Schloss mitten in einem grossen dicken Wald, darinnen wohnte eine alte Frau ganz allein, das war eine Erzzauberin. Am Tage machte sie sich zur Katze oder zur Nachteule, des Abends aber wurde sie wieder ordentlich wie ein Mensch gestaltet. Sie konnte das Wild und die Vögel herbeilocken, und dann schlachtete sie, kochte und briet es. Wenn jemand auf hundert Schritte dem Schloss nahekam, so musste er stillestehen und konnte sich nicht von der Stelle bewegen, bis sie ihn lossprach; wenn aber eine keusche Jungfrau in diesen Kreis kam, so verwandelte sie dieselbe in einen Vogel und sperrte sie dann in einen Korb ein und trug den Korb in eine Kammer des Schlosses. Sie hatte wohl siebentausend solcher Körbe mit so raren Vögeln im Schlosse. Nun war einmal eine Jungfrau, die hiess Jorinde; sie war schöner als alle anderen Mädchen. Die und dann ein gar schöner Jüngling namens Joringel hatten sich zusammen versprochen. Sie waren in den Brauttagen, und sie hatten ihr grösstes Vergnügen eins am anderen. Damit sie nun einsmalen vertraut zusammen reden könnten, gingen sie in den Wald spazieren. «Hüte dich», sagte Joringel, «dass du nicht so nahe ans Schloss kommst.»

Es war ein schöner Abend, die Sonne schien zwischen den Stämmen der Bäume hell ins dunkle Grün des Waldes, und die Turteltaube sang kläglich auf den alten Mai-buchen. Jorinde weinte zuweilen, setzte sich hin im Sonnenschein und klagte. Joringel klagte auch. Sie waren so bestürzt, als wenn sie hätten sterben sollen; sie sahen sich um, waren irre und wussten nicht, wohin sie nach Hause gehen sollten. Noch halb stand die Sonne über dem Berg, und halb war sie unter. Joringel sah durchs Gebüsch und sah die alte Mauer des Schlosses nah bei sich; er erschrak und wurde todbang. Jorinde sang:

«Mein Vöglein mit dem Ringlein rot
singt Leide, Leide, Leide:
Es singt dem Täubelein seinen Tod,
singt Leide, Lei – zicküth, zicküth, zicküth.»

Joringel sah nach Jorinde. Jorinde war in eine Nachtigall verwandelt, die sang zicküth, zicküth. Eine Nachteule mit glühenden Augen flog dreimal um sie herum und schrie dreimal: «Schu, hu, hu, hu», Joringel konnte sich nicht regen. Er stand da wie ein Stein, konnte nicht weinen, nicht reden, nicht Hand noch Fuss regen. Nun war die Sonne unter; die Eule flog in einen Strauch, und gleich darauf kam eine alte krumme Frau aus diesem hervor, gelb und mager, grosse rote Augen, krumme Nase, die mit der Spitze ans Kinn reichte. Sie murmelte, fing die Nachtigall und trug sie auf der Hand fort. Joringel konnte nichts sagen, nicht von der Stelle kommen; die Nachtigall war fort. Endlich kam das Weib wieder und sagte mit dumpfer Stimme: «Grüss dich, Zachiel, wenn's Möndel ins Körbel scheint, bind lose Zachiel, zu guter Stund.»

Da wurde Joringel los. Er fiel vor dem Weib auf die Knie und bat, sie möchte ihm seine Jorinde wiedergeben, aber sie sagte, er sollte sie nie wiederhaben, und ging fort. Er rief, er weinte, er jammerte, aber alles umsonst. «Uu, was soll mir geschehen?»

Joringel ging fort und kam endlich in ein fremdes Dorf; da hütete er die Schafe lange Zeit. Oft ging er rund um das Schloss herum, aber nicht zu nahe dabei. Endlich träumte er einmal des Nachts, er fände eine blutrote Blume, in deren Mitte eine schöne grosse Perle war. Die Blume brach er ab, ging damit zum Schlosse: Alles, was er mit der Blume berührte, ward von der Zauberei frei; auch träumte er, er hätte seine Jorinde dadurch wiederbekommen.

Des Morgens, als er erwachte, fing er an, durch Berg und Tal zu suchen, ob er eine solche Blume fände; er suchte bis an den neunten Tag, da fand er die blutrote Blume am Morgen früh. In der Mitte war ein grosser Tautropfen, so gross wie die schönste Perle. Diese Blume trug er Tag und Nacht bis zum Schloss. Wie er auf hundert Schritt nahe bis zum Schloss kam, da ward er nicht fest, sondern ging fort bis ans Tor. Joringel freute sich hoch, berührte die Pforte mit der Blume, und sie sprang auf. Er ging hinein, durch den Hof, horchte, wo er die vielen Vögel vernähme; endlich hörte er's. Er ging und fand den Saal, darin war die Zauberin und fütterte die Vögel in den siebentausend Körben. Wie sie den Joringel sah, ward sie bös, sehr bös, schalt, spie Gift und Galle gegen ihn aus, aber sie konnte auf zwei Schritte nicht an ihn herankommen. Er kehrte sich nicht an sie und ging, besah die Körbe mit den Vögeln; da waren aber viele hundert Nachtigallen, wie sollte er nun seine Jorinde wiederfinden? Indem er so zusah, merkte er, dass die Alte heimlich ein Körbchen mit einem Vogel wegnahm und damit nach der Türe ging. Flugs sprang er hinzu, berührte das Körbchen mit der Blume und auch das alte Weib – nun konnte sie nichts mehr zaubern, und Jorinde stand da, hatte ihn um den Hals gefasst, so schön, wie sie ehemals war. Da machte er auch alle die andern Vögel wieder zu Jungfrauen, und da ging er mit seiner Jorinde nach Hause, und sie lebten lange vergnügt zusammen.

Märchen der Brüder Grimm

Die Nixe im Hüttensee

In dem zürcherischen Dorfe Hütten lebte einmal ein schöner Jüngling mit dunklem Haar, aber hellen, blauen Augen und frischem Mund. Er war der schönste und beste Knabe weit und breit, und wo er auf der Chilbi erschien, wünschte ihn jedes Mädchen zum Tänzer und noch viel mehr zum Gatten für das ganze Leben. Der Jüngling aber achtete der schönsten und reichsten Mädchen nicht; ernst und gleichgültig wechselte er Tänzerin um Tänzerin. Die Nixe im Hüttensee war ihm im Traum erschienen, und so schön wie sie war keines der Mädchen der Gegend; sie liebte er, die er doch niemals zu sehen und zu gewinnen hoffte.

So oft er konnte, warf er sich in sein aus einem Eichenstamm gezimmertes Schiff und ruderte auf dem Gewässer hin und her.

Als er einmal so das Boot auf dem glatten Spiegel dahintreiben liess, ergriff er plötzlich die weisse Rose, welche er an seiner Brust trug, und warf sie als Liebespfand in den See. Da teilten sich die Wellen in der Nähe des Bootes, und ein schönes Mädchen im leichten grünlichen Gewand der Nixen stieg empor. Es öffnete die Arme und rief mit wohlklingender Stimme: «Komm hinab zur Braut in die Flut!»

Freudig sprang der Jüngling in den See, und die Wellen schlossen sich sanft murmelnd über seinem Haupt. Man sah ihn nie wieder, und nie fand man seinen Leichnam.

Der See aber, in den er die weisse Rose geworfen hatte, bedeckte sich fortan jeden Sommer mit weissen Seerosen, welche aus dem Garten des Nixenschlosses emporwuchsen.

Sage aus der Schweiz

Die Hunderttageblume

Vor langer Zeit lebte einmal ein Mädchen, das hiess Jonhung. Es lebte in einem Fischerdorf am Ufer des Meeres. Aus diesem Meer stieg von Zeit zu Zeit das Meeresungeheuer Imugi und versetzte alle in Angst und Schrecken. Es frass Tiere und manchmal auch Kinder, und die Menschen im Fischerdorf fanden keinen Schlaf mehr, so sehr ängstigten sie sich vor dem dreiköpfigen Ungeheuer. Die Ältesten des Dorfes berieten sich und kamen zu dem Entschluss, dass sie ein Opfer bringen mussten, um das Imugi versöhnlich zu stimmen. Ein schönes Mädchen sollte dem Drachen geopfert werden. Doch welches? Niemand wollte sein Kind hergeben. Doch Jonhung war eine Waise und das hübscheste Mädchen im Dorf, so fiel die Wahl auf sie und niemand war da, der die Stimme für sie erhoben hätte. Vor Sonnenuntergang wurde Jonhung in ein weisses Trauergewand gehüllt und ans Meeresufer gebracht. Man bereitete Opferspeisen vor, und unter Trommelwirbeln wurde der Drache gebeten, das Opfer anzunehmen und das Dorf zu verschonen. Dann verliessen die Fischer den Strand und überliessen das Mädchen seinem Schicksal.

Die Sonne versank im Meer und Dunkelheit breitete sich aus. Jonhung erwartete mit Schrecken die Nacht, in der das Ungeheuer aus dem Meer steigen würde. Sie rief die Götter des Himmels und der Erde um Schutz an, betete zu den Seelen der Verstorbenen und nahm Abschied vom Leben. Auf einmal glaubte sie in der Dunkelheit Schritte zu hören. Sie lauschte, und als der Mond hinter den Wolken hervorkam, schien sein Licht auf einen jungen Mann, der ein Schwert bei sich trug.

«Hab keine Angst», rief er. «Ich bin gekommen, um dich zu beschützen.»

«Geh fort, so lange du noch kannst», antwortete Jonhung. «Mein Schicksal ist es, Imugi geopfert zu werden, um das Dorf zu schützen. Niemand kann es mit dem Drachen aufnehmen.»

«Ich werde Imugi überlisten und mein Schwert wird ihm alle Köpfe abschlagen! Vertraue mir. Reich mir dein Trauergewand und verbirg dich im Gebüsch!»

Jonhung reichte dem jungen Mann das weisse Gewand und als sie die Kleider getauscht hatten, setzte sich der Jüngling auf den Opferstein. In diesem Moment fingen die Wellen an zu rauschen, wurden höher und höher und drei Drachenköpfe stiegen aus dem Wasser und spieen Feuer. Die grünen Drachenaugen suchten nach ihrem Opfer, und mit seinen riesigen Krallen wollte Imugi die Gestalt auf dem Opferstein an sich reissen. In diesem Augenblick zog der Jüngling sein Schwert und schlug dem Drachen mit aller Gewalt einen der Köpfe ab. Da brüllte das Ungeheuer und zog sich rauschend und rasselnd ins Meer zurück. Jonhung sprang hervor und dankte dem jungen Mann: «Ich folge dir, wohin du auch gehst, denn du bist mein Retter!»

«Ich bin der Sohn des Himmelskaisers und du sollst, laut meiner Bestimmung, meine Frau werden. Doch erst habe ich noch eine Aufgabe, die ich ganz allein erfüllen muss. Wenn es mir gelingt, werde ich dich nach hundert Tagen holen, wenn nicht, so muss ich sterben. Aber sorge dich nicht, die Himmel werden mir helfen!»

Er gebot Jonhung, am Meeresufer auf ihn zu warten und nach seinem Schiff Ausschau zu halten. «Siehst du ein weisses Segel, so kehre ich glücklich zu dir zurück. Ist aber das Segel rot gefärbt, so weisst du, dass ich nicht mehr am Leben bin.»

Nach diesen Worten verabschiedete er sich von Jonhung und segelte auf seinem Schiff auf das Meer hinaus.

Lange sah die junge Frau ihm hinterher und lange schien ihr die Zeit, bis die hundert Tage vorbei waren. Doch als am hundertsten Tag die Sonne aufging, zog Jonhung ihr schönstes Kleid an und ging zum Meeresufer, um nach einem weissen Segel Ausschau zu halten. Erst in der Abenddämmerung sah sie weit auf dem Meer ein Schiff. Und wirklich: Es kam näher und näher und das Herz der jungen Frau schlug schneller in der Brust. Doch was musste sie sehen: Das Segel war rot gefärbt und durch einen Schleier aus Tränen betrachtete sie das Schiff in tiefster Traurigkeit. Ein stummer Seufzer stieg aus ihrer Brust, dann sank sie leblos nieder und ihre Seele schwebte zum Himmel empor.

Nur noch das Rauschen der Wellen war zu hören, als der Prinz das Ufer erklomm und Jonhung fand. Er fand ihr Herz stumm und in seiner Verzweiflung schaute er zu den Wellen hinab und sah das Unglück: Das Segel war rot gefärbt vom Blut des Meeresdrachen, der ihn auf seiner Reise angegriffen hatte. Die zwei letzten Köpfe hatte er ihm abgeschlagen und doch hatte zuletzt der Drache gesiegt. Der Prinz begrub Jonhung auf einer sonnigen Anhöhe und sprach: «Niemand soll dich und deine grosse Liebe jemals vergessen.»

Darauf verliess er den Ort, um zum Himmelskaiser zurückzukehren. Von dort aus aber schickte er kühlenden Regen und wärmende Sonnenstrahlen und bald keimte aus dem Grab eine wunderbare rote Blume, die man noch nie gesehen hatte. Die Menschen im Dorf nannten sie Pegirhong – die Hunderttageblume – in Erinnerung an das Mädchen. Die wunderbare Blume streute bald ihre Samen aus und verbreitete sich in viele Länder, dort kennt man sie unter dem Namen «Zinnia».

Märchen aus Korea

Die weisse Rose

Wenn die frommen Brüder des Klosters Arnoldstein im Gaital des Morgens in die Kirche gingen, um gemeinsam Gott den Herrn zu loben und zu preisen, geschah es manchmal, dass einer der Mönche auf seinem Betstuhl eine duftende weisse Rose vorfand. Dann küsste er sie demütig und bereitete sich auf den Tod vor; denn diese Rose war das Zeichen, das der Herr demjenigen seiner Diener sandte, den er noch am selben Tag zu sich berufen wollte. Eines Abends kam eine müde ausgezehrte Frau mit einem Knäblein an die Klosterpforte und bat um Kost und Herberge. Die mildtätigen Brüder gewährten ihre Bitte.

In der Nacht starb die Frau an Erschöpfung, und ihr Söhnlein Johannes wäre allein in der Welt dagestanden, wenn sich der Pförtner nicht seiner angenommen hätte. Der Knabe wuchs heran, war neugierig und fleissig, sodass ihm der Abt Unterricht in der Klosterschule geben liess. Als der stille, versonnene Jüngling sein Studium beendet hatte, wählte er den Priesterstand zu seinem Beruf und trat als Mönch in das Kloster ein.

Als er dem Herrn sein erstes Messopfer darbrachte, strömte, wie immer bei solchem Anlass, viel Volk aus der ganzen Gegend zusammen, um den Segen des neugeweihten Priesters entgegenzunehmen. Darunter befand sich auch ein schönes junges Mädchen, die Tochter des Verwalters. So wie die übrigen Andächtigen drängte auch die junge Frau nach vorn, um vor dem segnenden Priester niederzuknien.

Da traf sie sein Blick und errötend neigte das Mädchen sein Haupt. Beschämt gestand sich der junge Mönch, dass eine weltliche Regung sein Innerstes berührt habe.

Trotz aller Feierlichkeiten war er den ganzen Tag niedergeschlagen; sehnsüchtige Liebe nahm seinen Sinn gefangen, und die Aussichtslosigkeit seiner plötzlich entflammten Neigung machte sein Herz traurig und liess seinen Mund verstummen. Das Bild des lieblichen Mädchens schwebte unablässig vor seinen Augen, begleitete ihn bis in den Traum und stand vor seiner Seele, als er am nächsten Morgen als erster die Kirche betrat.

Lächelnd näherte er sich seinem Platz. Da leuchtete ihm etwas Weisses entgegen. Zögernd schritt er hinzu, es war – eine weisse Rose. Vor Schreck erbleichend, tat er, wozu ihn der nackte Selbsterhaltungstrieb, die Furcht vor dem Tode, zwang. Er legte die todkündende Blume auf den nächsten Platz; denn das Leben schien so lockend und schön; es hatte ja eben erst begonnen und verhiess für die Zukunft alle irdische Seligkeit. Als kurz darauf die anderen Brüder zur Morgenandacht kamen, erblickte ein greiser Pater auf seinem Platz die Botschaft des Todes. Er freute sich innig, dass ihn der Herr endlich zu sich berufen wolle; denn er hatte Gott schon längst um Erlösung von diesem mühseligen Erdenleben gebeten. Kaum hatte er sich niedergekniet, sank er tot um.

Noch am selben Tag kamen Dienstleute des Verwalters ins Kloster; sie waren auf der Suche nach der Tochter ihres Herrn, die am frühen Morgen das Elternhaus verlassen hatte, und seitdem nicht wieder zurückgekehrt war. Man suchte das Mädchen überall, viele Leute schlossen sich den Nachforschungen an. Endlich fand man es tot am Fusse eines Felsens.

Bald stellte sich heraus, dass sie die weisse Rose zum Zeichen ihrer unschuldigen Neigung dem jungen Mönch auf das Betpult gelegt hatte. Davon aber erfuhr Johannes erst viel später. Von tiefem Gram und schweren Gewissensbissen gequält, wandelte er den ganzen Tag ruhelos im Kloster umher. Der plötzliche Tod des geliebten Mädchens erschütterte sein Herz, nagende Reue folterte sein Gewissen. Lange Zeit fand er weder Rast noch Ruhe. Unermüdlich flehte er den Himmel an, ihn von dieser Erdenqual zu lösen, ihm die weisse Rose zu senden.

So verstrich Jahr um Jahr, aber er harrte vergebens; nie lag die weisse Rose an seinem Platz. Eines Tages fand man den Neunzigjährigen sanft entschlummert auf dem Grab des Mädchens, mit der Rechten die weisse Rose umklammernd, die dem Grab der Toten entsprossen war.

Sage aus Österreich

Der blühende Brunnenrand

Vor langer Zeit lebte einmal ein Räuberhauptmann, und wo dieser mit seinen Leuten hinkam, liess er nichts an seinem Platz. Aber einmal im Jahr ging er in ein Kloster, um zu beichten. Die Beichtväter wollten ihm jedoch die Absolution nicht erteilen, wenn er nicht von diesem schlimmen Leben abliesse. Da zog der erboste Räuberführer jedes Mal seinen Dolch und erstach den Beichtvater. Das sprach sich nun herum, und bald fand er keinen Beichtvater mehr, der ihm die Beichte abnehmen wollte. Einmal, es war um Palmsonntag, klopfte er nun bei einem Kloster an. Der Mönch am Tor erkannte ihn und lief voller Angst zum Prior. Der verängstigte Prior liess sofort die Klosterbrüder herbeirufen und sprach zu ihnen: «Liebe Brüder, wie ihr hört, sind wir in einer ganz schwierigen Lage. Wer soll dem Räuber die Beichte abnehmen?»

«Wenn Ihr wollt, dass ich hingehe», rief einer, «sagt es nur, und Ihr werdet sehen, dass ich schnell mit ihm fertig werde.»

«Aber wisst Ihr denn nicht, dass er Euch tötet?», fragte der Prior.

«Habt keine Angst; ich werde mir schon zu helfen wissen.»

Der Prior war froh darüber, und so machte sich der Bruder gleich auf den Weg. Er führte den Räuber zum Beichtstuhl, liess ihn niederknien, setzte sich selbst und sagte: «Du kannst dir jetzt dein Herz erleichtern.»

Er schwieg, bis der Räuber mit der Beichte fertig war. Dann fragt er ihn: «Hast du weiter nichts, das du beichten musst?»

«Nein, Pater», antwortete dieser und zog schon den Dolch, um den Klosterbruder zu töten, sobald er ihm die Absolution verweigern wollte.

Doch dieser sagte nur: «Es ist in Ordnung; du kannst gehen. Die Busse für dich heisst: Was du nicht willst, das man dir tu, das füg auch keinem andern zu.»

Damit erhob sich der Pater, ging fort und liess den Räuber allein zurück. Dieser steckte den Dolch verwundert wieder ein und macht sich auf den Weg in seine Höhle.

Als er dort ankam, merkten die Kameraden gleich, dass mit ihm etwas nicht stimmte. Sie fragten, ob es etwas Neues gäbe, er aber antwortet nur, sie möchten ihn in Ruhe lassen. An diesem Tag ass er nichts und sah keinem ins Gesicht. Und als die Räuber am Abend fragten: «Wollen wir heute Nacht nicht auf Raubzug gehen?», sprach er nur: «Macht, was ihr wollt, aber lasst mich in Frieden.»

So zogen sie los und er blieb allein zurück. Doch wo er auch ging und stand, immer hörte er die Worte in seinem Kopf: «Was du nicht willst, das man dir tu, das füg auch keinem andern zu.» Und er wurde die Worte nicht mehr los. «Wie soll ich anderen ihr Hab und Gut wegnehmen, wenn ich nicht will, dass sie meines anrühren?», sprach er bei sich.

Je länger er allein in der Höhle war, umso trauriger und verzweifelter wurde er. Verbrechen und Räubereien, die er in den langen Jahren als Hauptmann der Räuberbande begangen hatte, setzten ihm auf einmal zu und nagten an seinem Gewissen, sodass er bald nicht mehr ein noch aus wusste. Schliesslich stand er auf und wanderte zum Kloster zurück. Bei Tagesanbruch kam er dort an und klopfte an das Tor. Er fragte nach dem Beichtvater, und als dieser vor ihm stand, sprach er: «Ihr habt mir als Busse dieses ‹Was du nicht willst, das man dir tu, das füg auch keinem andern zu› gegeben. Ich denke hin und denke her und habe mir diese Worte so sehr in den Kopf gesetzt, dass ich sie nicht wieder herausbekomme und sehe, dass ich ihnen nicht folgen kann, solange ich mein Räuberdasein nicht aufgebe. Mir ist so jämmerlich zumute und ich bin nun hier, um eine wirkliche Beichte über mein ganzes Leben abzulegen, bevor das Gericht seine Hand auf mich legt und mich bestraft, wie ich es verdient habe.»

Der Beichtvater liess ihn herein und ging zum Prior, um ihm alles zu erzählen. Sie kamen überein, den Räuber ein paar Tage versteckt zu halten und ihm Zeit zu geben, sein Gewissen gut zu erforschen und über seine Verbrechen zu weinen. So geschah es dann auch. Der Mann beichtete sein ganzes Leben und verschwieg nichts.

Als der Beichtvater so viele Sünden und so schwere und grausige Verbrechen gehört hatte, rief er aus: «So, wie es möglich ist, dass auf dem Brunnenrand Blumen wachsen, so möglich ist es, dass Gott dir vergibt.»

Dem Räuber prägten sich diese Worte so ein, dass er den ganzen Tag weder ass noch trank. Am nächsten Morgen merkten die Brüder, dass seine Zelle verschlossen war. Sie klopften, aber er antwortete nicht. Als sie die Kammer öffneten, fanden sie ihn tot im Bett liegen. Der Schmerz, den er empfunden hatte, war so stark und gewaltig, dass er ihn getötet hatte.

Kurz danach ging einer der Mönche zum Brunnen, um Wasser zu schöpfen, und was sah er da? Der Brunnenrand war voller Blumen mit den frischesten und erlesensten Blüten und ein himmlischer Duft zog durch den Klosterhof. Verwundert lief der Mönch zum Pater, der dem Räuber die Beichte abgenommen hatte, und dieser erinnerte sich, dass er zum Räuber gesagt hatte: «So, wie es möglich ist, dass auf dem Brunnenrand Blumen wachsen, so möglich ist es, dass Gott dir vergibt.»

Und Gott hatte ihm vergeben.

Märchen aus Spanien

Der goldene Blumenstrauss

Ein armes Mädchen ging jeden Tag in den Wald, um dürre Äste und Reisig für den Ofen zu sammeln. Ganz einsam und still war es im Wald. Doch eines Tages stand auf einmal ein junger Mann im weissen Hemd vor ihm. Die beiden lächelten sich an, und da der junge Mann dem Mädchen gefiel, ging es mit ihm, als er sagte, er wolle ihm einen ganz besonderen Platz zeigen. Sie gingen verschlungene Wege, bis der junge Mann vor einer Steinwand stehenblieb. Er berührte die Wand leicht mit der Hand und da öffnete sie sich gerade so breit, um einen Menschen durchzulassen. Dem Mädchen klopfte das Herz in der Brust, doch in der Dunkelheit leuchtete das weisse Hemd des Jünglings hell auf und so folgte es ihm bis zu einer Tür.

Die Tür öffnete sich und sie standen in einem weiten Saal, darin sassen Mädchen an langen Tischen, assen und tranken und waren fröhlich. Der Jüngling und das Mädchen setzten sich dazu, stärkten sich und danach zeigte der junge Mann ihm die Schönheiten dieses verwunschenen Berges.

Wieder am Ausgang angekommen, fiel dem Mädchen der Abschied von diesem Paradies sehr schwer. Da pflückte der junge Mann ein paar Blumen, die am Eingang wuchsen, wand sie zu einem Strauss und übergab ihn dem Mädchen mit den Worten: «Sobald du nach Hause gegangen bist und den Tod erfahren hast, kannst du zu uns ins Zauberland zurückkehren.»

Traurig ging die junge Frau in ihr Dorf zurück. Aber sie erkannte es nicht mehr und auch die Menschen nicht, die dort lebten. Nur die ältesten unter ihnen erinnerten sich noch, dass ein Mädchen einmal vor vielen, vielen Jahren verschwunden war.

Mitleidige Bauern bereiteten der Fremden ein Lager, denn sie war völlig erschöpft. Sie legte sich nieder, in der Hand den Blumenstrauss und schloss die Augen für immer. Der Blumenstrauss aber verwandelte sich in Gold und leuchtende Edelsteine. So hatte sie also den Tod erfahren und konnte zu ihrem Liebsten in das verzauberte Reich zurückkehren.

Sage aus Thüringen

Die Lotosblüte

Nicht weit vor den Toren der grossen Stadt Nanking, nahe dem alten Buddhistenkloster, steht noch heute das prächtige Landhaus des mächtigen und reichen Mandarins Tan-Tsu. Hier lebte der Mandarin mit seiner grossen Familie. In seinem Haus herrschte stets reges Leben. Gäste und Freunde gingen bei ihm ein und aus und eine zahlreiche Dienerschaft sorgte dafür, dass in Küche und Keller alles wohlbestellt war. Im weitläufigen Garten mit seinen alten Bäumen spielten und tollten die Kinder des Mandarins. Alle, die in seinem Hause lebten, waren glücklich und zufrieden. Doch von einem Tag zum anderen war alle Fröhlichkeit dahin, alles Lachen verstummt.

Selbst die Diener schlichen betrübt umher und flüsterten und fragten, ob einer vielleicht schon etwas erfahren habe. Denn seit heute Morgen lag die Lieblingstochter des Mandarins schwerkrank darnieder und rang mit dem Tod. Ein gefährliches Fieber hatte sie befallen, gegen das die besten Ärzte machtlos waren.

Am Nachmittag trat der Mandarin Tan-Tsu vor seine Familie und die versammelte Dienerschaft und teilte ihr mit, dass sein Kind eben gestorben sei. Um seinen übergrossen Schmerz nicht zu zeigen, wendete er sich nach diesen Worten schnell ab und ging hinaus in den Garten. Er lenkte seine Schritte zu dem heiligen Teich, der mit Lotosblumen übersät war. Als sein Blick über das Wasser wanderte, sah der Mandarin, dass die Blumen allesamt ihre Köpfe hängen liessen, so als betrauerten auch sie den Tod des geliebten Kindes. Denn dieses Kind war auch ihre Freundin gewesen. Es hatte die Lotosblumen auf dem heiligen Teich geliebt, nie hatte es eine der Blüten mutwillig abgebrochen oder geknickt. Deshalb waren an diesem traurigen Tag auch die Lotosblumen traurig und schauten nicht auf vor Schmerz.

Als der Mond über den Baumkronen des grossen Gartens heraufstieg, hatte sich die Seele des Kindes von seinem Körper gelöst. Aus dem benachbarten Kloster waren Priester herübergekommen; sie beteten die ganze Nacht, die Seele der Verstorbenen möge glücklich und sicher ins Paradies gelangen. Aber auch die Freunde und Verwandten des Mandarins knieten am heiligen Teich zum Gebet nieder und gedachten der Seele des Kindes.

Am dritten Tag wurde unter feierlichen Zeremonien der Sarg mit dem Leichnam in den Garten des Landhauses hinausgetragen, er sollte dort in einem kleinen Bambushain bestattet werden. Als der Trauerzug am heiligen Teich vorbeiführte, wurde dort den tiefbetrübten Eltern und Freunden ein tröstliches Zeichen zuteil. Weithin sichtbar schwebte über dem Wasserspiegel eine schneeweisse herrliche Blüte, die vorher nicht dagewesen war. Jeder, der sie erblickte, wusste sogleich, was diese Blüte zu bedeuten hatte: Sie zeigte an, dass die Seele des Kindes, dessen Körper sie zu Grabe trugen, bereits in den Himmel entschwebt war und dem Paradies entgegeneilte. Denn jeder Chinese weiss, dass die heilige Lotosblume mit ihrer reinweissen Blüte die Seelen der Menschen, die auf Erden rein geblieben sind, geradewegs in den Himmel emporträgt, in den Schoss des Ewigen.

Da nun der Vater des toten Kindes, der mächtige Mandarin Tan-Tsu, dieses Zeichen des Trostes und der Hoffnung empfangen hatte, kniete er demütig und dankbar am Ufer des heiligen Teiches nieder und betete inbrünstig. Vor ihm glänzten die mattgrünen Blätter des Lotos im hellen Licht des Morgens, und in seinen reinweissen Blütenkelchen glitzerten die Tautropfen. Da wusste der Vater tief in seinem Herzen, dass die Seele seines geliebten Kindes für immer geborgen war.

Märchen aus China

Das Märchen von dem Mann im Garten

Was für ein schöner Sommertag: Im Garten küssten Schmetterlinge tanzend und gaukelnd Blume um Blume, Vögel sangen ihr Lied in den Zweigen, die Blüten verströmten tausend Düfte. Zwischen den Blüten schwirrten die Bienen umher und summten geschäftig, die Ameisen taten ihr Werk ohne Ende. Und dort, inmitten der Gartenpracht, ging froh gelaunt ein Mann spazieren und wusste vor lauter Herrlichkeit nicht, was er anfangen sollte. Am Weg sah der Mann eine Rose. Wie schön sie war und wie gut sie roch! Und siehe, schon hatte der Mann sie gepflückt und seine Nase in ihren Kelch getaucht. Mit der Nase im Rosenkelch ging der Mann weiter, da erschien vor ihm eine gelbe Rose, auf deren Blättern die Tautropfen wie Perlen glänzten.

Schnell liess er die Rose fallen und pflückte die gelbe, und – hach! – mit geschlossenen Augen liess er sich ihren Duft in die Nase strömen.

Mit der gelben Rose – wie herrlich sie duftete! – ging der Mann weiter. Und auf seinem Weg, was sah er? Da lagen Blätter am Boden – und oh, wie schön waren die Blätter geformt! Er beugte sich nieder und las sie auf – die gelbe Rose entfiel seiner Hand – und mit den Blättern, den schön geformten, in seiner Hand lief er weiter, der Mann, er lief und lief, aber halt: War ihm da nicht der Duft des Jasmins in die Nase gedrungen?

Er blickte sich um. Ja, dort stand der Jasmin, da stand er und glänzte im Sonnenschein! Und der Mann lief auf den Jasminenbaum zu, so schnell er nur konnte – doch auch so schnell er nur konnte, war nicht so schnell, wie er wollte –, und je näher er dem Jasminenbaum kam, desto stärker umfing dessen Duft seine Nase.

Da trat der Mann wie in eine andere Welt: Seine Hand griff nach den Jasminenblüten – die schön geformten Blätter entglitten ihr –, und er pflückte eine, zwei, drei von ihnen. Und mit den Jasminenblüten anstelle der Blätter lief der Mann weiter, er lief und lief.

Er lief, der Mann, und kam an ein Bächlein, das schlängelte sich durch die Wiesen hin, und wie lieblich das rauschte: Der Mann war ganz trunken von diesem Klang! Er setzte über das Bächlein hinüber, und am anderen Ufer, was lachte ihn an? Eine Blume, eine Blume so wunderbar, wie er noch keine gesehen hatte! Und hellblaue Blätter hatte die Blume, hellblaue Blätter!

«Die muss ich haben!», dachte der Mann und hatte die hellblaue Blume gepflückt. Ja, und die Jasminen? Ach, die Jasminen. Nun, die waren zu Boden gefallen wie all die anderen Blumen zuvor. Der Mann betrachtete hingerissen die hellblaue Blume und presste sie voller Entzücken an seine Wange.

Aber dort, nanu – dort zwischen den Zweigen, was war das? Dort leuchtete noch eine Blume: eine andere Blume, eine schönere Blume! Nach dieser Blume streckte sich nun seine Hand – was sie hatte, entfiel ihr – und pflückte sie. Und mit der neuen Blume – sie war grösser als all die anderen Blumen – lief der Mann weiter, lief weiter, und mit geschlossenen Augen – so trunken war er – atmete er berauscht ihren Duft, lief weiter, und mit geschlossenen Augen lief er – er merkte es nicht – aus dem Garten hinaus, immer weiter hinaus, immer weiter und... Aber halt! Die Blume in seiner Hand: Er roch sie nicht mehr! Da schlug der Mann die Augen auf, und wie er sie aufschlug, fand er in seiner Hand die Blume verwelkt, und der Garten, in dem sie zu Tausenden blühten – wie war das geschehen? – war nicht mehr zu sehen.

Märchen aus Persien

In meiner Tage Morgen,
da lag auch ich einmal,
von Blumen ganz verborgen,
in einem schönen Tal.
Sie dufteten so milde!
Da ward, ich fühl es kaum,
das Leben mir zum Bilde,
das Wirkliche zum Traum.

LUDWIG UHLAND

KAPITEL 4

Hilfreiche Blumengeister

Etwas Besonderes sind die Helfer, die den Helden und Heldinnen in den Märchen beistehen. In den Märchen in diesem Kapitel zeigen sie sich mit einer Blume und helfen in schwierigen Zeiten das Glück zu finden. Nur in besonderen Momenten werden sie für die Helden sichtbar; meist in Situationen, in denen diese wirklich Hilfe brauchen. Es kann sein, dass ein Zwerg, eine Elfe oder ein gütiges Waldmütterchen auftaucht. Manchmal sind es auch die Seelen von Verstorbenen, die die Helden mithilfe einer Blume begleiten. Dabei hängt vieles vom Charakter der Menschen ab. Handeln sie grosszügig und liebevoll, werden sie von den Geistern unterstützt und beschenkt. Zeigen sie sich gierig und rücksichtslos, so bleiben sie arm und die Tore zu Reichtum und Glück sind ihnen verschlossen. Die Blumenelfen erweisen sich ebenfalls grosszügig, wenn die Blumen, zu denen sie gehören, geschützt werden. Doch niemand kann sie in der Menschenwelt halten, denn sie sind zeitlebens mit ihren Blumen verbunden.

Das Zauberveilchen in der ersten Geschichte führt zu den Zwergen, die die Hilfe der Menschen benötigen. Sie bedanken sich dafür grosszügig, füllen Stall und Scheune und bleiben dem Hirtenjungen unvergesslich.

Grossmütterchen Immergrün im zweiten Märchen taucht unerwartet im Wald auf. Es bittet um Hilfe und schenkt dafür Blumen, die den Kindern in der schwierigen Zeit mit der kranken Mutter helfen.

Im Märchen «Die Blume des Glücks» zeigt sich der Geist einer Mutter in einer blauen Blume. Diese Blume wächst auf dem Grab der Mutter und weist dem Sohn den Weg zum Glück.

Auf dem Grab des Vaters findet der Sohn im nächsten Märchen eine unbekannte Blumenzwiebel, die ihm später zu Reichtum und Glück verhilft. Die Blumenzwiebel entpuppt sich als Narzisse, und noch heute sind die Narzissen beliebte Grabpflanzen, da sie jedes Jahr wieder erblühen. In der Sage von der Burg Osterode ist es der gute Geist einer Burgfrau, der einem armen Leinenweber erscheint. Die Burgfrau schenkt ihm Lilien, die sich später in reines Gold verwandeln.

Ein anderes Glück findet Niang-Tsung in der chinesischen Geschichte «Die Astern». Im Traum erscheint ihm ein Engel und zeigt ihm, wie er seiner Angebeteten dank der Blumensprache seine Liebe offenbaren kann.

Ebenfalls aus China stammt das Märchen von der singenden Lilie. Das Mädchen, das aus der Lilie steigt, wacht über das Leben eines jungen Mannes und steht ihm zur Seite. Vernachlässigt er jedoch seine Pflicht, kehrt es erst zurück, wenn seine Tränen wieder eine Lilie wachsen lassen.

Im Märchen von Chong und der Lotosblüte führt ein Fuchs, ein in China typisches Geisttier, den Helden zu einem Zauberteich voller Lotosblüten. Indem der junge Mann die schönste Lotosblume pflückt, gehört ihm auch die dazugehörige Blumenelfe. Doch diese kann nicht vergessen, dass sie in Wahrheit eine Lotosblume ist und kehrt später wieder in die Welt der Blumengeister zurück.

Auch der junge Mann, der sich in die geheimnisvolle Roggenfrau verliebt, kann diese nicht halten, denn sie offenbart sich als Pflanzenelfe, die im Herbst zusammen mit den Blumen im Korn stirbt.

Die Blumenmärchen erzählen von Helden, die in ihrer Hingabe an die Natur die Welt um sich herum vergessen. In dieser Verträumtheit nehmen sie Dinge wahr, die den Menschen sonst verborgen sind. So ergeht es dem Mann, der aus Liebe zu den Päonien alles Weltliche vergisst, jedoch dank den Päonienelfen einen Schatz findet.

Ähnlich ist es bei dem alten Gelehrten in «Die Blumenelfen». Er bekommt als Geschenk Blumen, deren Genuss ihn geheimen Sinn und Unsterblichkeit erlangen lassen.

Das Zauberveilchen

Ein Hirtenjunge fand einmal ein besonders schönes Veilchen, das war viel grösser als alle, die er je gesehen hatte. Er pflückte die Blume vorsichtig, trug sie nach Hause und zeigte sie seinem Vater. Der Vater wunderte sich und sprach: «Heute Nacht erschien mir diese Blume im Traum und eine Stimme sagte mir, ich solle dreimal daran riechen.» Er hob die Blume an seine Nase, roch dreimal daran und auf einmal erschien ein kleines graues Männlein, das sprach: «Komm und folge mir!» Der erschrockene Junge wollte den Vater zurückhalten, doch dieser sagte: «Bleib du hier, hüte Haus und Tiere und warte auf mich.» Dann ging er mit dem grauen Männlein fort.

Bald kamen sie zu einem alten Gemäuer, wo früher einmal eine Burg gestanden hatte. Unter der alten Mauer war ein Saal, darin sassen an einem Tisch zwölf kleine Erdleute und liessen es sich schmecken. Oben an der Wand aber hing eine Uhr. Das graue Männlein zeigte auf die Uhr und sagte: «Du sollst uns die Wanduhr wieder in Gang bringen. Sie ist heute Nacht stehen geblieben.»

Der Mann sah, dass keines der Männlein gross genug war, um bis zur Uhr zu gelangen. Er stellte die Zeiger und stiess das Pendel an, das sogleich hin und her schwang.

Als der Mann nach Hause kam, hörte er schon lautes Blöken, Muhen und Wiehern und als er nachschaute, sah er viele Schafe, Kühe und Pferde im Stall stehen. Das war der Dank der Erdleute gewesen. Das Veilchen aber war ganz golden geworden, und der Hirtenjunge hörte seitdem ein feines Ticken, wenn er sein Ohr auf die Erde legte.

Märchen aus Deutschland

Grossmütterchen Immergrün

Es war einmal eine kranke Mutter, die hatte ein grosses Verlangen nach Erdbeeren und schickte deshalb ihre beiden Kinder in den Wald, damit sie ihr welche suchten. Die Kinder sammelten fleissig und schon bald war das Körbchen voll, denn keins hatte eine einzige Erdbeere gegessen. Auf einmal kam ein altes Mütterchen daher, ganz in grünen Kleidern und sprach zu den Kindern: «Ich bin hungrig und kann mich nicht mehr bücken, so alt bin ich; schenkt mir ein paar Erdbeeren.» Die Kinder hatten Mitleid mit dem Mütterchen und schütteten ihm das Körbchen in den Schoss. Da nahm das Mütterchen sie bei der Hand und sagte: «Nehmt die Erdbeeren nur wieder. Weil ihr ein so gutes Herz habt, schenke ich euch eine weisse und eine blaue Blume. Achtet gut auf die Blumen, bringt ihnen alle Morgen frisches Wasser und zankt nicht miteinander!»

Sie dankten dem Mütterchen und gingen frohen Herzens nach Hause.

Als die Mutter die erste Erdbeere in den Mund nahm, ging es ihr gleich besser und bald wurde sie ganz gesund. Die Kinder aber freuten sich über die Blumen, die immer gleich frisch waren, wie am ersten Tag.

Eines Abends jedoch zankten die beiden Kinder und gingen zerstritten schlafen. Als sie am nächsten Morgen die Blumen giessen wollten, da waren diese ganz schwarz geworden. Traurig nahmen sie die Blumen in die Hand und weinten. Als die Tränen die Blumen berührten, wurde die weisse wieder weiss und die blaue wieder blau. Seitdem bemühten sie sich um Frieden miteinander. Zeitlebens waren die Blumen ein grosser Schatz für die beiden und mit grosser Dankbarkeit dachten sie an den Segen von Grossmütterchen Immergrün.

Märchen aus Deutschland

Die Blume des Glücks

Es war einmal ein altes Mütterchen, das lebte mit seinem einzigen Sohn in tiefer Armut. Als die Mutter im Sterben lag, weinte sie und sprach: «Mein lieber Sohn, geh in die Welt und suche dein Glück, denn ich werde bald sterben. Du hast hier im Dorf niemanden, der für dich nur ein gutes Wort hätte, denn du bist armer Leute Kind! Wenn du mich aber begraben hast, so komm um Mitternacht zu meinem Grab und pflücke die Blume, die über mir wachsen wird, und achte auf sie wie auf dein Augenlicht, denn sie wird dir den Weg zu deinem Glück zeigen.» Bald starb die Mutter, und der Sohn begrub sie.

Als es Mitternacht wurde, ging er hinaus auf den Friedhof und sah auf dem Grab seiner Mutter eine wunderschöne blaue Blume blühen. Er pflückte sie und legte sie sorgsam in seine Tasche.

Am nächsten Tag zog der Jüngling in die Welt und begegnete einem hinkenden Wolf, der ihn bat: «Lieber Mann, zieh mir die Kugel aus dem Bein!»

Der Jüngling tat es, und der Wolf sprach: «Jetzt kann ich dir deine Güte noch nicht vergelten, aber zieh mir ein Haar aus, und wenn du einmal meiner Hilfe benötigst, so hauche das Haar an!»

Hierauf zog der Jüngling dem Wolf ein Haar aus, steckte es in die Tasche zur blauen Blume und zog weiter in die Welt. Er wanderte schon lange Zeit in der Welt herum und fand nirgends sein Glück. Da erinnerte er sich an die Worte seiner sterbenden Mutter und nahm die blaue Blume aus der Tasche. Er legte sie auf die Erde nieder und siehe, da erhob sich die Blume in die Luft und sprach: «Komm und folge mir! Niemand sieht mich, nur du allein kannst mich sehen, darum folge mir getrost nach, ich will dich zu deinem Glück führen!»

Die Blume schwebte nun vor dem Jüngling her, und er folgte ihr. Gegen Abend kamen sie in einen Wald. Da sah der Jüngling einen Fuchs, der sprach: «Lieber Mann, eine Wespe ist mir in das Ohr gekrochen und macht mir grosse Schmerzen. Zieh mir die Wespe heraus!»

Der Jüngling tat es, und der Fuchs sagte darauf: «Ich kann dir deine Güte mit nichts anderem vergelten, als dass ich dir etwas mitteile: Du suchst dein Glück, doch ehe du es findest, musst du einer bösen Fee, einer Urme, dienen, bei der du eine Kuh mit goldenen Hörnern drei Tage hindurch auf die Weide führen musst. Aber du musst dafür sorgen, dass die Kuh nicht ohne dich nach Hause kommt, sonst tadelt dich die Urme. Wenn es dir gelingt, die Kuh auf der Weide zu halten, so verlange als Lohn für deinen Dienst die Kappe, die hinter dem Ofen am Nagel hängt. Wer diese Kappe aufsetzt, ist für jedes Auge unsichtbar.»

So sprach der Fuchs und verschwand. Der Jüngling aber nahm die blaue Blume, steckte sie in seine Tasche und legte sich schlafen.

Am nächsten Tag nahm er die blaue Blume wieder hervor, und als er sie vor sich herschweben sah, folgte er ihr nach. Bald kamen sie an ein grosses, eisernes Haus, und die Blume sprach: «Steck mich nun in deine Tasche und nimm mich nur dann hervor, wenn ich dich rufe!»

Kaum hatte der Jüngling die blaue Blume in seine Tasche gesteckt, als sich die Tür des eisernen Hauses öffnete und eine hässliche alte Frau auf der Schwelle erschien: «Was suchst du hier?», fragte die Alte.

«Ich möchte gern in deinen Dienst treten», entgegnete der Jüngling.

«Gut!», antwortete die Alte. «Ich will dich in meinen Dienst nehmen. Du sollst meine Kuh mit den goldenen Hörnern auf die Weide treiben, doch darf die Kuh nicht ein einziges Mal vor Abend und ohne dich nach Hause rennen, denn sonst muss ich dich töten. Wenn du aber dreimal mit der Kuh nach Hause zurückkehrst, kannst du dir aus meinem Hause das wählen und mitnehmen, was dir am besten gefällt.»

Der Jüngling war mit allem einverstanden und trieb die Kuh mit den goldenen Hörnern auf die Weide. Kaum war er auf der Wiese angelangt, als die Kuh schon nach Hause rennen wollte. Da nahm der Jüngling das Wolfshaar und hauchte es an. Da kam der Wolf mit vielen Wölfen heran, sie umringten die Kuh und liessen sie nicht von der Stelle. Am Abend trieb der Jüngling die Kuh nach Hause und legte sich schlafen.

Am zweiten Tage geschah es ebenso, und als am dritten Tage der Jüngling mit der Kuh zur Alten kam, liess sie ihn sich etwas aus dem Haus wählen. Er nahm die Kappe, doch die Urme schrie auf und wollte sie ihm aus den Händen reissen. Der Jüngling aber setzte die Kappe schnell auf seinen Kopf, und so konnte ihn die Alte nicht fangen. Als er ins Freie hinausgelangte, steckte er die Kappe in seine Tasche und hörte die Blume rufen: «Nimm mich heraus!»

Er nahm sie heraus und folgte der schwebenden Blume nach. Tagelang wanderte der Jüngling in der Welt herum und war schon ganz verzweifelt, als er endlich in ein Gebirge kam. Ermüdet setzte er sich nieder und hörte die Blume sagen: «Steck mich in deine Tasche!»

Er tat es und legte sich in den Schatten eines Baumes. Es war schon längst Abend geworden, und der Jüngling schlief noch immer. Der Mond schien hell und beleuchtete die grauen Felsen des Gebirges. Keinen Laut konnte man hören, das ganze Gebirge lag wie im tiefen Schlaf. Da hörte man einen Schrei, und als der Jüngling erschrocken um sich blickte, sah er eine grosse Kröte, die einen kleinen Mann, der nur zwei

Spannen hoch war, am Fuss herumzerrte. Der Jüngling sprang auf und warf einen grossen Stein auf die Kröte, damit sie den kleinen Mann losliess. Dieser lief schnell zum Jüngling und bat ihn: «Nimm mich auf deinen Arm!»

Der Jüngling tat es, und der kleine Mann sagte: «Du hast mich gerettet, aber wo sollen wir uns nun verstecken, denn die Kröte ist eine böse Alte, die viele hundert Kröten herbeirufen wird, um uns zu töten.»

Der Jüngling nahm schnell die Kappe hervor und setzte sie auf. Kaum hatte er dies getan, so kamen viele hundert Kröten und suchten nach dem Jüngling, doch sie konnten ihn nicht sehen.

Der Jüngling ging nun mit dem kleinen Mann weiter, und als sie in der Frühe an eine Höhle kamen, sagte der kleine Mann: «Setze mich auf den Boden nieder und folge mir nach. Ich will dich reich und glücklich machen.»

Er führte den Jüngling in die Höhle hinein, wo er dreimal an eine Felsenwand klopfte und rief:

«Öffnet die Türe!
Gast ich jetzt führe,
Brüder, zu euch,
öffnet mir gleich!»

Darauf öffnete sich eine Tür, und der kleine Mann sagte: «Verstecke deine Kappe, damit dich meine Brüder sehen können.»

Der Jüngling steckte die Kappe in die Tasche, und sie traten in ein schönes, hölzernes Zimmer. Von hier gingen sie in ein eisernes Zimmer, dort waren wunderschöne Flinten und Säbel ausgestellt. Nun traten sie in ein silbernes Zimmer, dort waren viele silberne Flaschen aufgestellt. Darauf öffneten sie eine Tür und traten in ein goldenes Zimmer. Dort waren viele kleine Männer um einen König versammelt, der auch so klein war wie die anderen Männer und einen langen silbernen Bart hatte. Der kleine Mann führte den Jüngling vor den König und und sprach: «Mein gnädigster Herr König! Dieser Jüngling hat mich vom Tode gerettet. Die Alte, die im Gebirge wohnt, hat sich in eine Kröte verwandelt und mich beinahe getötet.»

Der König blickte auf den Jüngling und sprach: «Du hast meinem besten Diener das Leben gerettet. Nun will ich dich dafür belohnen und dir solche Geschenke geben, durch die du glücklich wirst.»

Er riss sich aus dem Bart ein silbernes Haar, gab es dem Jüngling und sagte: «Wenn du in Not bist, aber nur in sehr grosser Not, so hauche dies Haar an, und ich werde mit meinem Volk erscheinen und dir helfen.»

Dann führte er den Jüngling in das silberne Zimmer, gab ihm dort eine silberne Flasche und sagte: «Wenn du mit dem Wasser, welches nie abnimmt, einen Stein befeuchtest, so wird der sogleich zu reinem Gold.» Dann führte er den Jüngling zurück in das eiserne Zimmer, gab ihm dort eine Flinte und sprach: «Mit dieser Flinte triffst du alles, worauf du zielst. Nun aber lebe wohl, denn kein Mensch darf länger bei uns verweilen.»

Daraufhin führte ihn der kleine Mann hinaus und sprach: «Du wirst bald an den gläsernen Berg kommen. Dort hält ein Drache die schönsten drei Jungfrauen der Welt gefangen. Wenn du dort in Not geraten solltest, so ruf uns nur zu Hilfe.»

Er küsste nun den Jüngling dreimal und ging dann zurück in die Höhle. Da rief die Blume: «Nimm mich heraus!»

Der Jüngling tat es und folgte der schwebenden Blume nach. Gegen Abend kam er an einen See und legte sich am Ufer nieder. Kaum dass er sich ausgestreckt hatte, so erblickte er auf einmal drei goldene Gänse, die auf dem See herumschwammen. Der Jüngling ergriff rasch die Flinte, zielte auf die kleinste der Gänse; zwei Gänse flogen erschreckt davon, die kleinste aber verwandelte sich in eine schöne junge Frau, die sagte: «Du hast mir meine menschliche Gestalt wiedergegeben, die der Drache auf dem gläsernen Berge mir und meinen zwei Schwestern genommen hat. Ich will gerne deine Frau werden, wenn du auch meinen Schwestern die menschliche Gestalt wiedergibst.»

Am nächsten Tag kamen sie an den gläsernen Berg, in dem der Drache mit den zwei Schwestern wohnte. Da steckte der Jüngling die Blume in die Tasche zurück, nahm das silberne Haar hervor und hauchte es an. Auf einmal erschienen viele Tausend Männer, deren König sagte: «Ich weiss, was du willst! Du möchtest in den gläsernen Berg hinein und kannst nicht. Nun wollen wir dir helfen!»

Darauf begannen die kleinen Männer zu hämmern, klopfen, bohren, und in kurzer Zeit brachen sie ein grosses Loch in den gläsernen Berg. Als sie mit der Arbeit fertig waren, verschwanden sie ebenso rasch, wie sie gekommen waren. Im gläsernen Berg aber krachte und donnerte es, und zwei goldene Gänse flogen heraus. Der Jüngling ergriff die Flinte, zielte, und da standen zwei schöne junge Frauen vor ihm. Da aber kam auch der Drache hervor und stürmte auf den Jüngling los. Doch dieser zielte mit seiner Flinte auf ihn, und der Drache verwandelte sich in Staub und Rauch, den der Wind davon blies. Als dies alles geschehen war, schwebte die blaue Blume hervor und sagte: «Lebe wohl, mein Kind! Ich bin die Seele deiner verstorbenen Mutter, nun muss ich zurück in den Himmel, woher ich gekommen bin!»

Darauf verschwand die blaue Blume, der Jüngling aber heiratete die jüngste der Schwestern, die zwei anderen heirateten auch bald, und sie lebten nun alle glücklich, reich und zufrieden beisammen.

Märchen der Roma aus Siebenbürgen

Die Blume des Guten

Vor langer Zeit lebte ein Mann, der hatte drei Söhne. Seine Frau war gestorben, er selbst war schon alt geworden, und so war er auf die Hilfe seiner Söhne angewiesen. Die drei betreuten ihn aufmerksam und hielten das Haus in Ordnung. Als der alte Mann sein Ende nahen fühlte, rief er sie zu sich und sprach zu ihnen: «Ihr habt mich allezeit liebevoll gepflegt und umsorgt und ihr habt euch untereinander immer gut vertragen. So brauche ich wohl meinen Besitz nicht in drei Teile teilen und kann ruhig sterben, denn ich weiss, ihr werdet mein Erbe redlich verwalten.» Dann schloss er die Augen für immer, ohne seinen Besitz auf seine drei Söhne aufgeteilt zu haben.

Kaum aber hatte man ihn begraben, da zeigten die beiden älteren Brüder ihr wahres Gesicht. Sie begannen heftig zu streiten und jeder neidete dem anderen das Erbe. Jetzt erst stellte sich heraus, dass beide nur deshalb den Vater so aufmerksam gepflegt hatten, damit er ihnen ein möglichst grosses Erbteil vermache.

Der jüngste der drei Brüder aber hielt sich aus diesem Streit heraus, er allein hatte den Vater aus Liebe und Dankbarkeit gepflegt, und er wollte dafür keinen Lohn. Deshalb sagte er zu seinen streitenden Brüdern: «Ihr könnt alles Erbe behalten, ich verzichte auf meinen Teil. Gebt mir nur des Vaters Grab, damit ich es pflegen und ihm nahe sein kann.»

Das war den beiden Brüdern sehr recht. Gerne schenkten sie ihm das Grab und dazu die umliegende Wiese, denn die war sumpfig und brachte keinen Ertrag. Der jüngere Sohn war damit zufrieden. Er baute sich neben dem Grab seines Vaters eine bescheidene Hütte und ging daran, die Wiese trockenzulegen. Aber so tiefe Gräben er auch zog, so sehr er sich damit plagte, die Wiese blieb auch weiterhin sumpfig, und alle Mühe war vergebens. Weil er doch von irgendetwas leben musste, ging er jetzt als Taglöhner zu den Bauern und verdiente sich dort sein karges Brot. Jede freie Minute verbrachte er am Grab seines Vaters, er pflegte es und gedachte seiner voll Liebe.

Auch an diesem Abend war er, müde von der schweren Arbeit, spät heimgekommen. Aber weil dieser Tag ein besonderer Gedenktag an den toten Vater war, ging er noch spät am Abend hinaus, um am Grab Opferkerzen zu entzünden. Als er den Boden ein wenig auflockerte, um seine Opfergaben hineinzustecken, lag plötzlich vor ihm eine glänzende Zwiebel. Noch nie hatte er so etwas gesehen. Er hob sie auf und nahm sie mit in seine Hütte. Dort bereitete er daraus eine Speise und lud seine Freunde ein, mit ihm davon zu essen. Doch als sie den ersten Bissen kosteten, verzogen sie abfällig das Gesicht. Die Zwiebel schmeckte bitter. «Willst du uns etwa vergiften?», fragten seine Freunde verärgert und verliessen schimpfend sein Haus. Nun tat es dem jungen Mann leid, dass er die Zwiebel zerschnitten hatte.

Am nächsten Abend ging er wieder ans Grab seines Vaters. Und als er sich umsah, entdeckte er auf dem Boden mehr solcher glänzenden Zwiebeln. Als er sie näher betrachtete, sah er, dass aus jeder Zwiebel ein kleiner grüner Keimling hervorschaute. Da freute sich der junge Mann, liess die Zwiebel in der Erde liegen und war gespannt, was daraus herauswachsen würde. Täglich sah er nach den Zwiebeln und stellte fest, dass die grünen Keime schnell wuchsen und grösser wurden.

Als der junge Mann am dritten Tag wieder zum Grab seines Vaters kam, leuchteten ihm schon von Weitem herrliche weisse Blüten entgegen. Voll Freude eilte er näher und betrachtete die wunderbare Blüte. Sie war weiss und hatte in ihrer Mitte einen gelben Stern. Herrlich stand sie da auf ihrem langen Stängel, und wenn der Wind sanft darüberstrich, verströmte die Blüte einen wunderbaren Duft. Beglückt beugte sich der junge Mann zu der Blume hinunter, betrachtete sie lange und sog tief ihren süssen Duft ein. Zu seiner grossen Freude entdeckte er, dass rundum noch viele solche Blumen aus dem Sumpf hervorsprossen und ihre weissen Blütensterne entfalteten.

Die Nachricht von diesem Blumenwunder verbreitete sich schnell. Die Leute kamen von nah und fern herbei, um die Blume zu sehen, von der man bisher nie gehört hatte. Im Dorf wohnte auch ein reicher Mann. Der war von ihrer Schönheit so bezaubert, dass er dem jungen Mann viel Geld bot, wenn er ihm einige Zwiebeln verkaufe. Wie er kamen viele Menschen zu dem jungen Mann, vor allem die Gärtner und die Diener reicher Leute, die allesamt wünschten, auch in ihrem Garten möge die wunderbare Blume blühen. Da die Zwiebeln sich schnell vermehrten, konnte der junge Mann immer wieder davon verkaufen. Bald war er nicht mehr arm, sondern hatte viel Geld. Die Blumenzwiebeln hatten ihm Glück und Reichtum gebracht. Aber auch jetzt blieb er noch der brave und dankbare Sohn, der er zeitlebens gewesen war. Täglich betete er am Grab seines Vaters und dankte dem Himmel für alles Gute, das ihm widerfahren war.

Eines Nachts hatte der junge Mann einen wunderbaren Traum. Er sah, wie ein Engel vom Himmel herabstieg und die kostbare Zwiebel am Grab des Vaters niederlegte. Dieser Traum sagte ihm, dass Buddha selbst seinem Engel befohlen hatte, den treuen Sohn für seine Liebe zu belohnen. Seit damals heisst diese Blume in China «Wasserengel». In den Ländern der westlichen Welt aber, wo die Menschen diese Geschichte nicht kennen, nennt man den weissen Blumenstern «Narzisse».

Märchen aus China

Die Jungfrau und die Wunderblume

Bei Osterode liegen auf einem Hügel die Trümmer einer Burg. Diese Burg war früher ein stattliches Schloss. Als aber der letzte Herr von Osterode starb, blieb seine wunderschöne Tochter allein zurück. Ein Ritter kam und warb um die junge Waise, doch weil sie ihn nicht als Bräutigam wünschte, griff er die Burg an, drang bis zu der schönen Jungfrau und sagte: «Du hast meine Liebe nicht gewollt, zur Strafe sollst du verwünscht sein und tief unten in dieser Burg hausen und nur einmal im Jahr, an Ostern, darfst du in deiner wahren Gestalt die Burg verlassen.» Nun erzählen die Leute zwar, dass der Ritter für seine böse Tat selbst nicht Ruhe finden kann und sein Geist in dem Gemäuer der alten Burg an jedem Freitage wandeln gehen muss, aber auch die arme Bezauberte kann nur einmal am Osterfeiertag aus ihrem Schloss herauskommen.

Einmal geschah es, dass ein armer Leinweber an einem Ostersonnabend ein Stück Leinen nach Clausthal trug, um es zu verkaufen. Da er sich dabei verspätet hatte, blieb er dort über Nacht. Am anderen Morgen in aller Frühe machte er sich auf den Heimweg. Als die Sonne aufging, sah er eine weiss gekleidete Frau mit einem Bund Schlüssel am Gürtel. Sie wusch sich im Fluss. Weil sie seinen Gruss so freundlich erwiderte, fasste der Weber Mut und fragte: «Ei, seid Ihr schon so früh aufgestanden und wascht Euch am Flusse?»

«Ja, das tue ich an jedem Ostermorgen», antwortete sie. «Da bleibe ich jung und schön.»

Der Leinweber sah, dass sie eine schöne Lilie an der Brust trug. Er wunderte sich sehr darüber, weil doch zur Osterzeit noch keine Lilien blühen.

«Ihr habt wohl einen schönen, warmen Garten, dass es bei Euch schon Lilien gibt», forschte er weiter. «Komm nur mit», entgegnete die Jungfrau, «ich zeige ihn dir.»

Sie führte den Leinweber zu den Trümmern der Burg Osterode. Diese nahmen sich an jenem Morgen gar seltsam aus. Eine eiserne Tür war sichtbar, die der Weber noch nie bemerkt hatte, so oft er auch vorbeigekommen war. Davor blühten drei Lilien. Die Jungfrau pflückte eine und schenkte sie dem Weber.

«Nimm sie mit nach Hause und verwahre sie gut», sagte sie.

Der Weber steckte sich die Blume an den Hut. Als er aber wieder aufschaute, waren Jungfrau und Tür verschwunden; die alte Burgruine sah wieder aus wie sonst.

Da machte sich der Mann eilends davon. Als er daheim die Lilie seiner Frau zeigte, meinte diese: «Das ist keine gewöhnliche Lilie, es ist eine goldene Blüte. Du hast die Osterjungfer gesehen.»

Ja, da brauchte sich der Mann nicht mehr zu wundern, dass ihm unterwegs der Hut so schwer geworden war. Nach der Kirche trug er die Blume gleich zum Goldschmied. Dieser machte grosse Augen, als der arme Mann das glänzende Ding auspackte. Er sagte: «Die Blume ist aus feinstem Gold und Silber. Die ganze Stadt Osterode hat nicht Geld genug, um sie dir zu bezahlen.»

Die Geschichte von der wundersamen Blume wurde bald im ganzen Orte bekannt, und auch dem Rat kam sie zu Ohren. «Du musst deine Blume dem Herzog verkaufen», meinten die Ratsherren.

Sie fertigten ihm ein Schreiben aus, worin der ganze Hergang der Begebenheit ausführlich und säuberlich aufgezeichnet war.

Nun reiste der Leinweber zum Herzog und diesem gefiel die Blume. «Bezahlen kann ich dir die Lilie nicht», sprach er zum armen Leinweber, «aber ich will dir und den Deinen einen jährlichen Betrag aussetzen, dass ihr für euer ganzes Leben versorgt seid.»

So wurde die Blume von nun an von der Herzogin an hohen Festtagen getragen. Der Herzog aber nahm zur Erinnerung drei Lilien in sein Wappen auf; sie sind heute noch darin zu sehen.

Sage aus Preussen

Die Aster

Niang-Tsung hatte sein viertes Lebensjahrzehnt bereits überschritten. Er war nicht mehr der Jüngste und hatte in seinem Leben manches Leid erfahren. Seine Frauen waren ihm nacheinander gestorben und die Töchter hatten längst weggeheiratet. Da nun Niang-Tsung nicht mehr für Frau und Kinder zu sorgen hatte, schenkte er seine ganze Liebe seinem Blumengarten. Von allen Blumen liebte er besonders die Astern. Wie er so auf seiner Hausbank sass und die milde Wärme der herbstlichen Sonne genoss, dachte er über sein bisheriges Leben nach und was es ihm noch bringen mochte. Zwar hatten ihm die Blumen beinahe seine Familie ersetzt, doch fühlte er in seinem Herzen eine schmerzliche Leere.

In der folgenden Nacht hatte Niang-Tsung einen seltsamen Traum. Ein Engel schwebte vom Himmel herab und sprach zu ihm: «Pflücke die schönsten Astern aus deinem Garten und schicke sie Pao-Peh, der Tochter des alten Meng.»

Bevor Niang-Tsung den Engel noch etwas fragen konnte, war dieser bereits wieder entschwunden.

Als Niang-Tsung am nächsten Morgen aufwachte, hatte er den nächtlichen Traum noch lebendig vor Augen. Er dachte lange über die Worte des Engels nach. Natürlich kannte er Pao-Peh, die Tochter des alten Meng, von der er gesprochen hatte. Sie gefiel ihm sehr gut, aber sie war noch jung und anmutig. «Wie kann ich sie zur Frau begehren, da ich doch schon über vierzig Jahre alt bin?», sagte er sich.

Weil er aber die Worte des Engels nicht vergessen konnte und es auch nicht wagte, ihnen nicht zu gehorchen, suchte er einen Weg, mit Pao-Peh in Verbindung zu kommen. Zwar sprach er manchmal mit deren Vater, aber der war eher verschlossen, und er redete kaum über seine Tochter. Da fasste Niang-Tsung Vertrauen und überreichte eines Tages dem alten Meng ein Geschenk und bat ihn, es seiner Tochter zu überbringen. Es war dies ein schöner Fächer, darauf hatte Niang-Tsung die folgenden Verse geschrieben:

> Wie von Osten her die kühle Morgenluft
> die Flut bewegt zu stärk'rem Wellenschlag,
> so möge jeder neue Tag
> dein Glück dir mehren und der Liebe Duft.

Und wie die Aster im herbstlichen Schein
erglüht zu leuchtender Pracht,
so möge durch göttliche Güte und Macht,
dein Leben stets gesegnet sein.

Von dem Tag an, da Niang-Tsung dem alten Meng den Fächer überreicht hatte, damit er ihn Pao-Peh überbringe, ging Niang-Tsung ihm ängstlich aus dem Weg. Doch eines Tages kam ihm eine besondere Fügung zu Hilfe. Er begegnete dem alten Meng, der kam freundlich auf ihn zu und teilte ihm mit, seine Tochter Pao-Peh habe sich über den Fächer sehr gefreut. Als Niang-Tsung das hörte, schlug ihm vor Glück das Herz bis zum Hals. Und er entschloss sich, den Auftrag des Engels auszuführen. Er ging in sein Gärtchen, schnitt dort die schönsten Astern und ging damit zu Mengs Haus.

Schon von Weitem sah er im Gärtchen Pao-Peh sitzen. Niang schlich behutsam an den Zaun und warf der überraschten Pao-Peh seine Astern vor die Füsse. Dann eilte er schnell davon, bevor sie ihn noch erblickte. Niang-Tsung aber ging sogleich zum Heiratsvermittler und trug ihm auf, bei dem alten Meng für ihn um die Hand seiner Tochter anzuhalten.

Der alte Meng empfing den Heiratsvermittler überaus freundlich. Er hörte ihn an und rief Pao-Peh herbei. Als sie davon erfuhr, errötete sie vor Freude, denn seit Niang-Tsung ihr den Fächer geschickt und dann noch die Blumen vor die Füsse geworfen hatte, zweifelte sie nicht mehr daran, dass ihre Liebe erwidert wurde. Der alte Meng war mit der Verbindung einverstanden. Er kannte Niang-Tsung als einen ehrlichen und achtbaren Mann und war ihm wohlgesinnt. Der alte Mann wusste nicht, dass auch er durch den Spruch des Engels und den Zauber der Blumen gebunden war.

Niang-Tsung und Pao-Peh lebten fortan gemeinsam in Glück und Freude. Die Astern in dem kleinen Gärtchen vor ihrem Haus aber blühten von da an noch schöner und reicher. Denn Niang-Tsung pflegte und betreute sie noch aufmerksamer als früher. Hatten sie ihm doch geholfen, im Herbst seines Lebens das Glück der Liebe zu finden.

Märchen aus China

Die singende Lilie

Einst lebte ein junger Mann namens Du-Lin, der war Reisbauer und sein Reisfeld war am Hang eines Berges. Er war arm und selbst wenn er jeden Tag auf dem Feld arbeitete und abends Bambuskörbe flocht, so reichte es doch nicht für mehr als das tägliche Essen und eine ärmliche Hütte. So arm war er, dass er kein Mädchen heiraten konnte, denn wovon hätten sie zu zweit leben wollen? Eines Tages, als es besonders heiss war, liefen ihm bei der schweren Arbeit die Schweisstropfen über die Stirn. Sie tropften auf den Boden und rollten in einen Steinmörser. Bald danach wuchs aus dem Mörser eine wundersame Blume mit einem grünen Stängel und einer trichterförmigen Blüte, weiss wie Jade. Es war eine Lilie. Sie strahlte in der Sonne und ihr Stängel bewegte sich im Wind hin und her, und mit jeder Bewegung erklang ein leises Singen. Du-Lin schaute sich um, sah die Lilie und wunderte sich über ihren zarten Gesang. Je fleissiger er war, umso schöner sang die Lilie. Bald mochte Du-Lin nicht mehr ohne die Wunderblume sein, und er trug sie abends vorsichtig in seine Hütte, stellte sie nah an die Öllampe, und der Duft der Lilie erfüllte den Raum. Auf einmal stieg aus der Lampe ein helles Licht empor, aus dem Docht wuchs eine grosse rote Blüte, darauf sass ein schönes Mädchen im weissen Kleid und sang:

«Es duftet der Lilien Blüte hier,
die Lampe spendet helles Licht,
der fleissige Bursche an der Arbeit sitzt,
kommt aus dem Feuer ein Mädchen zu dir.»

Das Mädchen sprang aus der Lampe und stand lächelnd neben Du-Lin. Die Lilie am Fenster aber war verschwunden. Von nun an blieb das Mädchen bei Du-Lin. Sie arbeiteten tagsüber auf dem Reisfeld und am Abend flocht er Bambuskörbe und sie stickte. Die Arbeit ging ihnen leicht von der Hand und bald konnte Du-Lin seine Waren zu einem guten Preis verkaufen. Die Zeit verging und statt der Strohhütte stand nun ein prächtiges Haus mit Ziegeldach da; die Speicher waren gefüllt und der Stall voller Tiere. Doch mit der Zeit kam Du-Lin statt mit Seidenfaser, Hacke und Sichel nur noch mit leeren Händen nach Hause. Er zog mit der Tabakspfeife im Mund von Dorf zu Dorf, um Reiswein zu trinken. Das Mädchen aus dem Feuer betrachtete ihn traurig und eines Abends, als sie wieder einmal allein an der Öllampe sass und stickte, stieg eine grosse Flamme aus der Lampe, eine rote Blüte trieb empor, darauf sass ein Pfau, der schlug ein Rad und sang:

«Es duftet der Lilien Blüte hier,
die Lampe spendet helles Licht,
der fleissige Bursche ist faul geworden,
komm Mädchen, komm mit mir.»

Der Pfau sprang aus der Feuerblüte, nahm das Mädchen auf den Rücken und flog mit ihm durch das Fenster davon. Du-Lin sah von Weitem, wie sie in den Himmel flogen.

Dem jungen Mann ging es von nun an immer schlechter. Bald waren die Speicher leer, die Tiere verkauft, das Reisfeld trocken. Er hatte nur noch eine Bambusmatte, um darauf zu schlafen. Als er sie hochhob, fand er darunter zwei Stickereien. Die eine zeigte ihn und das Lilienmädchen, wie sie zusammen Reis ernteten und der Reis leuchtete in der Sonne wie Gold. Auf das andere Tuch war das Haus gestickt, mit dem vollen Speicher und den vielen Tieren. Da setzte sich Du-Lin traurig hin, seufzte über das Unglück, das er selbst über sich gebracht hatte, und Tränen der Reue fielen auf das gestickte Tuch. Am nächsten Morgen machte er sich auf zum Reisfeld. Er arbeitete den ganzen Tag und abends setzte er sich an die Öllampe, um zu flechten. Eines Tages fand er neben der Lampe eine Pfauenfeder. Er legte sie vorsichtig in den Steinmörser und da erinnerte er sich an die singende Lilie und seine Sehnsucht wurde so übermächtig, dass er anfing, bittere Tränen zu weinen. Die Tränen liefen über seine Wange und tropften in den Mörser hinein. Als Du-Lin am Abend nach der Arbeit das Haus betrat, war die Pfauenfeder verschwunden und stattdessen eine Lilie gewachsen, die duftete und sang. Er entzündete die Lampe, und da stieg aus dem Licht eine Blume empor, darauf sass das Mädchen im weissen Kleid und sang:

«Es duftet der Lilien Blüte hier,
die Lampe spendet helles Licht,
der fleissige Bursche an der Arbeit sitzt,
kommt aus dem Feuer ein Mädchen zu dir.»

Das Mädchen sprang aus dem Feuer, und setzte sich lächelnd zu Du-Lin und begann zu sticken. Die weisse Lilie aber war verschwunden. Von nun an blieb das Mädchen bei dem jungen Mann und er achtete darauf, dass er das Glück nicht mehr verlor.

Märchen aus China

Choung und die Lotosblüte

Choung war ein reicher und hoch geachteter Mann. Eines Abends ging er hinaus auf seine Felder, um zu sehen, ob das Korn bald reif sei. Die Ähren waren in diesem Jahr kräftig und voll und versprachen eine gute Ernte. Zufrieden liess Choung die Halme durch seine Finger gleiten. Auf seinen Feldern stand alles zum Besten. Dennoch wurde sein Herz nicht froh. Trotz Reichtum und Besitz fühlte Choung sich arm und einsam. Er sehnte sich nach einer Frau. Wohl hatte er sich schon öfter im Dorf und in der Umgebung umgesehen, aber da war keine, die ihm gefiel. Während Choung nachdenklich und ein wenig traurig über seine Felder ging, hörte er plötzlich neben sich ein Rascheln, und irgendjemand rief da leise seinen Namen. Choung schaute sich um, er blickte nach allen Seiten, aber da war kein Mensch weit und breit zu sehen, der ihn hätte rufen können. Da hörte er es wieder wispern, diesmal ganz nahe: «Choung! Choung!»

Eine feine Stimme sprach zu ihm: «Weil du dein Leben lang gut zu uns Tieren warst, wollen wir dir helfen und dich dafür belohnen!»

Choung wusste nicht, wem diese Stimme gehörte. Da sprang im nächsten Augenblick ein kleiner roter Fuchs aus dem Kornfeld und winkte ihm: «Komm mit! Komm mit!»

Choung zögerte zuerst, er wusste nicht recht, sollte er dem zauberischen Wesen folgen oder vor ihm auf der Hut sein. Doch dann trieb ihn die Neugier, und er folgte dem roten Fuchs. Der sprang übermütig kreuz und quer vor ihm her, über Gräben und Steine, durch Büsche und Hecken. «Komm mit! Komm mit!», rief er immer wieder, und Choung folgte ihm. Endlich kamen sie an einen stillen Teich. Sein Wasser war von türkisblauer Farbe, und obenauf schwammen Tausende üppig wuchernde Lotosblumen. Inmitten dieses Blättergewirrs sah Choung etwas, das ihn auf das höchste erstaunte. Da glitten flink und geschmeidig kleine Ruderboote dahin, in denen jeweils ein wunderhübsches Mädchen sass. Geschickt steuerten die Mädchen, die an Schönheit einander völlig zu gleichen schienen, ihre schlanken Boote durch die Ranken und Blätter. «Welch ein herrlicher Anblick!», rief Choung aus und betrachtete gebannt das liebliche Schauspiel. Aber da sass wieder der kleine rote Fuchs an seiner Seite und sagte: «Schau sie dir alle gut an und dann wähle dir die Schönste aus. Sie soll deine Frau werden!»

Choung sah den Fuchs verwirrt und ein wenig ratlos an und fragte ihn dann: «Wie soll ich unter all diesen schönen Mädchen die Schönste herausfinden, da sie doch einander gleichen wie eine Blüte der anderen?»

Da antwortete ihm das Füchslein: «Du kannst sie finden. Sie trägt ein rosarotes Kleid, daran wirst du sie erkennen. Hast du sie aber erblickt, dann springe so schnell du nur kannst in ein Boot und fahre ihr nach. Solltest du sie aber trotzdem nicht einholen, rudere hinüber zu der rosaroten Lotosblume. Sie trägt die schönste Blüte von allen. Pflücke sie ab und nimm sie mit nach Hause. Dort gib sie in eine Vase und verschliesse fest die Fenster und die Türen. Dann leg dich schlafen.»

Kaum hatte der Fuchs diese geheimnisvollen Worte gesprochen, war er auch schon verschwunden. Choung stand jetzt allein am Ufer des Teiches. Unter all den Booten, die vor seinem Auge dahinglitten, musste er das Mädchen in dem rosaroten Kleid finden. Schon dachte er, aufgeben zu müssen, da erblickte er das Mädchen in seiner Nähe. Es trug ein rosarotes Kleid und war noch anmutiger und schöner als seine Gefährtinnen. Schnell sprang Choung in ein Boot und ruderte ihr nach. Aber so kräftig er auch ruderte, das Mädchen in dem rosaroten Kleid war schneller als er und bald seinen Blicken entschwunden. Enttäuscht liess Choung die Ruder sinken. Dann aber erinnerte er sich daran, was das kleine rote Füchslein ihm geraten hatte. Er lenkte sein Boot zu der rosaroten Lotosblume. Er pflückte sie ab und ruderte damit ans Ufer. Dann kehrte er mit der Blüte in der Hand unverzüglich heim.

Choung wusste nicht, wie lange er fortgewesen war. Es schien, als wäre seither die Zeit stillgestanden. Daheim angekommen, schloss er sofort die Fenster und die Tür, tat die Lotosblüte in eine Vase mit Wasser und legte sich zu Bett, denn er war sehr müde. Choung schlief lange und tief. Als er am nächsten Morgen die Augen aufschlug, hörte er in seinem Zimmer ein Geräusch. Er rieb sich die Augen. Zu seiner grenzenlosen Überraschung und Freude stand vor ihm das wunderschöne Mädchen in dem rosaroten Kleid, dem er vergeblich nachgerudert war. Die Vase aber, in die er tags zuvor die Lotosblüte gesteckt hatte, war leer. Überglücklich sprang Choung aus dem Bett und eilte mit ausgestreckten Armen dem Mädchen entgegen. Doch das wich vor ihm zurück und sagte zornig: «Wie konntest du es wagen, mich zu pflücken! Lass mich gehen, ich will zurück in meinen Teich!»

So sehr Choung das Mädchen auch anflehte, bei ihm zu bleiben, es hörte nicht auf ihn und bestand darauf, heimzukehren. Da öffnete schliesslich Choung, der ihren Bitten nicht mehr länger widerstehen konnte, die Tür einen Spalt und liess sie hinaus. Das Mädchen schlüpfte schnell hinaus und war im nächsten Augenblick spurlos verschwunden. Choung blieb enttäuscht zurück. Als er in sein Zimmer zurückkehrte, fand er auf dem Boden ihr rosarotes Kleid, das sie bei ihm zurückgelassen hatte. Weinend kniete er nieder, hob das Kleid auf, faltete es sorgfältig zusammen und legte es auf eine Truhe. «Warum ist sie nicht bei mir geblieben», seufzte und jammerte er, denn er hatte sich in das schöne Mädchen unsterblich verliebt. Traurig legte Choung sich zu Bett. Noch vor dem Einschlafen betete er, das Mädchen möge zu ihm zurückkehren. Als Choung am nächsten Morgen wieder die Augen öffnete, glaubte er zu träumen. Da stand es tatsächlich im Zimmer, das schöne Mädchen vom Teich, nach dem er sich so sehnte. Voll Freude sprang Choung aus dem Bett und hiess sie willkommen. «Sag mir, schönes Mädchen, wer du bist», bat er, «und geh nicht wieder fort von mir!»

Da antwortete das Mädchen freundlich und furchtlos: «Ich heisse Lotosblüte und bin gekommen, mein rosarotes Kleid zu holen.»

Da gestand Choung dem schönen Mädchen seine grosse Liebe und flehte es an, nicht von ihm fortzugehen: «Bleibe hier, allerschönste Lotosblüte, und werde meine Frau. Wenn du mich verlässt, sterbe ich vor Sehnsucht nach dir!»
Da erhörte Lotosblüte Choungs Bitten und Flehen und willigte ein, bei ihm zu bleiben und seine Frau zu werden. Viele Jahre lebten die beiden glücklich und zufrieden. Bald war das Haus des reichen Choung vom Lachen seiner Kinder erfüllt, die Lotosblüte ihm geboren hatte und die schön und lieblich waren wie ihre Mutter. Nur manchmal sass Lotosblüte am Fenster und blickte sehnsüchtig in die Ferne. Sie dachte dann an den stillen Teich mit den vielen Lotosblumen und den kleinen Schiffchen. Eines Abends wurde ihre Sehnsucht übermächtig. Sie stand auf, trat vor Choung hin und sagte mit fester Stimme: «Liebster Mann, meine Zeit ist jetzt um. Ich muss zurück in den Teich, zu meinen lieben Schwestern, den Lotosblumen.»

Choung wollte davon nichts hören und beschwor seine Frau, bei ihm zu bleiben. Da sprach Lotosblüte zu ihm: «Es muss sein. Lass mich in Frieden ziehen. Solltest du mich in deinem Leben einmal unbedingt brauchen, dann rufe mich, ich werde kommen und dir aus der Not helfen.»

Da sah Choung ein, dass er sie nicht halten konnte. Er umarmte seine geliebte Lotosblüte ein letztes Mal und entliess sie weinend. An der Stelle, wo Lotosblüte noch eben gestanden hatte, fand Choung einen rosafarbenen, herrlichen Amethyst. Aber sosehr er auch klagte und flehte, Lotosblüte kam nicht zurück. Von dieser Stunde an musste Choung zusehen, wie er allein mit seinen Kindern, die ihm als kostbare Erinnerung an seine geliebte Frau geblieben waren, zurechtkam. Doch es verging kein Tag, da er nicht an Lotosblüte dachte und um ihre Wiederkehr betete. Immer wenn Trauer und Sehnsucht sein Herz zu ersticken drohten, lag plötzlich zu seinen Füssen das Kleid, das Lotosblüte getragen hatte, als sie seine Frau wurde. Das schickte sie ihm, zum Zeichen ihrer Liebe und um ihn zu trösten. Sie selbst aber kehrte nie mehr zu ihm zurück.

Märchen aus China

Der Bauer und die Roggenfrau

Ein junger Bauer ging an seinem reifen Kornfeld entlang, da hörte er ein Rascheln im Feld. Ein Reh am hellen Mittag? Die Ernte stand vor dem Schnitt und er hob drohend den schweren Stock, den er bei sich trug. Als er das Feldende an der Hecke erreicht hatte, sah er etwas Seltsames: Ein alter Kornbock tummelte sich in den wehenden Ähren. Auf seinem Rücken aber sass ein Mädchen in einem Mohnkleid und mit langen durchscheinenden Haaren. Es lachte laut zu allen Sprüngen seines Reittieres, hielt sich fest am Gehörn und blickte von seinem hohen Platz fröhlich über die endlosen reifen Felder und in den blauen Himmel, der wie ein blauer Glockenkelch über dem Land stand. Da geschah es, dass der unvernünftige Bock quer durch den Roggen auf den Busch zulief, hinter dem sich der Bauer verbarg. Erschrocken erhob sich der Bauer und der Bock warf mit einem Sprung das Mädchen in die Luft und verschwand. Auf der Erde sah er etwas im roten Mohnkleid zappeln, das wollte ins Korn zurückschlüpfen, und wäre der Bauer nicht rasch zugesprungen, es wäre entkommen.

«Wer bist du?», fragte er erstaunt und sah, dass er wirklich eine Roggenmuhme, eine Pflanzenelfe, in seinen rauen Händen hielt.

«Lass mich gehen», bettelte sie. «Ich geb dir auch mein Kleid.»

Aber der Bauer schüttelte den Kopf, das konnte er nicht brauchen.

«Lass mich gehen», verlangte sie. «Ich schenk dir mein seidenes Haar.»

Aber auch damit wusste er nichts anzufangen.

Da warf die Muhme beide Arme um den jungen Mann und biss ihn in die Lippen. Aber der Bursche gab das wilde Ding nicht frei und überlegte, was er mit der zappelnden Sträubenden wohl am Besten anfänge. Ein Mädchen zum Gänsehüten schien sie ihm, und gut, sie in seiner Nähe zu haben. Aber während er noch nachdachte, liess sie mit Wehren nach, ihre Hände streichelten ihn leise. «Hast du mich denn gern?»

Der Mann nickte, etwas verdutzt, dass er es erst jetzt begriff.

Aus dem ersten Tag wurde der zweite und noch mancher mehr, einer hinter dem anderen. Der junge Bauer wurde ein Siebensinniger, der Haus und Hof schliesslich vernachlässigte und schon frühmorgens über die Felder lief, um die Roggenfrau zu suchen. Sie wartete tagsüber unter den goldenen Ähren auf ihn, wusste ihm tausenderlei von Lerche, Fink und Rebhuhn zu erzählen und konnte um einen Käfer weinen, den ihr Vertrauter zertrat.

Dessen Herz aber begann sich mit dem reifenden Sommer eins zu fühlen. Ihm wurde jedes Leben heilig, und jede Stunde, die die Frau um ihn war, machte ihn selig.

Die Zeit ging dahin und immer inniger war der Mann der Roggenfrau zugetan und fragte nicht nach dem Wohin und Woher. Er wusste nicht, dass der Sommer sie aus einer Armseele geboren hat und dass sich ihr Tag wie ein Jahr rundet. Nein, von allem Leid und aller Lust im Feld schien sie zu wissen, nichts blieb der Frau verborgen. Sie tränkte die verlorenen Vögel und gab den jungen Hasen von ihrer Brust. Sie kleidete ihres Liebsten Fussstapfen mit Kornraden aus und hüllte sein Herz ein, dass es den Tag vergass und nichts als Liebe und Einklang mit dem goldenen Sommer kannte.

Eines Tages aber, als die beiden wieder übers Tal in die wogenden Felder schauten, sahen sie, wie unten am Fluss ein Schnitter aufstand und wie die Ähren zu fallen begannen. Langsam, sehr langsam neigte sich der Rand des Feldes unter seiner unsichtbaren Sense.

Die Roggenmuhme war bleicher als sonst, sie sagte nichts und blickte nur starr in das sinkende gelbe Feld. Der Bauer aber wurde ein anderer. Es war, als hätte er seine Zeit verträumt; er sah mit Schrecken Winter, Frost und Hunger vor sich und dachte an seine Liebste, für die er den Herbst rüsten musste. Denn ihm war nicht anders, als dass sie zu ihm ziehen und bald einen Brautkranz tragen müsste.

Während er es sich noch überlegte, kam auch schon der Eifer über ihn. Er rechnete und prüfte insgeheim, wie viel Brot und Holz er für den Winter nötig hätte, besah die reifen Felder und war leidlich zufrieden, wenn er an die zukünftige Zeit dachte.

Die Roggenmuhme lag noch mit dem Kopf an seiner Schulter und sah dem Schnitter zu.

«Warum tut er das?»

«Um Brot zu haben für den Winter.»

«Was ist das, Winter?»

Da lachte der Mann über die närrische Frage und erzählte der Frau etwas Trauriges, warum nämlich die Sonne jeden Tag kürzer schien und etwas Lustiges, warum die Glocken mitunter so bräutlich herüber hallten. Die Kornfrau musste darüber weinen; sie wusste nicht, warum sie betrübt war, aber sie hatte den anderen nur um so herzlicher lieb.

Am folgenden Morgen schärfte der Mann seine Sense, rief zwei Knaben zum Binden und begann gleich den anderen sein Feld niederzulegen. Das war eine harte Arbeit, umso mehr, als er allein blieb, und die Roggenfrau nur einmal flüchtig an ihm vorbeihuschte.

Todmüde war er am Abend. Aber er bedachte auch, dass er genug für den Winter haben würde, und freute sich, für zwei sorgen zu können.

So suchte er am nächsten Tag guten Mutes sein Feld auf, sah die Kornfrau einmal und mähte den Roggen bis in den Abend. Auch am dritten Tag stand er in der Frühe wieder vor der goldenen Frucht. Aber je näher er dem Feldrain kam, desto schwerer wurde ihm die Arbeit. Es war, als rauschten die fallenden Ähren dumpfer, als liefe ein Klagen um ihn hin, er wusste nicht woher. Und oft war's, als legte sich etwas auf seine Hände und wollte ihn anhalten und müde machen. Aber er dachte nur an seine Liebe und sorgte sich, seinem Weib zum Winter alles aufs Beste zu rüsten.

Als die Sonne sich schon neigte und nur noch ein letzter Rand Korn übrig war, fiel noch einmal eine grosse lastende Müdigkeit über des Mannes Glieder. Aus allen Winkeln drang ein Ängstigen, ein kummervolles Rufen; er fürchtete, ein Wetter stände in der Luft, und zwang sich, eiliger zu Ende zu kommen. Die Sonne ging auch blutrot über den Hügeln zur Ruhe. Eine feuchte Kühle stieg von den Bächen herauf.

Da setzte der Bauer zu den letzten Sensenschlägen an.

Ein klagender Schrei, ein Rascheln – mit den fallenden Ähren fiel auch die Roggenfrau in ihrem Mohnkleid nieder; ihre Augen leuchteten noch einmal wie später Sommer, dann löste sich ihr zarter Körper schattengleich über den Ähren, nur drei Tröpflein Blut blieben auf des Bauern Hand.

Märchen aus Deutschland

Die Päonien

In dem kleinen Dorf Tsung, umgeben von einem herrlichen Blumengarten, stand das Haus des jungen Beamten Chang. Er hatte Haus und Garten und auch die Liebe zu den Blumen von seinen Eltern geerbt. Schon in seiner frühen Kindheit waren die Blumen seine Freunde und Begleiter gewesen. Und so war Changs Garten vor dem Haus voll herrlicher Blüten. Seine besondere Liebe gehörte der Päonie, deren Blüten in der warmen Frühlingssonne so herrlich leuchten und duften. Jedes Jahr wartete Chang sehnsüchtig auf ihr Blühen. Seit man ihm erzählt hatte, dass es in dem kleinen Städtchen Chao-Chou die allerschönsten Päonien zu sehen gab, wartete er nur noch auf eine Gelegenheit, dorthin zu reisen.

Endlich sollte sein Wunsch in Erfüllung gehen. Eines Tages erteilte ihm sein Vorgesetzter den Auftrag, in einer dienstlichen Angelegenheit nach Chao-Chou zu reiten. Chang war darüber hoch erfreut, denn er dachte an die herrlichen Päonien, die es in Chao-Chou zu sehen gab.

Aber noch waren die Tage kühl, und der Frühling war fern. Als der Beamte Chang in Chao-Chou ankam, hatte er nichts Eiligeres zu tun, als nach den Päonien zu schauen. Zu seiner Enttäuschung sah er, dass sie wohl ihre grünen Blätter ausgestreckt hatten, die Blütenknospen aber noch klein und fest geschlossen waren.

Vor dem Fenster seines Zimmers, das er gemietet hatte, lag ein kleiner Garten. Darin standen Päonienbüsche. So konnte Chang jederzeit nachsehen, ob die Knospen schon grösser wurden. Auch ein alter Maulbeerbaum stand in seinem Garten und breitete seine knorrigen Äste wie schützend über die Blumenbeete. Eines Morgens schaute Chang wieder aus dem Fenster. Da sah er, dass die Päonien nun schon dickere Knospen hatten. Eigentlich hätte Chang schon lang nach Tsung, seinem Heimatdorf, zurückkehren müssen, denn sein dienstlicher Auftrag war längst erledigt, und er hätte seinem Vorgesetzten darüber berichten müssen. Auch hatte Chang nur noch wenig Geld bei sich. «Nur noch ein paar Tage, dann werden die Päonien blühen, und dann will ich heimwärts reisen», sagte Chang und blieb.

Da die Sonne nun schon kräftig schien und wärmte und Chang dringend Geld brauchte, kam er auf den Gedanken, seinen Winterpelz zu verkaufen. Das tat er auch, und jetzt konnte er wieder eine Zeitlang sorgenfrei leben. Aber als bald darauf seine Börse wieder leer war und die Päonien noch immer nicht blühten, musste er sich wieder etwas einfallen lassen. Diesmal verkaufte er sein Pferd. Die Summe, die er dafür erhielt, reichte für eine Weile. Aber eines Tages hatte er wieder die letzte Münze ausgegeben, und die Päonien wollten noch immer nicht blühen. Noch nie hatte der Frühling so lange gezögert, und Chang konnte sich nicht erinnern, dass die Päonien jemals so spät geblüht hatten. So verkaufte der Beamte Chang, während er auf die Päonienblüte wartete, mit der Zeit all sein Hab und Gut.

Jetzt hatte Chang nicht einmal mehr das Geld für die Heimreise. Noch mehr aber erschreckte ihn der Gedanke an seinen Dienstherrn. Was würde der wohl von ihm denken und was wohl zu seinem langen Ausbleiben sagen? Wenn er nicht bereit war, ihm gnädig zu verzeihen, erwarteten ihn Kerker, Prügel und die Entlassung.

«Was soll ich jetzt tun?», klagte Chang. «Soll ich vielleicht betteln gehen?»

Zu Fuss konnte er nicht heim, dazu war der Weg zu weit, auch wäre er höchstwahrscheinlich unterwegs Räubern in die Hände gefallen, denn die Gegend war unsicher. «Ich bin verloren», jammerte der ungetreue Beamte, der plötzlich klar erkannte, wohin ihn seine übergrosse Liebe zu den Päonien gebracht hatte.

Nach einer schlaflosen Nacht ging er wieder frühmorgens in den Garten, um nach alter Gewohnheit die Päonien zu beobachten und nachzuschauen, ob sie wohl endlich blühen würden. Da sah er etwas höchst Ungewöhnliches: Mitten in den Päonienbüschen standen zwei vornehme junge Mädchen. Die eine der beiden Schwestern war in schneeweisse, die andere in rosenrote Seide gehüllt. Zugleich bemerkte er aber auch, dass über Nacht endlich die Päonien aufgeblüht waren. Prächtig leuchteten sie unter dem knorrigen Maulbeerbaum hervor, vom tiefsten Rosenrot bis zum hellsten Weiss. Über dem blühenden Garten spannte sich ein seidenblauer Himmel, wie er nur im Frühling so schön ist.

Als Chang die Herrlichkeit erblickte, vergass er sogleich seine Sorgen, und er freute sich über alle Massen. Er verneigte sich grüssend vor den beiden Mädchen. Sie kamen ihm freundlich entgegen und begannen mit ihm ein Gespräch. Auch sie freuten sich über die blühende Pracht der Päonien, von denen sie mindestens ebensoviel wussten wie Chang, der sie so sehr liebte.

Wie sie in den Garten gekommen waren, konnte er von ihnen nicht erfahren. Sie plauderten fröhlich miteinander. Aber irgendwann erinnerte er sich an seinen Kummer, und er dachte mit Schrecken daran, was ihn zu Hause erwartete. «Was ist es, das dich so traurig macht?», fragten ihn die Mädchen, die gemerkt hatten, wie sich sein Gesicht verdüsterte.

Da klagte ihnen Chang seine Not. «Ach, wie gerne würden wir helfen», sagten die beiden Mädchen voll Mitgefühl, und während sie noch zu überlegen schienen, brach das eine, wie in Gedanken, zwei junge Triebe von den Päonienstauden, und das andere sagte: «Wir wollen die Zweige in die Erde stecken, zur Erinnerung an diese gemeinsame Stunde im Garten.»

Sie baten Chang, er möge ihnen im Schatten des Maulbeerbaumes zwei Pflanzlöcher graben, in die sie die Zweige stecken wollten. Als Chang dort die Erde lockerte, stiess er mit seiner Schaufel auf etwas Hartes, das klang, als wäre es aus Metall. Er bückte sich und sah in der Erde etwas glitzern. Er griff danach und hielt ein Goldstück in der Hand. An derselben Stelle fand er noch viele solcher Münzen, einen ganzen Schatz.

Chang war starr vor Freude und Überraschung. Er fasste es nicht. Die Mädchen aber, die ihn so dastehen sahen, klatschten vor Vergnügen in die Hände, sie lachten hell heraus und freuten sich unbändig, wie Kinder über einen gelungenen Streich. Auch die Zweige des Maulbeerbaumes rauschten, obwohl kein Windhauch sie bewegte, als wollten sie dem fassungslosen Chang zu seinem unerwarteten Glück gratulieren.

Als Chang endlich begriff, was geschehen war, und dass er nun aller Sorgen ledig war, kniete er nieder und wollte den beiden Mädchen überschwänglich danken. Aber als er aufsah, waren sie plötzlich nicht mehr da, sie waren verschwunden, als hätte der Erdboden sie verschluckt.

Wo sie eben noch gestanden hatten, wuchsen jetzt zwei herrliche Päonienbüsche, die waren über und über bedeckt mit schneeweissen und rosenroten Blüten.

Märchen aus China

Die Blumenelfen

Es war einmal ein Gelehrter, der hatte sich von der Welt zurückgezogen, um geheimen Sinn zu erlangen. Er lebte einsam in der Verborgenheit. Um sein Häuschen herum hatte er allenthalben Blumen und Bambus und andere Bäume gepflanzt. Ganz versteckt lag es da im dichten Blumenhain. Nur einen Knaben hatte er bei sich als Diener, der wohnte in einer besonderen Hütte, um seine Befehle auszuführen. Ungerufen durfte er nicht eintreten. Der Gelehrte liebte die Blumen wie sein Leben. Nie setzte er den Fuss über die Grenzen seines Gartens hinaus. Nun war einmal ein schöner Frühlingsabend. Blumen und Bäume standen in voller Blüte, es wehte ein frischer Wind, und der Mond schien hell. So sass er bei einem Becher Wein und freute sich des Lebens.

Plötzlich sah er im Mondschein ein Mädchen in dunklen Kleidern herbeitrippeln. Sie machte ihm eine tiefe Verbeugung, begrüsste ihn und sprach: «Ich bin deine Nachbarin. Es ist hier eine Gesellschaft von Mädchen, die sind unterwegs, um die achtzehn Tanten zu besuchen. Sie möchten hier in diesem Hofe ein wenig rasten und lassen um Erlaubnis bitten.»

Der Gelehrte merkte, dass es sich hier um etwas Ausserordentliches handelte, darum stimmte er freudig zu. Das Mädchen bedankte sich und ging. Nach einer kleinen Weile brachte sie eine ganze Schar von Mädchen, die Blumen und Weidenzweige trugen. Sie begrüssten alle den Gelehrten. Sie waren hübsch und fein im Gesicht und schlank und zart von Gestalt. Wenn sie die Ärmel bewegten, so strömten sie einen lieblichen Duft aus. Es gab nicht ihresgleichen in der Menschenwelt. Der Gelehrte lud sie ein, im Zimmer ein wenig zu sitzen. Dann fragte er sie: «Wer gibt mir eigentlich die Ehre? Kommt ihr aus dem Schloss der Mondfee oder von der Nephritquelle der Königin-Mutter des Westens?»

«Wie könnten wir uns so hoher Abkunft rühmen?», sprach lächelnd ein Mädchen in grünem Gewand. «Ich heisse Salix.»

Dann stellte sie eine andere, weiss gekleidete vor und sagte: «Das ist Fräulein Prunophora», dann eine rosa gekleidete, «und diese hier ist Persica», schliesslich eine in tiefrotem Kleid, «und das ist Punica. Wir alle sind Schwestern und wollen heute die achtzehn Zephirtanten besuchen. Heute Abend scheint der Mond so schön, und es ist so reizend hier im Garten. Wir sind recht dankbar, dass du dich unser angenommen hast.»

«Ja, ja», sagte der Gelehrte. Da meldete plötzlich die dunkel gekleidete Dienerin: «Die Zephirtanten sind auch schon gekommen.»

Sogleich standen die Mädchen auf und gingen ihnen an die Tür entgegen.

«Eben wollten wir die Tanten besuchen», sagten sie lächelnd. «Der Herr hier hat uns ein wenig zum Sitzen eingeladen. Wie hübsch trifft es sich, dass die Tanten nun auch hierher kommen. Es ist heute so eine schöne Nacht, da müssen wir einen Becher auf das Wohl der Tanten leeren.»

Darauf befahlen sie der Dienerin, die Geräte herbeizubringen.

«Kann man sich hier setzen?», fragten die Tanten.

«Der Hausherr ist sehr gut», erwiderten die Mädchen, «und der Ort ist still und verborgen.»

Darauf stellten sie ihnen den Gelehrten vor. Er redete mit den achtzehn Tanten ein paar freundliche Worte. Sie hatten etwas Unbeständiges und Luftiges in ihrem Wesen. Ihre Worte sprudelten sie nur so heraus, und in ihrer Nähe fühlte man einen fröstelnden Hauch. Unterdessen hatte die Dienerin schon Tisch und Stühle herbeigebracht. Die achtzehn Tanten sassen obenan, die Mädchen folgten, und der Gelehrte setzte sich zu ihnen auf den untersten Platz. Binnen Kurzem stand der ganze Tisch voll mit den köstlichsten Speisen und herrlichsten Früchten, und duftender Wein füllte die Becher. Es waren Genüsse, die die Menschenwelt nicht kennt. Der Mond schien hell, und die Blumen sandten betäubende Düfte aus. Als sie vom Wein heiter geworden, standen die Mädchen auf und tanzten und sangen. Lieblich klangen die Töne durch die dämmernde Nacht, und ihr Tanz glich Schmetterlingen, die um Blumen flattern. Vor Entzücken wusste der Gelehrte nicht mehr, ob er im Himmel oder auf Erden war.

Als der Tanz zu Ende war, setzten sich die Mädchen wieder an den Tisch und tranken bei kreisendem Becher auf das Wohl der Tanten. Auch des Gelehrten wurde in einem Trinkspruch gedacht, und er erwiderte in zierlichen Worten.

Die achtzehn Tanten aber waren in ihrem Wesen etwas leichtsinnig. Auch begann der Wein schon zu wirken. Als eine daher den Becher erhob, zitterte sie ein wenig mit der Hand, und ehe sie sichs versah, goss sie der Punica etwas Wein auf die Kleider. Punica, die jung und feurig war und ein reinliches Wesen hatte, stand ärgerlich auf, als sie ihr rotes Kleid von dem Wein befleckt sah.

«Ihr seid doch gar zu unvorsichtig», sagte sie zürnend. «Die anderen Schwestern haben Angst vor euch, ich fürchte euch nicht.»

Da wurden die Tanten auch böse und sagten: «Wie kann das junge Ding da wagen, uns zu beleidigen!»

Damit rafften sie ihre Kleider zusammen und standen auf. Alle Mädchen drängten sich um sie und sprachen: «Die Punica ist jung und unerfahren. Sie hat sich betrunken und weiss nicht, was sie tut. Ihr müsst es ihr nicht übelnehmen. Morgen soll sie sich mit einer Rute bei euch einfinden und ihre Strafe entgegennehmen.»

Doch die achtzehn Tanten hörten nicht auf sie und gingen. Darauf verabschiedeten sich auch die Mädchen, zerstreuten sich in den Blumenbeeten und verschwanden. Noch lange sass der Gelehrte in traumverlorener Sehnsucht da.

Am anderen Abend kamen die Mädchen wieder. «Wir wohnen alle in deinem Garten», sagten sie zu ihm. «Jedes Jahr werden wir von bösen Winden übel gequält und haben darum immer die achtzehn Tanten gebeten, uns zu beschützen. Gestern wurden sie von der Punica beleidigt, und wir fürchten, dass sie uns künftig nicht mehr helfen werden. Wir wissen aber von dir, dass du uns Schwestern schon immer freundlich zugetan warst, wofür wir dir von Herzen dankbar sind. Wir haben nun eine grosse Bitte, dass du jedesmal am Neujahrstag eine kleine, scharlachrote Flagge machst und darauf Sonne, Mond und die fünf Planeten malst und sie im Osten des Gartens aufstellst. Dann haben wir Schwestern Frieden und sind vor allem Leid geborgen. Da diesmal aber Neujahr schon vorüber ist, so bitten wir dich, dass du sie am einundzwanzigsten dieses Monats aufrichtest; denn da kommt der Ostwind, und durch die Flagge sind wir dann geschützt.»

Der Gelehrte versprach es ihnen bereitwillig, und die Mädchen sagten wie aus einem Munde: «Wir danken dir für deine grosse Güte und wollens dir vergelten.»

Damit schieden sie, und ein süsser Duft erfüllte den ganzen Garten. Der Gelehrte aber machte eine solche rote Flagge, und als an dem genannten Tage frühmorgens tatsächlich der Ostwind zu wehen anfing, da stellte er sie schnell im Garten auf. Plötzlich erhob sich ein wilder Sturm, der die Wälder beugte und die Bäume brach. Nur die Blumen im Garten bewegten sich nicht. Da merkte der Gelehrte, dass Salix die Weide war, Prunophora die Pflaume, Persica der Pfirsich und die vorlaute Punica der Granatapfel, dessen kräftigen Blüten der Wind nichts anhaben kann. Die achtzehn Zephirtanten aber waren die Geister des Windes.

Am Abend darauf kamen die Blumenelfen alle und brachten ihm zum Dank leuchtende Blumen dar.

«Du hast uns gerettet», sprachen sie. «Wir haben sonst nichts, das wir dir schenken könnten. Iss diese Blumen, so wirst du lange leben und das Alter meiden. Wenn du uns dann alljährlich schirmst, so werden auch wir Schwestern lang am Leben bleiben.»

Der Gelehrte tat nach ihren Worten und ass die Blumen. Da verwandelte sich seine Gestalt, und er ward wieder jung wie ein zwanzigjähriger Jüngling. Im Laufe der Zeit erlangte er geheimen Sinn und ward unter die Unsterblichen versetzt.

Märchen aus China

«Ich bin Maria Roseta,
mein Vater ist ein Rosenstrauch,
meine Mutter lebt als Rose auch,
in der Rosenstrasse steht mein Heim,
im Rosenhaus leb' ich allein.»

AUS SPANIEN

KAPITEL 5
Schicksalsfee und Blumenkönigin

Die Schicksalsfeen in den Blumenmärchen haben verschiedene Gesichter: göttinnen-
gleich oder voller Schalk, doch wann immer sie auftauchen, eröffnen sich den Heldinnen und Helden neue Lebenswege. Die Blumen sind ein Schlüssel zur Feenwelt und
wer sie ehrt, wird unter dem Schutz der Feen stehen. Einige Märchen erinnern an den
alten Mythos der Vegetationsgöttin. Demeter, die ihre Tochter Persephone an Hades,
den Gott der Unterwelt verlor und deshalb die Erde nicht mehr grünen liess, ist uns
allen bekannt. Im Herbst, wenn Persephone in die Unterwelt geht, wird es auf der
Erde grau, die Blätter fallen von den Bäumen und die Erde ist wüst und leer. Bei ihrer
Rückkehr im Frühling freut sich Demeter und sie lässt die Blumen wieder wachsen.
Teile dieses Mythos ziehen sich durch die Zaubermärchen und selbst in «Dornröschen» wird man ein wenig an den Schlaf der Pflanzenwelt erinnert, bis der Frühling
wieder einkehrt und alles von Neuem erwacht.

Im ersten Märchen zeigt sich das Schicksal als Schlüsselblumenfee, die einem Hirten den Weg zu den Schätzen weist. Doch das Wichtigste lässt er liegen: den goldenen
Blumenschlüssel.

Im Märchen «Der Flachs» ist es die feenhafte Frau Holle, die einem Hirten erscheint. Er wünscht sich die Blumen in ihrer Hand und bringt so den Lein zu den
Menschen. Frau Holle lehrt denn auch die Kunst des Spinnens und Webens und erinnert damit an die Schicksalsspinnerinnen, die über den Lebensfaden wachen und
seine Länge bestimmen.

In dem chinesischen Märchen «Die Jungfrau Chrysantheme» beschützt die Chry-
santhemenfee einen Waisenjungen, bis er alt genug ist, um selbst den richtigen Weg
zu finden.

Beim Blumenpflücken kann es leicht geschehen, dass man alles um sich herum
vergisst, Blüte um Blüte pflückt oder sich schmückt, wie das Mädchen in dem griechischen Märchen «Die Mohnblumen». Genau in diesem Moment kommen die Schick-

salsfeen vorbei und schenken ihm wunderbare Gaben, die es bis in das Schloss des Königs führen.

Auch Dornröschen, die weltberühmte Gestalt aus dem Märchen der Brüder Grimm, ist dem Spruch der Feen unterworfen, hier in einer etwas älteren Fassung von 1819.

Die schöne Fee im nächsten Märchen erscheint dem Helden im Traum und er kann sie nicht mehr vergessen. Doch gemeinsam mit der Vegetation verändert sie sich, wird alt und schläft im Winter den Schlaf der Toten, um im Frühling wieder als junge Frau zu erwachen.

Das armenische Märchen «Die Tochter der Blumenkönigin» erzählt den alten Mythos in zauberhaften Bildern. Auch dieser Held muss im Winter auf seine Braut verzichten, denn im Winter verbringt die Tochter der Blumenkönigin ihre Zeit unter der Erde.

Im nächsten Märchen wird Ruschullina, das Mädchen, das den Wald belaubt und die Obstbäume blühend macht, dem Helden Iuon zur Braut versprochen. Lange dauert seine Reise, bis er sie findet, denn Ruschullina, die Blumenkönigin, wird von einem Unhold bedroht und Iuon muss manche Prüfung bestehen, bis er sich seine Braut zurückholen kann.

Wer die Prinzessin Rosenblüte im nächsten Märchen küsst, dem bleibt eine Rosenblüte auf den Lippen hängen. Doch der Weg zu ihr ist lang und nur mit List, Lust und Mut kann der Prinz seine Braut erringen.

Auch im spanischen Märchen «Der junge König und Maria Roseta» wird die Brautsuche zu einem langen Weg. In blumigen Reimen führt das Märchen vom Überspringen des Rosenbettes für die Brautwahl und der mystischen Schwangerschaft durch ein Rosenblättchen bis zur Hochzeit.

Das Kapitel endet mit der Hochzeit von Merisana, der Königin der Waldfrauen, die erst heiraten kann, wenn alle Wesen glücklich sind. Und tatsächlich: Zur Mittagszeit, wenn alle Blumen ihre Blüten weit geöffnet haben, findet die Hochzeit der Merisana mit dem Strahlenkönig statt, und die Lärche trägt heute noch ihren Brautschleier.

Die Schlüsselblumenfee

Als es auf der Welt noch Feen gab, besass die Schlüsselblume Zauberkraft. Wer sie im richtigen Augenblick pflückte, dem brachte sie Glück.

Einst trieb ein Schäfer zu Frühlingsanfang seine Schafe auf die Weide. Als die Herde zu grasen begann, erblickte er nahe bei einem Felsen ein Büschel blühender Schlüsselblumen. Er pflückte die grösste und schönste und steckte sie an seinen Hut. Nach einer Weile wurde der Hut merkwürdig schwer. Der Schäfer setzte ihn ab und blieb wie angewurzelt stehen. Statt der Blüte trug er einen Schlüssel aus purem Gold hinter dem Hutrand. Als er den Schlüssel in die Hand nahm, erschien im selben Augenblick, wie vom Wind hergeweht, eine wunderschöne Fee.

«Fürchte dich nicht», sagte sie. «Der Schlüssel wird dir Glück bringen. Lege ihn hier auf den Felsen. Der Stein wird sich auftun, und du wirst alle Schätze der Erde erblicken. Nimm davon, soviel du willst, doch gib acht, dass du das Beste nicht vergisst.»

Der Schäfer wusste nicht, ob er träumte oder wachte. Er trat zu dem Felsen, legte den Schlüssel darauf, und eine unterirdische Grotte öffnete sich, strahlend und glitzernd von Gold, Silber und Edelsteinen, dass ihm die Augen übergingen. Schnell breitete er seinen Kittel aus und packte von den Reichtümern darauf, soviel er tragen konnte. Dann warf er sich das Bündel über die Schulter und verliess die Grotte.

Aber das Wichtigste, den goldenen Schlüssel, liess er zurück. Seither erschliesst die Schlüsselblume die Schätze der Erde nicht mehr. Und auch die Feen, die sich den Menschen zeigten, wurden nicht mehr gesehen.

Märchen aus Deutschland

Der Flachs

Weit oben im Norden liegt ein Land mit hohen Bergen, tiefen Schluchten und schattigen Tälern. Die Bergspitzen sind jahraus und jahrein mit Schnee und Eis bedeckt, die beim Sonnenaufgang und beim Untergang golden und purpurn glänzen. Vor langer, langer Zeit wohnte dort ein Hirte mit Frau und Kindern in einem einsamen Waldtal. Einmal, an einem schönen Sommertag, war er mit seiner Herde hinausgezogen und hütete sie oben in den Bergen. Tiefe Stille herrschte ringsumher, und wie der Hirte zu den Bergen hochschaute, da wünschte er sich, einmal zu den glänzenden Eisfeldern im ewigen Schnee hinaufzusteigen.

Wie im Traum erhob er sich, wanderte immer weiter die Berge hoch, bis er auf einmal vor einer grossen Wand aus Eis stand. Kein Weg führte mehr weiter, und wie er da stand, entdeckte er auf einmal ein Tor, das kunstvoll verziert war. Als er näher trat, öffnete es sich und gab den Weg durch einen dunklen Gang frei. Vorsichtig trat der Hirte ein und ging den dunklen Gang weiter, bis er vor einem prächtigen Saal stand. Die Wände waren aus Kristall und Tausende von Lichtern leuchteten und gaben ihren Widerschein in den wunderbaren Raum.

Mitten im Saal aber stand eine erhabene Frauengestalt in einem silberweissen Gewand und mit einer Krone aus Diamanten geschmückt. In der Hand trug sie einen Strauss himmelblauer Blumen. Liebliche Frauen, die mit den gleichen blauen Blumen geschmückt waren, umgaben die helle Frau und der Hirte sank ehrerbietig auf die Knie.

Da wandte sich die Frau ihm zu und sprach: «Da du den Weg zu uns gefunden hast, ist es dir erlaubt, von allen Schätzen, die du hier schaust, das Schönste auszuwählen, sei es Gold oder Silber, Edelsteine oder Diamanten.»

Der Hirte jedoch konnte seine Augen nicht von den blau leuchtenden Blumen abwenden und er sprach: «Erhabene Göttin, ich wünsche nichts anderes als die Blumen in deiner Hand.»

Da zog ein Lächeln über das Gesicht der Göttin und sie sprach: «Du hast dir das Schönste und das Wertvollste erwählt. Nimm dir die Blumen, sie sollen ein Segen für die Menschen sein.»

Mit diesen Worten gab sie ihm ein Säckchen, gefüllt mit tausenden kleinen Samen, um sie auf der Erde zu verstreuen.

Kaum hielt der Hirte das wunderbare Geschenk in der Hand, als ein gewaltiger Donnerschlag erklang. Die Göttin und ihre Helferinnen, der Saal und alle Pracht waren verschwunden. Der Hirte stand wieder vor der mächtigen Eiswand und rieb sich die Augen, doch das Tor zum Palast der Göttin war verschwunden. Als hätte er geträumt, schaute er nun auf seine Hand. Doch das Geschenk war noch da und im Säckchen glänzten die Samen wie goldene Körnchen.

Er stieg die Felsen hinab und als er endlich zur Weide kam, wo er seine Schafe gelassen hatte, fand er kein einziges Tier mehr. Er suchte lange Zeit vergeblich und machte sich schliesslich auf den Heimweg. Zu Hause angekommen, fand er seine Frau in Tränen, denn er war nicht einen Tag, sondern ein ganzes Jahr fort gewesen.

Am nächsten Tag aber gingen sie hinter das Haus, um die Erde umzugraben. Gemeinsam streuten sie die Gabe der Göttin über der Erde aus. Und siehe da: Die Monde vergingen und nach und nach streckten sich die kleinen Sämlinge, wurden stark und gross und bald blühten Tausende von blauen Blumen.

Der Hirte behütete die Pflanzen sorgsam, und als die Samenknospen reiften, erschien die Göttin in der Hütte des Hirten und lehrte sie den Nutzen des Leins. Sie zeigte ihnen auch das Spinnen und Weben und nicht lange darauf konnten sich der Hirte, seine Frau und die Kinder in wunderbares weisses Linnen kleiden. Die Frau des Hirten gab das Wissen weiter, und so kam der Flachs als eine göttliche Gabe zu den Menschen.

Die Göttin Holle aber wacht darüber, dass ihr Geschenk geachtet und geehrt wird. In der Nacht besucht sie die Webstuben, und wo faule Mädchen gesponnen haben, verwirrt sie den Rocken, wo aber fleissig das Rädchen gedreht wurde, da spinnt sie selbst eine Spule voll und der Faden glänzt wie reines Gold.

Märchen aus Österreich

Die Jungfrau Chrysantheme

Hoch in den Himmel ragte der Berg Wutai Shan empor. Tief unten auf dem Boden duckte sich am Fuss dieses Berges eine kleine Hütte. Vor der Hütte sass oft der Knabe Djin Shan Liang. Gern sah er zu, wie der Berg in der Abenddämmerung versank, wie er im rosaroten Morgen erwachte. Djin Shan Liang wusste, dass es ein wilder, zerklüfteter Berg war, und dass auf ihm die seltensten Kräuter und Blumen wuchsen. Er war stolz auf den Berg. Er hatte das Gefühl, als verstünde und beschütze er ihn, und er kam sich nicht so verlassen vor. Djin Shan Liang lebte schon lange allein. Sein Vater und seine Mutter waren gestorben, und er musste sich durchbringen, wie es eben ging. Leicht war das nicht.

In der Nähe stand ein grosses Kloster, in dem lebten viele reiche Mönche, und wie das so zu sein pflegt, wer Geld hat, hat auch Macht. Die Mönche betrogen und drangsalierten die Bewohner der umliegenden Dörfer, wie sie nur konnten. Den Leuten gelang es nur schwer, ihren kärglichen Lebensunterhalt zu bestreiten. Wer hätte sich da auch noch um ein fremdes Waisenkind kümmern können! Djin Shan Liang wusste längst nicht mehr, wie Töpfe aussehen, aus denen der Dampf warmer Speisen steigt, sein Gewand fiel ihm vom Leibe, in die Hütte drangen Wasser und die kalten Winde ein. Doch er jammerte nicht. Er war bescheiden und tapfer, er hatte ein gutes Herz und liebte das Leben. Ab und zu erwies er jemandem einen Dienst, er half bei der Arbeit, und der Lohn dafür reichte gerade aus, dass er nicht verhungern musste.

Eines Tages sass Djin Shan Liang wieder vor der Hütte und blickte zum Berg hinüber.

Plötzlich fiel ihm ein, dass er ein Körbchen voll jener seltenen Kräuter sammeln könnte, von denen die Leute hier unten immer wieder sprachen. Er beschloss, sich unverzüglich auf den Weg zu machen.

Als er aufbrach, war der Himmel mit schweren Wolken verhangen. Der Knabe stieg lange einen steilen Hang hinan, als plötzlich ein Wind aufkam, und gleich darauf ging ein heftiger Regenguss nieder. Djin Shan Liang versteckte sich unter einem grossen Stein. Dort konnte ihm der Regen nichts anhaben, doch der beissende Wind setzte ihm arg zu. Er kauerte sich zusammen, zog das Gewand eng um den Körper, aber was nützte das, da es doch so dünn war und nur noch aus Löchern bestand. Er war vor Kälte schon ganz starr, und der Regen hörte und hörte nicht auf.

Djin Shan Liang war es schwer ums Herz. «Den Vater habe ich verloren, als ich acht Jahre alt war», sagte er sich, «und als die Mutter starb, war ich neun. Ob mir noch je ein Mensch einen Topf warmer Suppe kochen wird, ob mir noch einmal im Leben jemand eine warme Hose näht?»

Da summte etwas bei seinem Ohr, und ein Bienchen liess sich vor ihm auf dem Boden nieder. Es funkelte. Auf seinen Flügeln zitterten noch die Wassertropfen. Djin Shan Liang rührte sich nicht, um es nicht zu verscheuchen. «Ach, Biene», sagte er sich, «du bist gar nicht besser dran als ich. Ich habe Hunger, du wieder hast kein Gewand. Ich zittere vor Kälte, und auf deine zarten Flügelchen prasseln die Regentropfen nieder.»

Er zog langsam die Hand hervor, die er in den Ärmel gesteckt hatte, und streckte den vor Kälte klammen Finger aus, damit die Biene auf den Finger klettern konnte. «Armes kleines Tierchen», dachte er sich, «auch ein grosser Mensch hätte seine liebe Not, um dieses Wetter zu ertragen, geschweige denn ein so winziges Geschöpf wie du!»

Und er war froh, weil er nicht mehr allein war. Die Biene kletterte langsam über seinen Finger, und ihr winziger Leib wärmte wie ein kleiner Ofen. Sie stieg auf seinen Handteller, und dort liess sie sich nieder. Djin Shan Liangs Körper wurde von einer wohligen Wärme durchströmt.

Und da hörte er draussen eine helle Mädchenstimme rufen: «Djin Shan Liang, Djin Shan Liang, der Biene Leib strahlt Wärme aus, die Chrysanthemen duften, komm heraus, dann siehst du die Jungfrau Chrysantheme!»

Der Bursche kroch hinaus und blickte sich um. Er sah niemanden. Noch immer regnete es, und der Wind pfiff. In der Luft lag ein berauschender Duft. «Ich muss wohl geträumt haben», sagte er sich und wollte unter den Stein zurückkehren, als die Biene, die er noch immer schützend in der Hand hielt, summend davonflog. Djin Shan Liang war betrübt. Er kam sich ganz verlassen vor. Er blickte der Biene nach und sah, dass sie in die Höhe flog und sich auf einer Chrysanthemenblüte niederliess, die ganz oben auf dem Gipfel des Berges stand.

Trotz Regen und Wind folgte er ihr. Als er oben war, sah er, dass die Blüte der Chrysantheme grösser als eine Pfingstrose war und weisser als frisch gefallener Schnee. Die Luft war voller Duft. Die Biene summte und verschwand im Inneren der Blume. Und da wurde die Blüte in einen goldenen Schein getaucht. Djin Shan Liang stand wie verzaubert da. Es schien ihm, als lächelte ihm die Chrysantheme zu. Und plötzlich war ihm, als ob er sie nicht hier zurücklassen und allein nach Hause gehen durfte.

«Ich nehme sie mit», beschloss er und berührte den Stängel mit der Hand. Da erstrahlte die Blume hell, und aus dem Inneren ertönte wieder jene Mädchenstimme: «Wenn du meine Blüte pflückst, ist es, als rissest du mir den Kopf ab, wenn du mir ein Blatt abbrichst, ist es, als hättest du mir den Arm oder das Bein gebrochen. Menschenkind, ich bin die Jungfrau Chrysantheme!»

«Jungfrau Chrysantheme!», rief Djin Shan Liang. «Jungfrau Chrysantheme, Jungfrau Chrysantheme!»

Und die Blüte schwankte hin und her, als verstünde sie ihn. Siebenmal rief Djin Shan Liang ihren Namen, und da ertönte hinter ihm eine griesgrämige Stimme: «Was schreist du da, du Lausebengel? Was für eine Jungfrau Chrysantheme rufst du?»

Der Junge erschrak und fuhr herum. Ein dicker Mönch mit langen Ohren kam langsam auf ihn zu.

«Ich habe keine Jungfrau Chrysantheme gerufen», sagte Djin Shan Liang, er wusste selbst nicht, warum. «Ich habe nur gesagt, wie herrlich diese Chrysantheme duftet.»

Der Mönch sah ihn misstrauisch an. «Hier in der Umgebung des Klosters leben die Seelen der Chrysanthemen», sprach er. Djin Shan Liang antwortete nicht. Er machte kehrt und schlug den Heimweg ein. Seine Augen füllten sich mit Tränen.

Als er nach Hause kam, war es schon dunkel. Djin Shan Liang hatte keine Lust, Feuer zu machen, und Hunger hatte er ebenfalls keinen. Nichts freute ihn. Durch das Loch im Dach rann das Wasser herein, durch die Ritzen in der Wand pfiff der Wind. Ihm aber war das alles gleichgültig. Er kletterte auf den niedrigen Ofen und wollte einschlafen. Doch fortwährend musste er an die Jungfrau Chrysantheme denken, und er hatte Angst, der dicke Mönch könnte ihr ein Leid angetan haben. Schliesslich stieg er lieber vom Ofen herunter und ging hinaus. Der schwarze Berggipfel schien in der Dunkelheit zum Greifen nahe zu sein. «Ich will die Jungfrau Chrysantheme rufen, vielleicht hört sie mich», ging es ihm durch den Sinn.

So laut er konnte, rief er dreimal in die Nacht: «Jungfrau Chrysantheme, Jungfrau Chrysantheme, Jungfrau Chrysantheme!»

Und der Berggipfel antwortete ihm dreimal. Kaum war der dritte Ruf verklungen, breitete sich vor den Fenstern ein silberheller Lichtschein aus, und darin stand ein schönes Mädchen. Das lange schwarze Haar fiel ihr auf die Schultern, ihr Kleid schien aus einem Wölkchen genäht, und in ihrem Haar funkelte ein Bienchen.

«Hier bin ich», sagte sie und lächelte. «Ich bin die Jungfrau Chrysantheme. Du tust mir leid, weil du weder Vater noch Mutter hast.»

«Du bist mir jetzt Vater und Mutter», rief Djin Shan Liang und zog sie mit sich in die Stube.

«Aber, aber», lachte die Jungfrau Chrysantheme, «wo sollte ich denn bleiben?»

«Natürlich hier bei mir», antwortete der Bursche.

Er betrachtete besorgt das Loch im Dach und fügte hinzu: «Du wirst auf dem Ofen schlafen, dort regnet es nicht hin.»

Das Mädchen lachte abermals, aber ihre Augen waren voller Mitgefühl. Djin Shan Liang schüttete rasch die Kräuter aus dem Korb auf den Boden und setzte sich auf sie.

«Hier werde ich schlafen», sagte er. «Geh und setz dich auf den Ofen, dort wirst du dich wohlfühlen.»

«Ich will ein Weilchen hier auf dem Boden neben dir warten, bis du eingeschlafen bist», sagte Jungfrau Chrysantheme und strich ihm über das Haar.

Dann blies sie in die Luft, und die Stube war plötzlich mit einem herrlichen Blumenduft erfüllt, und es war warm und gemütlich. Djin Shan Liang fielen die Augen zu, er wurde müder und müder und schlief ein.

Er erwachte erst nach dem dritten Hahnenschrei, schlug die Augen auf und sah, dass er auf dem Ofen lag. Er stutze. «Jungfrau Chrysantheme!», rief er.

Niemand antwortete. Djin Shan Liang blickte sich in der Stube um. Sie war sauber gefegt. Aus den Töpfen dampfte es, und Düfte entstiegen ihnen, dass einem das Wasser im Mund zusammenlief. Auf dem Tisch standen kleine Schüsseln mit Essstäbchen bereit. Und auch ein neues, wattiertes Gewand war da, eine warme Jacke und Schuhe. Djin Shan Liang wusste vor Freude nicht, was er beginnen sollte. Doch wohin war die Jungfrau Chrysantheme verschwunden? Der Junge ass hastig seine Mahlzeit, zog das neue Gewand und die neuen Schuhe an und eilte hinaus.

Während der Nacht war Schnee gefallen, und weit und breit glitzerte alles wie Silber.Djin Shan Liang hatte für nichts Augen als für den Berggipfel, der in der Morgensonne leuchtete wie ein Diamant. Mühevoll kletterte er den Berg hinauf und erstieg atemlos die höchste Felsspitze. Die Chrysantheme stand da, noch voller und schöner als gestern. Djin Shan Liang setzte sich neben sie. «Warum hast du mich allein zu Hause gelassen? Warum bist du vom kleinen Djin Shan Liang fortgegangen?»

Eine Träne nach der anderen rollte über seine Wange und fiel auf das Chrysanthemenblatt.

Auf der Blüte begannen plötzlich die Tautropfen zu zittern, und die bekannte Stimme sagte: «Kind, es liegt nicht in meiner Macht, tagsüber ein Mensch zu sein. Da müsstest du meine Wurzeln aus dem Boden ausgraben.»

Der Knabe bückte sich zur Blume nieder und sah, dass sie tatsächlich aus dem harten, glatten Fels wuchs. Im Stein war nicht die kleinste Ritze zu sehen.

«Wassertropfen können den Stein höhlen, weshalb sollten es nicht auch Tränen vermögen?

Ich will die Spitzhacke holen, und ich werde hacken und hacken und nicht aufhören, wenn ich auch noch so hungrig wäre und wenn meine Hände noch so schmerzten.»

Jungfrau Chrysantheme aber sagte: «Kind, so ginge das nicht. Unten im Kloster ist heute nur dieser dicke, hässliche Mönch. Alle anderen haben das Tal verlassen. Bald wird er herkommen. Sobald du ihn siehst, schrei, so laut du nur kannst: Jungfrau Chrysantheme, blühe und dufte! Und fürchte dich vor nichts, er mag tun, was er will, du musst schreien und schreien.»

Der Knabe nickte.

An diesem Tag langweilte sich der dicke Mönch im Kloster. Er hatte keine Lust, in den heiligen Büchern zu lesen, und er war zu faul, die Opferkerzen anzuzünden. Er erinnerte sich, dass der Abt in seiner Zelle einen Wunderstab hatte, und mit einem Male wollte er ihn sehen. Wie er so daran dachte, merkte er, dass er eigentlich bereits auf halbem Weg zur Zelle des Abtes war. Da er schon so weit war, sagte er sich, dass er bis zur Tür gehen wolle, und als er vor der Tür stand, traten seine Füsse sozusagen ganz von selbst ein. Der Stab fiel ihm sofort in die Augen. «Wie wäre es, wenn ich ihn mir für ein Weilchen ausliehe?», dachte er voller Habgier. Und schon lief er mit dem Stab in der Hand hinaus.

Zuerst hielt er ihn immer wieder gegen die Sonne und staunte, wie er blitzte und leuchtete.

Dann ging er mit dem Stab um das Kloster spazieren und kam sich sehr wichtig vor. Plötzlich hielt er inne. Ein schwerer, süsser Duft breitete sich überall aus. «Was mag so duften?», überlegte der Mönch. «Es ist weder eine Pfingstrose noch eine Dahlie. Das wird sicherlich die neue Chrysantheme sein, die auf der Spitze des Felsens wächst.»

Nach einer Weile liess ihm das keine Ruhe mehr, er nahm den Stab und stieg langsam den Berg hinauf, um die seltene Blume zu sehen.

Djin Shan Liang sah, dass der Mönch nahte, und er begann zu schreien: «Jungfrau Chrysantheme, blühe und dufte!»

Der Mönch wurde zornig. «Bist du denn wieder da, du Schreihals? Wer soll das anhören? Und was plapperst du da fortwährend?»

Djin Shan Liang hob die Stimme noch mehr und schrie, dass es in den Ohren dröhnte. Der Mönch geriet vor Zorn ausser sich. «Du hörst also nicht auf?», rief er und stiess mit aller Kraft gegen den Knaben, dass dieser vom Felsen fiel. Und der Felsen war zehn Ellen hoch, und um ihn herum lagen lauter spitze Steine!

Das wattierte Gewand trug den Knaben jedoch wie Flügel, und so landete er ohne die kleinste Schramme auf dem Boden am Fuss des Felsens.

Oben beugte sich der Mönch über die Chrysantheme, um ihren Duft aus der Nähe einzuatmen. Doch ihr betäubender Duft drang ihm in die Nase, es wurde ihm schwindelig und ehe er sich's versah, stürzte auch er vom Felsen. Dabei fiel ihm der Stab aus der Hand und rollte genau vor Djin Shan Liangs Füsse.

Von oben her ertönte eine Stimme. «Kind, schlage so heftig du kannst mit dem Stock auf den Stein!»

Der Knabe holte aus und schlug mit aller Kraft mit dem Stock gegen den Stein. Funken stieben, und aus ihnen flog ein goldener Drache heraus. Er schüttelte sich, warf den Kopf zurück, und der Knabe fiel schnell auf den Boden und schloss die Augen. Der Drache schlug mit dem Schwanz um sich und hob sich langsam in die Höhe. Da dröhnte es in den Felsen, und vom Berggipfel flog ein riesengrosser Felsbrocken ins Tal. Krachend barsten die Felsen, und Steinmassen hagelten zu Tale.

Erst nach einer langen Weile wagte Djin Shan Liang den Kopf zu heben. Der grosse Felsen war geborsten, der schmale Spalt reichte bis an seine Sohle. Und vor dem Knaben stand Jungfrau Chrysantheme, ihr leichtes Gewand in der Farbe des Eisvogels glitzerte, ihre schwarzen Augen lachten.

Sie nahm Djin Shan Liang an der Hand, und ehe er wusste, wie alles geschah, waren sie wieder in seiner Hütte. Das schöne Mädchen blieb nachdenklich stehen.

«Wohin immer du in deinem Leben gelangen willst, und sei es ins Paradies», sprach sie zum Knaben, «nie darfst du vergessen, in was für einer Hütte du geboren wurdest.»

«Ich werde es niemals vergessen, Jungfrau Chrysantheme», sagte der Knabe ernst, reichte ihr die Hand, und zusammen traten sie hinaus in den hellen Tag.

Sie wanderten viele Stunden und dann einen weiteren halben Tag und noch einen ganzen Tag, bis sie dorthin kamen, wo die Füchse einander gute Nacht sagen.

Am Ufer eines grünen Teiches blieben sie stehen. Die Lotosblüten waren schon längst verwelkt. Auf dem Wasserspiegel schwammen abgestorbene gelbe Blätter.

Djin Shan Liang verspürte unerträglichen Durst.

«Warte ein Weilchen, Jungfrau Chrysantheme», sagte er, «ich will aus dem Teich trinken.»

«Möchtest du nicht lieber eine Melone?», lächelte Jungfrau Chrysantheme. «Ich habe eine Schwester hier, die Lotosblüte. Ich rufe sie.»

Sie zog einen silbernen Ring vom Finger und warf ihn in den Teich. Auf dem Wasser bildete sich ein silberner Kreis, und in seiner Mitte wuchs eine rosa Lotosknospe empor. Die Biene, die im Haar der Jungfrau funkelte, summte und flog davon. Da verschwand der Kreis, das Wasser leuchtete feuerrot auf, und die Knospe brach auf.

Djin Shan Liang sah wie verzaubert zu. Mitten in der Blüte stand eine wunderschöne Jungfrau, in der Hand ein silbernes Tablett, und der Knabe spürte schon von Weitem den süssen Duft der Melone. Die Blüte schwamm langsam ans Ufer.

Djin Shan Liang hatte einen solchen Durst, dass man es gar nicht sagen kann. Er wartete atemlos, bis die Jungfrau herangeschwommen kam, und siehe, auf dem Tablett waren zwei Melonen, doch die eine war ganz klein und unreif. Jedermann weiss, dass so eine Melone bitter und schlecht ist und dass man sie gar nicht essen kann. Auch Djin Shan Liang wusste das, und dabei hatte er doch so grossen, quälenden Durst.

Er nahm die reife Melone in beide Hände und reichte sie der Jungfrau Chrysantheme. «Dies ist deine Melone. Du hast ebenfalls Durst, und du bist grösser als ich. Die kleine hier genügt mir. Ich kann sie nicht einmal aufessen.»

Im gleichen Augenblick fiel mit hellem Klang der Silberring zu Boden, die Lotosjungfrau verschwand, um Jungfrau Chrysanthemes Kopf summte die Biene und liess sich wieder in ihrem Haar nieder.

Die Jungfrau nahm den Ring, steckte ihn an ihren Finger und sagte: «Junge, du hast aber ein gutes Herz!»

Plötzlich war Djin Shan Liangs Melone gross und reif und so gut, dass noch kein Mensch je eine so gute Melone gegessen hat.

Sie gingen wieder weiter und gingen viele Stunden und viele Tage, bis Jungfrau Chrysantheme plötzlich stehenblieb.

«Der Weg ist noch weit, und wir werden Geld brauchen. Wir müssen uns das Reisegeld von der Steinjungfrau ausborgen.»

Djin Shan Liang blickte sich um. Weit und breit war nichts als die rauhe Hochebene und öde Berge. Nirgends war eine Behausung zu sehen.

«Nimm den Stock und berühre mit ihm leicht den Fels», sagte die Jungfrau Chrysantheme.

Der Knabe gehorchte.

Da barst der Stein, und eine kleine Spalte wurde sichtbar. Die Jungfrau Chrysantheme hob vom Boden dürres Laub auf, schwenkte es – und hielt eine Stange in der Hand. Sie schob die Stange in den Spalt, bewegte sie hin und her, und der Fels tat sich auf. Durch die schmale Öffnung traten sie ein. Ein weisser Weg lag vor ihnen und wurde immer breiter.

Plötzlich summte das Bienchen im Haar der Jungfrau und flog davon. Rotes Licht erstrahlte und beleuchtete ein Tor. Das öffnete sich, und in ihm stand ein schlankes Mädchen – die Steinjungfrau. Ihr weissblondes Haar fiel bis zum Boden. In der Hand hielt sie ein Nephritenkästchen.

Die Jungfrau Chrysantheme hob den Deckel ab, und Djin Shan Liang sah darin zwei Kupfermünzen liegen.

«Sicherlich hast du Hunger», sagte Jungfrau Chrysantheme. «Nimm diese Kupfermünzen, geh auf den Markt und kaufe etwas zum Essen.»

«Auf den Markt?», wunderte sich der Knabe.

«Er ist nicht weit von hier», sagte die Jungfrau Chrysantheme. «Geh nur, du wirst schon sehen.»

Djin Shan Liang nahm die beiden Kupfermünzen und ging. Und wirklich! Er hatte noch keine hundert Schritte zurückgelegt, da stiess er auf eine grosse Menschenmenge. Alle drängten sich um die Stände, und überall herrschte reges Treiben und Lärm.

Der Knabe fand bald eine Bude, wo ein Kaufmann Fladen verkaufte. Er drängte sich vor und verlangte zwei Fladen. Der Kaufmann nahm die beiden Kupfermünzen und sagte: «Das Geld reicht doch nur für einen!»

Und dann gab er ihm einen herrlichen goldgelb gebackenen Fladen.

Djin Shan Liang roch an ihm, und das Wasser lief ihm im Munde zusammen. Doch den Fladen wollte er mit der Jungfrau Chrysantheme teilen, und so trug er ihn vorsichtig in beiden Händen vor sich her und wandte den Kopf bald nach rechts und bald nach links, um den Fladen nicht immer vor Augen zu haben und nicht seinen Duft zu riechen. Und der Fladen duftete und lockte. Es war wie verhext, der Weg wollte kein Ende nehmen, und das rote Tor war nirgends zu sehen.

Plötzlich tauchte wie aus dem Erdboden ein altes Weib am Wegesrand auf. Es war so klein und gebeugt, dass es nicht viel grösser war als Djin Shan Liang. Das Mütterlein hob den Kopf, und Djin Shan Liang sah, dass die Alte den Fladen anstarrte.

«Ach, der duftet aber, der duftet aber! Seit heute früh habe ich nichts gegessen, Junge, seit heute früh! Vor Schwäche werde ich wohl gar nicht mehr nach Hause kommen.»

«Hier, esst ihn auf, Mütterlein», sagte Djin Shan Liang rasch und reichte ihr seinen einzigen, herrlichen Fladen.

In diesem Augenblick verschwand die Greisin, neben dem Knaben stand wieder die Jungfrau Chrysantheme, und sie waren an der Stelle, an der sie vorher den Felsen betreten hatten.

«Du hast tatsächlich ein gutes Herz, Kind, ich muss etwas tun, damit du mir nicht verhungerst», lachte Jungfrau Chrysantheme und warf den silbernen Ring auf die Erde.

Und da stand ein silbernes Tablett auf dem Boden und darauf eine Menge herrlicher goldgelber Fladen.

Diesmal ass sich Djin Shan Liang satt, dass es eine Art hatte, dann verwandelte sich das Tablett wieder in den silbernen Ring, die Jungfrau Chrysantheme steckte ihn an den Finger, und beide machten sich wieder auf die Wanderung.

Sie gingen lange, sehr lange. Geld hatten sie im Kästchen, und so viel sie auch herausnahmen, ständig lagen zwei Kupfermünzen darin. So vergingen einige Tage, da kamen die beiden an das Ufer eines grossen Meeres.

Vom Meeresboden wuchs ein riesengrosser Fels empor, so hoch, dass die Hälfte in den Wolken verschwand, so steil, dass sich kein Mensch an ihn klammern konnte, so glatt, dass kein Fuss daran Halt zu finden vermochte. Djin Shan Liang sah, dass eine Weinranke den Felsen emporkletterte.

«Nun, Junge, nimm all deinen Mut zusammen und folge mir», sagte die Jungfrau Chrysantheme, und im Nu kletterte sie an der Rebe hoch, hoch empor. Ehe sich der Junge richtig fassen konnte, hatten sie die Wolken verschlungen.

Was nun? Jeder, der sich diesen Berg vorzustellen vermag, weiss auch, was für Ängste Djin Shan Liang ausstand. Doch ihr kennt das Sprichwort: Wo ein tiefes Wasser ist, dort findet sich auch ein Boot, und wo ein Berg ist, dort findet sich auch ein Pfad.

Djin Shan Liang lief um den Berg herum, um einen Weg zu finden, doch schliesslich kehrte er an die Stelle zurück, von wo er aufgebrochen war. Nirgends führte ein Weg hinauf. Auf der einen Seite schlossen sich an den Felsen weitere und weitere

Bergrücken an, auf der anderen aber rauschte das Meer, und die Wellen schlugen gegen die steile Wand.

Djin Shan Liang blickte sorgenvoll in die Höhe. Die Ranke des Weinstockes war schwach und schwankte im Wind hin und her.

«Wenn die Jungfrau Chrysantheme hier hinaufklettern konnte», ging es ihm durch den Sinn, «weshalb sollte ich es nicht ebenfalls tun?»

Er ergriff die Ranke und begann tapfer zu klettern. Er wagte es nicht, in die Höhe oder in die Tiefe zu blicken, er blickte immer geradeaus auf den Felsen und dachte an die Jungfrau Chrysantheme.

Er kletterte eine Stunde, einen halben Tag, einen ganzen Tag, und der Weg nahm kein Ende. Er bekam Durst, und kaum war er sich dessen bewusst geworden, tauchte eine herrliche Weintraube vor ihm auf. Djin Shan Liang labte sich und kletterte weiter. So kletterte er noch den ganzen folgenden Tag, und plötzlich war der Gipfel des Berges erreicht.

Ach, war es hier schön! Hier pfiff kein kalter Wind, hier brannte auch keine heisse Sonne. Die schönsten Blumen wuchsen überall, Dahlien, weisse Pfingstrosen und viele andere, die Djin Shan Liang noch nie gesehen hatte. Der Knabe blickte sich um. Die Blumen schwankten im leichten Wind hin und her, doch die Jungfrau Chrysantheme war nicht zu sehen. Angst befiel ihn. Sie ist mir böse, weil ich mich gefürchtet habe, an der Weinranke emporzuklettern.

«Jungfrau Chrysantheme, ich bitte dich, sei mir nicht böse! Lass mich nicht allein, Jungfrau Chrysantheme, ich habe niemanden als dich!»

Da bewegte ein Windhauch leicht die Blumen, und plötzlich stand wieder Jungfrau Chrysantheme vor ihm. Sie lehnte an einem Granatapfelbaum, und dem Knaben fiel auf, dass sie aussah, als wäre sie krank.

Ihr Antlitz war ein wenig verdüstert, als sie sprach: «Ich bin dir nicht böse, Junge, doch ich fühle mich nicht wohl.»

«Was fehlt dir, Jungfrau Chrysantheme?», flüsterte Djin Shan Liang, und eine grosse Angst befiel ihn. «Wie könnte ich dir helfen? Ich tue alles, was du verlangst.»

«Ich muss einen Pfirsich essen, um gesund zu werden», sagte sie.

«Ich will ihn dir bringen», rief der Knabe und eilte davon, um einen Pfirsich zu holen. Das war nicht so einfach. Zwar sah er rundherum die verschiedenartigsten Bäume, doch einen Pfirsichbaum konnte er nirgends finden.

Bis er dann endlich doch einen fand. Ganz am Rand des Felsens, dort, wo die Wand senkrecht zum Meer abfiel, wuchs ein Pfirsichbaum. Auf dem ganzen Baum hing nur eine einzige Frucht.

Djin Shan Liang trat an den Rand des Felsens. Tief unter ihm brandeten wild die Wellen gegen das Ufer und zerbarsten tosend am Fuss des Felsens.

Djin Shan Liang blickte abermals zum Baum empor. Der Ast, an dem der Pfirsich hing, war schwach, er würde keinen Menschen tragen können. Erst ganz am Ende, direkt über der Tiefe, hing der Pfirsich, und dieser Pfirsich allein konnte die Jungfrau Chrysantheme heilen.

Djin Shan Liang zögerte keinen Augenblick, sondern ging sofort daran, den Baum zu erklettern. Fast konnte er schon den Pfirsich berühren, als der schwache Ast brach und mit ihm in die Tiefe stürzte. Da kam vom Meer her ein frischer Windstoss, die Blätter raschelten, und der Ast schwebte gleich einer Barke mit grünen Segeln sanft in die Tiefe.

Der Knabe sprang auf und suchte den Pfirsich, doch der war verschwunden. Djin Shan Liang selbst aber fühlte im Mund einen so süssen Geschmack, als hätte er gerade etwas Gutes gegessen. Und jäh wuchs und wuchs er, bis aus ihm ein Jüngling geworden war, acht Fuss hoch, gross und breitschultrig.

Er kehrte zu der Jungfrau Chrysantheme zurück.

«Den Pfirsich bringe ich dir nicht, Jungfrau Chrysantheme», sagte er traurig.

«Ich brauche keinen Pfirsich», lächelte Jungfrau Chrysantheme, «ich war ja gar nicht krank. Ich wollte nur, dass aus dir ein erwachsener Mensch wird und dass dir niemals mehr jemand ein Leid zufügen kann.»

Noch einmal sah sie den Jüngling freundlich an, faltete die Hände, und plötzlich verwandelte sie sich in eine Chrysanthemenblüte, wohl noch schöner und duftender als früher.

«Jungfrau Chrysantheme, Jungfrau Chrysantheme», rief Djin Shan Liang verzweifelt, «die Melone kann nicht ohne Stiel sein, das Kind kann nicht ohne Mutter sein, und ich kann nicht ohne dich sein; kehre zurück, Jungfrau Chrysantheme!»

Die Blüte schwieg. Und obwohl der Jüngling immer wieder rief, die Blätter rührten sich nicht, die Blüte blieb regungslos.

Schliesslich begriff Djin Shan Liang.

«Du wolltest wissen, ob ich ein gutes Herz habe und mich vor nichts fürchte, dann erst hast du einen erwachsenen Menschen aus mir gemacht. Ach, Jungfrau Chrysantheme, vielleicht willst du, dass ich jetzt auch auf dich verzichte und allen Menschen nützlich bin.»

Und in diesem Augenblick flog aus der Blüte die Biene heraus, summte und flog weit, weit ins Tal hinab. Und hinter ihr zog sich funkelnd gleich einem leuchtend hellen Streifen ein Weg.

Djin Shan Liang senkte den Kopf. Das Herz tat ihm unerträglich weh. Doch er schlug den hellen Weg ein, er ging, bis ihn die Beine in seine heimatliche Hütte am Fusse des Berges Wutai Shan geleitet hatten.

Dort liess er sich wieder nieder. Da er stark war, fürchtete er sich vor niemandem, und da er gut und gerecht war, nahm er sich der Unterdrückten im ganzen Land an. Die Mönche wagten es nicht mehr, den Leuten Unrecht zuzufügen. Von Berg zu Berg flog der Name Djin Shan Liang und weckte neue Hoffnung in den Herzen der Menschen.

Das ganze Leben lang half er den kleinen Leuten und erreichte ein hohes Alter. Doch nie, nie konnte Djin Shan Liang die Jungfrau Chrysantheme vergessen.

Märchen aus China

Die Mohnblumen

Es war einmal eine alte Frau, die hatte eine Tochter, die schickte sie aus, Kräuter zu sammeln. Eines Tages im Mai, als die Felder voller Blumen waren und die Bäume ausschlugen, kam das Mädchen auf ein Feld, und statt Kräuter zu sammeln, pflückte sie Mohnblumen. Sie hatte auch eine Nähnadel bei sich und nähte sie auf ihren Rock. Als sie sich so von oben bis unten geschmückt hatte, kamen drei Schicksalsfrauen vorbei und lachten, als sie sie sahen; auch die jüngste lachte, die noch nie gelacht hatte. Da sagten die Frauen zu ihr: «Was sollen wir dir Gutes wünschen dafür, dass du unsere Schwester zum Lachen gebracht hast?»

«Die Blumen, die du trägst, sollen Brillanten und Diamanten werden», sagte die erste.

Die zweite sagte: «Du sollst die Schöne der Welt werden, und wenn du sprichst, sollen Rosen und Blumen aus deinem Munde fallen.»

Und die dritte, die jüngste, sagte zu ihr: «Du, die mich zum Lachen gebracht hat! Jetzt, zu dieser Stunde wird der König vorbeikommen und wird dich zur Frau nehmen. Er wird überwältigt sein, wenn er dich sieht.»

Ihr Aussehen verwandelte sich. Schliesslich kam noch in derselben Stunde der König vorbei, und wie er sie sah, waren seine Augen geblendet, und er stand fassungslos vor ihrer Schönheit, und sagte zu ihr: «Bist du ein Mensch oder ein Luftgebilde?»

Sie sagte: «Ein Mensch.» Da sagte er zu ihr: «Komm näher heran», und er nahm sie und setzte sie auf sein Pferd und brachte sie seiner Mutter.

Als seine Mutter sie sah, sagte sie zu ihm: «Ach, mein liebes Kind, was ist das? Nein, so etwas! Ein Luftgebilde ist's.» «Nein, liebe Mutter», sagte er, «es ist eine Frau, mach dir keine Sorgen.»

Um es kurz zu machen: Er nahm sie zur Frau. Sie führten ein schönes Leben. Eines Tages, als sie in ihrem Zimmer waren und sie ihn kämmte, lachte sie. Der König fragte sie: «Warum lachst du?»

«Ach», antwortete sie, «lieber Schatz, was soll ich dir sagen! Ich lache, weil mir dein Bart vorkam wie der Besen in unserm Schloss.»

«Ah, bei Gott», sagte sofort der König, «mit so etwas vergleichst du mich?» Er rief den Zwölferrat zusammen, damit sie ein Urteil fällten, und die sagten zu ihm, er solle sie töten.

Da erfuhren die Schicksalsfrauen, die ihr ihr Schicksal zugeteilt hatten, was ihr zugestossen war. «Da siehst du», sagten sie, «was der Törin geschehen ist!»

Und sie rüsteten drei Fregatten aus, verwandelten sich in drei schöne junge Männer, kamen in jene Gegend und fingen an, mit Kanonen zu schiessen.

«Es sind drei königliche Schiffe angekommen!»

Die Leute liefen herbei, um die Schiffe zu sehen, und der König zog sein Festgewand an und machte sich auf, die Fremden zu empfangen. Die sagten zu ihm: «Wir haben erfahren, dass Ihr unsere Schwester, die wir verloren haben, zur Frau habt.»

«Jawohl», sagte der König und war ganz erschrocken.

Er nahm die jungen Männer mit sich ins Schloss, man bereitete das Essen, sie speisten und sagten: «Wir möchten unsere Schwester gern sehen.»

Also gingen sie ins Zimmer der Königin und sagten zu ihr: «Aber du, was ist dir in den Sinn gekommen, dass du so etwas zu ihm sagst? Ist es nicht genug, dass wir dich zur Königin gemacht haben, musstest du dir auch noch solche Frechheit dem König gegenüber herausnehmen? Er ist entschlossen, dich zu töten. Aber da wir die Schicksalsfrauen sind, die dir dein Schicksal zugeteilt haben, weil du unsere Schwester zum Lachen gebracht hast, nimm diesen kleinen Besen, der ganz aus Diamanten und Brillanten besteht, und häng ihn hinter die Tür. Wenn der König einmal hereinkommt und fragt, was dies ist, dann musst du ihm sagen: ‹Mein König, das ist das, wovon ich sprach, denn solche haben wir in unserem Schloss.› Das sagst du, damit es so aussieht, als ob du sehr reich wärst. Und ein anderes Mal sei vorsichtig; denn, du Unglückliche, weil du unsere Schwester zum Lachen gebracht hast, deswegen erweisen wir dir diese Gunst, der König hatte nämlich die Absicht, dich enthaupten zu lassen.»

Nun nahmen sie Abschied von ihr, der König verabschiedete sich auch von ihnen, und sie stiegen in ihre Schiffe und fuhren davon.

Der König kehrte in sein Schloss zurück und ging ins Zimmer der Königin. Wie er die Tür schliessen wollte, sah er ein Ding aus lauter Gold, den hübschen, kleinen Besen, der an der Tür hing und ihm in die Augen funkelte. Er sagte: «Was ist das für ein Ding?»

«Das ist das, wovon ich dir sagte, dass dein Bart ihm ähnlich sieht.»

Als er das hörte, dachte er: «Ah! Ungerechterweise wollte ich sie töten, die Arme. Sie hat das nicht getan, um mich herabzusetzen, sondern sie sagte es, um mich zu ehren, und ich fasste es anders auf.»

Und er versöhnte sich mit seiner Frau, und sie lebten gut und wir noch besser. Weder ich war dabei noch du, so brauchst du es nicht zu glauben.

Märchen aus Griechenland

Dornröschen

Vor Zeiten war ein König und eine Königin, die sprachen jeden Tag: «Ach, wenn wir doch ein Kind hätten!», und kriegten immer keins. Da trug sich zu, als die Königin einmal im Bade sass, dass ein Krebs aus dem Wasser ans Land kroch und zu ihr sprach: «Dein Wunsch wird erfüllt und du wirst eine Tochter zur Welt bringen.» Was der Krebs vorausgesagt hatte, das geschah, und die Königin gebar ein so schönes Mädchen, dass der König vor Freuden sich nicht zu lassen wusste und ein grosses Fest anstellte. Er lud nicht bloss seine Verwandten, Freunde und Bekannten, sondern auch die weisen Frauen dazu ein, damit sie dem Kind hold und gewogen würden.

Es waren ihrer dreizehn in seinem Reich, weil er aber nur zwölf goldene Teller hatte, von welchen sie essen sollten, konnte er eine nicht einladen. Die geladen waren, kamen und nachdem das Fest gehalten war, beschenkten sie das Kind mit ihren Wundergaben; die eine mit Tugend, die andere mit Schönheit, die dritte mit Reichtum und so mit allem, was Herrliches auf der Welt ist. Als elf ihre Wünsche eben getan hatten, kam die dreizehnte herein, die nicht eingeladen war und sich dafür rächen wollte. Sie rief: «Die Königstochter soll sich in ihrem fünfzehnten Jahr an einer Spindel stechen und tot hinfallen.»

Da trat die zwölfte hervor, die noch einen Wunsch übrig hatte; zwar konnte sie den bösen Ausspruch nicht aufheben, aber sie konnte ihn doch mildern und sprach: «Es soll aber kein Tod sein, sondern ein hundertjähriger tiefer Schlaf, in den die Königstochter fällt.»

Der König hoffte sein liebes Kind noch vor dem Ausspruch zu bewahren und liess den Befehl ausgehen, dass alle Spindeln im ganzen Königreich sollten abgeschafft werden. An dem Mädchen aber wurden alle die Gaben der weisen Frauen erfüllt, denn es war so schön, sittsam, freundlich und verständig, dass es jedermann, der es ansah, liebhaben musste. Es geschah, dass an dem Tage, wo es gerade fünfzehn Jahr alt ward, der König und die Königin nicht zu Haus waren und das Fräulein ganz allein im Schloss zurückblieb.

Da ging es aller Orten herum, besah Stuben und Kammern, wie es Lust hatte, und kam endlich auch an einen alten Turm. Es stieg eine enge Treppe hinauf und gelangte zu einer kleinen Türe. In dem Schloss steckte ein gelber Schlüssel und als es ihn umdrehte, sprang die Türe auf und da sass in einem kleinen Stübchen eine alte Frau und spann emsig ihren Flachs. «Ei, du altes Mütterchen», sprach die Königstochter, «was machst du da?»

«Ich spinne», sagte die Alte und nickte mit dem Kopf.

«Wie das Ding herumspringt!», sprach das Fräulein und nahm die Spindel und wollte auch spinnen. Kaum hatte sie die Spindel angerührt, so ging die Verwünschung des Zauberweibes in Erfüllung und sie stach sich damit.

In dem Augenblick aber, wo sie sich gestochen hatte, fiel sie auch nieder in einen tiefen Schlaf. Und der König und die Königin, die eben zurückgekommen waren, fingen an mit dem ganzen Hofstaat einzuschlafen. Da schliefen auch die Pferde im Stall ein, die Hunde im Hof, die Tauben auf dem Dach, die Fliegen an der Wand, ja, das Feuer, das auf dem Herde flackerte, ward still und schlief ein und der Braten hörte auf zu brutzeln und der Koch, der den Küchenjungen, weil er etwas versehen hatte, in den Haaren ziehen wollte, liess ihn los und schlief und alles, was lebendigen Odem hat, ward still und schlief.

Um das Schloss aber begann eine Dornenhecke zu wachsen, die jedes Jahr höher ward und endlich das ganze Schloss so umzog und drüber hinaus wuchs, dass gar nichts mehr, selbst nicht die Fahnen auf den Dächern, zu sehen war. Es ging aber die Sage in dem Land von dem schönen, schlafenden Dornröschen, denn so wurde die Königstochter genannt, also dass von Zeit zu Zeit Königssöhne kamen und durch die Hecke in das Schloss dringen wollten. Es war ihnen aber nicht möglich, denn die Dornen hielten sich gleichsam wie an Händen zusammen und sie blieben darin hängen und starben jämmerlich.

Nach langen, langen Jahren kam wieder ein Königssohn durch das Land, dem erzählte ein alter Mann von der Dornenhecke, es solle ein Schloss dahinter stehen, in welchem ein wunderschönes Königsfräulein, Dornröschen genannt, schlafe mit dem ganzen Hofstaat. Er erzählte auch, dass er von seinem Grossvater gehört habe, wie viele Königssöhne gekommen wären, um durch die Dornenhecke zu dringen, aber darin hängengeblieben und eines traurigen Todes gestorben seien. Da sprach der Jüngling: «Das soll mich nicht abschrecken, ich will hindurch und das schöne Dornröschen sehen.»

Der Alte wollte ihm abraten, wie er wollte, er hörte gar nicht darauf. Nun waren aber gerade an dem Tag, wo der Königssohn kam, die hundert Jahre verflossen. Und als er sich der Dornenhecke näherte, waren es lauter grosse, schöne Blumen, die taten sich von selbst auseinander, dass er unbeschädigt hindurch ging; hinter ihm aber taten sie sich wieder als eine Hecke zusammen.

Er kam ins Schloss, da lagen im Hof die Pferde und scheckigen Jagdhunde und schliefen, auf dem Dache sassen die Tauben und hatten das Köpfchen unter den Flügel gesteckt. Und als er ins Haus kam, schliefen die Fliegen an der Wand, der Koch in der Küche hielt noch die Hand, als wollte er den Jungen anpacken und die Magd sass vor dem schwarzen Huhn, das sollte gerupft werden. Da ging er weiter und sah den ganzen Hofstaat da liegen und schlafen und oben drüber den König und die Königin. Da ging er noch weiter und alles war so still, dass einer seinen Atem hören konnte, und endlich kam er zu dem Turm und öffnete die Türe zu der kleinen Stube, in welcher Dornröschen schlief. Da lag es und war so schön, dass er die Augen nicht abwenden konnte, und er bückte sich und gab ihm einen Kuss. Wie er ihm den Kuss gegeben, schlug Dornröschen die Augen auf, erwachte und sah ihn freundlich an. Da gingen sie zusammen herab und der König erwachte und die Königin und der ganze Hofstaat und sahen einander mit grossen Augen an. Und die Pferde im Hof standen auf und rüttelten sich, die Jagdhunde sprangen und wedelten; die Tauben auf dem Dach zogen das Köpfchen unterm Flügel hervor, sahen umher und flogen ins Feld; die Fliegen an den Wänden krochen weiter; das Feuer in der Küche erhob sich, flackerte und kochte das Essen und der Braten brutzelte fort; der Koch gab dem Jungen eine Ohrfeige, dass er schrie, und die Magd rupfte das Huhn fertig. Und da wurde die Hochzeit des Königssohns mit dem Dornröschen in aller Pracht gefeiert und sie lebten vergnügt bis an ihr Ende.

Märchen der Brüder Grimm

Die Fee der vier Jahreszeiten

Es lebte einmal ein reicher Kaufmann, der hatte nur einen einzigen Sohn. Als dieser zu einem jungen Mann herangewachsen war, sah er im Traum einmal ein Mädchen – schöner als alle Blumen dieser Welt, und Tag und Nacht musste er daran denken. Der Vater führte dem Sohn verschiedene Mädchen vor, damit er sich eine zur Braut wähle, doch dem jungen Mann mochte keine gefallen, immerzu musste er an die Schöne aus seinem Traum denken.

Dem Vater kam dies seltsam vor und er fragte: «Sag, mein Sohn, hast du dein Herz vielleicht schon verschenkt, dass du keines der Mädchen, die ich dir gezeigt habe, zur Braut wählen willst?»

Da sagte der Sohn: «Ja, Vater, ich habe im Traum ein Mädchen gesehen, das ist schöner als alle Blumen der Welt, ich kann es gar nicht beschreiben.»

«Im Traum? Ach im Traum!», sagte der Vater. «Willst du dich etwa mit einem Traum vermählen?»

«Nein, Vater», sagte der Sohn darauf, «ich weiss, dass es dieses Mädchen wirklich gibt. Ich werde ausziehen, um es zu suchen.»

Der Vater sah ein, dass er seinen Sohn nicht von seinem Vorhaben abbringen konnte, gab nach und sagte: «Gut, so gehe denn und suche deinen Traum. Doch bevor du das Mädchen zur Braut wählst, bringe es erst heim.»

Da sattelte der Bursche sein Pferd und ritt von daheim weg. Wohin er auch kam, er suchte und fragte nach seiner Schönen, indem er ihr weisses Gesicht und ihr leuchtendes Haar und ihr angenehmes Wesen beschrieb. Aber niemand konnte ihm sagen, wo er das Mädchen finden könnte.

Es war schon Herbst, als der Bursche über einen Berg ritt und oben auf dem Berg zu einem kleinen Häuschen kam, davor sass ein zierliches altes Weiblein, gebeugt und verrunzelt.

Der junge Mann hielt an, stieg von seinem Pferd, grüsste die Alte und fragte auch sie nach seiner Schönen. Da sagte die Alte: «Was gibst du mir, wenn ich dir verrate, wo du die junge Frau, von der du geträumt hast, finden wirst?»

Der Bursche sagte: «Ich gebe dir gern alles, was ich bei mir habe und noch mehr, wenn du mir wirklich hilfst.»

«Gut», sagte das alte Weiblein, «ich will nur den goldenen Ring, den du da an der Hand trägst.»

Nun war zwar der Ring das Wertvollste, was der Bursche besass, aber er gab ihn doch der Alten. Die Alte steckte den Ring an ihre Hand und sagte: «Komm zeitig im Frühjahr wieder, dann wirst du deine Braut hier finden.»

Der Bursche ritt heim zu seinem Vater und erzählte ihm alles, was ihm geschehen war. Der Vater schüttelte den Kopf und meinte: «Die Alte hat dich wohl angeschwindelt.»

«Aber nein, Vater», meinte da der junge Mann, «sonst hätte sie viel mehr von mir verlangt als den goldenen Ring.»

Viel zu langsam verging der Winter und zeitig im Frühjahr sattelte der Bursche abermals sein Pferd und ritt auf jenen Berg, wo er die alte Frau getroffen hatte. Als er der Hütte der Alten nahe war, erkannte er, dass dort das Mädchen sass, von dem er geträumt hatte. Sie war hübsch und hell wie eine frisch aufgeblühte Blume und er fragte, ob sie seine Frau werden möchte, und sie sprach: «Gerne will ich mein Leben mit dir teilen, aber bevor du mich heiratest, musst du wissen: Ich bin die Fee der vier Jahreszeiten. Im Frühling bin ich jung und frisch wie die ersten Blumen; im Sommer werde ich voll und reif wie die Blumen im vollen Blütenflor; im Herbst aber gleiche ich einer verwelkten Blume, so wie du mich vor einem Jahr gesehen hast, und im Winter endlich werde ich schlafen, wie die Samen unter der Erde. Willst du ein solches Wesen heiraten?»

Der Bursche bedachte sich nicht lange, sondern sagte: «So wie du bist, sollst du meine Braut werden.»

Und so geschah es. Er brachte das entzückende Mädchen nach Hause zu seinem Vater, und dieser gab gern seine Zustimmung zur Hochzeit, die nach drei Tagen stattfand. Blumen wurden ausgestreut und mitten darin, wie eine Rose, die schöne Braut.

Der Sohn hatte den Vater gebeten, ihm und seiner jungen Frau ein eigenes Haus zu schenken, und sein Vater hatte dafür gesorgt, dass sie einen schönen Palast mit einem prächtigen Blumengarten erhielten. Dorthin zog der junge Mann mit seiner hübschen Frau, und nur eine treue Dienerin durfte die inneren Zimmer des Palastes betreten, sonst lebte die Frau ganz vor den Augen der anderen geschützt. Der Vater wunderte sich darüber, doch er sagte nichts dagegen.

Alles geschah, wie es die Fee vorausgesagt hatte: Im Sommer war die erblühte Frau zu einer Dame mit roten Wangen herangereift, im Herbst schrumpelte sie zu einem alten Weiblein in grauem Flor, und eines Tages im frühen Winter lag sie bleich und starr auf ihrem Lager, so als wäre sie gestorben. Kaum aber erblühten in den Frühlingsstrahlen die ersten Blumen, da war sie in ein hübsches junges Mädchen zurückverwandelt, und ihr Mann gab ein Fest, zu dem er auch seinen Vater und seine Freunde einlud.

Eines Tages aber nahm ihn seine Frau bei der Hand und sprach: «Mein Liebster, dieses Leben im Wandel der Jahreszeiten wird immer so weitergehen, es sei denn, du hältst mir sieben Jahre die Treue, auch wenn ich mich stets verwandle und im Sommer für dich eine reife Frau bin, die dir im Alter voraus ist, und im Herbst ein altes Weiblein, das in deinen Augen unschön aussieht, sowie im Winter ein Körper, der tot scheint. Wenn du treu bleibst und mich trotz allem bei dir behältst, so können wir im achten Jahr zur Himmelsbrücke gehen. Dann werde ich mein himmlisches Wesen ablegen und mit dir wie eine Menschenfrau leben und altern wie alle Menschen. Wenn du mich jedoch abweist oder eine andere Frau nimmst, so werde ich die Erde verlassen und ins Jenseits zurückkehren.»

Nun, der junge Mann war ein guter und treuer Mensch. Er hat sich an die Weisung seiner jungen Frau gehalten, und so ist aus ihr im achten Jahr eine menschliche Frau geworden, mit der er ein glückliches Leben führte und gemeinsam konnten sie bis zu ihrem späten Ende altern.

Märchen der Parsen

Die Tochter der Blumenkönigin

Es war einmal ein Königssohn, der ritt eines Tages aus zur Jagd. Auf einer weiten, schier endlosen Wiese gelangte er an einen langen, tiefen Graben. Er hielt sein Pferd an und sah, dass er an dieser Stelle den Graben nicht überwinden konnte. Gerade als er umkehren wollte, hörte er unten im Graben jemand wimmern. Er stieg vom Pferd und begann zu suchen. Da fand er eine alte hilflose Frau, die ihn bat, er möge ihr aus dem Graben helfen. Der Königssohn stieg in den tiefen Graben hinab und hob die Alte heraus. «Wie seid Ihr bloss in den tiefen Graben hineingeraten?», fragte der Königssohn.

«Ach, Gott», sagte die Alte, «ich bin eine sehr arme Frau und brach gleich nach Mitternacht von zu Hause auf, um in der Stadt Eier zu verkaufen. Im Dunklen verfehlte ich den Weg und fiel in diesen tiefen Graben. Allein konnte ich mir nicht helfen. Gott segne Eure Herrlichkeit!»

Da sagte der Königssohn voller Mitleid: «Ihr könnt ja kaum gehen! Ich setze Euch auf mein Pferd und führe Euch nach Hause. Wo wohnt Ihr denn?»

«In jener kleinen Hütte, dort am Rande des Waldes!»

Der Königssohn hob die Alte auf sein Pferd und führte sie zu ihrer Behausung. Die Alte stieg vor ihrer Hütte ab und sagte zum Königssohn: «Wartet noch ein wenig! Ich will Euch etwas geben!»

Sie ging in die Hütte hinein, kehrte bald zurück und sprach zum Königssohn: «Du bist ein grosser Herr und hast doch ein gutes Herz, das wohl wert ist, belohnt zu werden. Willst du das schönste Mädchen der Welt zur Frau haben?»

«Ja», antwortete der Königssohn.

«Das schönste Mädchen der Welt ist die Tochter der Blumenkönigin, die ein Drache gefangenhält. Du musst sie aus der Gefangenschaft befreien, wenn du sie zur Frau haben willst. Dabei will ich dir helfen. Hier, nimm dieses Glöckchen; wenn du damit einmal läutest, so erscheint der Adlerkönig; wenn du zweimal läutest, so kommt der Fuchskönig, und wenn du dreimal läutest, der Fischkönig. Diese drei werden dir in der Not beistehen. Jetzt lebe wohl. Gott segne deine Reise!»

Mit diesen Worten übergab ihm die Alte das Glöckchen und verschwand mitsamt der Hütte. Es war, als hätte sie der Erdboden verschlungen. Nun wusste der Königssohn, dass er mit einer guten alten Fee gesprochen hatte. Er verwahrte das Glöckchen wohl, ritt heim und sagte seinem Vater, dass er die Tochter der Blumenkönigin freien wolle. Am anderen Tag schon wolle er in die Welt reisen, um das wunderschöne Mädchen zu suchen. Am nächsten Morgen sattelte der Königssohn sein edles Pferd und verliess die Heimat.

Lange zog er durch die Welt, sein Pferd starb, er litt Mangel und Not. Nach gut einem Jahr ruhelosen Wanderns erreichte er eines Tages eine Hütte, vor der ein uralter Greis sass. Der Königssohn fragte ihn: «Weisst du vielleicht, wo der Drache wohnt, der die Tochter der Blumenkönigin gefangenhält?»

«Das weiss ich nicht», antwortete der Greis, «aber wenn du ein Jahr lang diesen Weg gerade weitergehst, dann wirst du die Hütte meines Vaters erreichen. Vielleicht wird der es dir sagen können.»

Der Königssohn bedankte sich für diesen Rat, ging nun ein ganzes Jahr den Weg gerade weiter und erreichte dann eine Hütte, vor der ein uralter Greis sass.

«Weisst du vielleicht, wo der Drache wohnt, der die Tochter der Blumenkönigin gefangenhält?»

«Das weiss ich nicht», antwortete der Greis, «aber wenn du ein Jahr lang diesen Weg gerade weitergehst, so wirst du eine Hütte erreichen, in der mein Vater wohnt, und der wird es dir schon sagen.»

Der Königssohn bedankte sich und wanderte ein weiteres Jahr denselben Weg entlang, bis er die Hütte erreichte, vor der ein uralter Greis sass, dem er seine Frage vorlegte.

Der Greis gab zur Antwort: «Der Drache wohnt dort droben auf dem Berg und hält eben seinen Jahresschlaf. Ein Jahr lang schläft er, ein Jahr lang wacht er. Gestern hat er wieder seinen Jahresschlaf begonnen. Wenn du die Tochter der Blumenkönigin sehen willst, so gehe auf den zweiten Berg; dort wohnt die alte Drachenmutter. Du musst wissen, jeden Abend geht die Tochter der Blumenkönigin zu der Drachenmutter auf den Ball.»

Der Königssohn machte sich auf den Weg zum zweiten Berg. Dort erblickte er ein goldenes Schloss mit diamantenen Fenstern. Als er gerade durch das Tor in den Hofraum treten wollte, stürmten sieben Drachen auf ihn los und fragten ihn: «Was suchst du hier?»

«Ich habe von der grossen Schönheit und der Güte der Drachenmutter vernommen», antwortete der Königssohn. «Ich möchte gerne bei ihr in Dienst treten.»

Den Drachen gefiel diese schmeichelhafte Rede. «Komm, ich führe dich zur Drachenmutter», sprach der älteste von ihnen.

Sie traten in das Haus und durchschritten zwölf prächtige Säle, die alle aus Gold und Diamanten gebaut waren. Im zwölften Saale sass die Drachenmutter auf einem Diamantenthron. Sie hatte drei Köpfe und war das hässlichste Weib, das die Sonne je beschienen hat. Der Königssohn erschrak gewaltig vor ihrer abgrundtiefen Hässlichkeit, vor allem aber, als sie ihn mit einer Stimme, die dem Krächzen von siebzig Raben glich, fragte: «Warum bist du hierher gekommen?»

Der Königssohn antwortete: «Ich habe von deiner grossen Schönheit und Güte gehört und möchte gern bei dir in den Dienst treten.»

«So?», krächzte die Drachenmutter. «Wenn du mein Diener werden willst, so musst du zuerst meine Stute drei Tage hindurch auf die Weide führen und hüten. Wehe dir, wenn du sie auch nur einmal nicht heimbringst! Dann fressen wir dich auf!»

Der Königssohn versprach, gut auf die Stute zu achten, ging und führte das kostbare Tier auf die Weide.

Kaum aber war er auf der Wiese angelangt, da war die Stute auch schon verschwunden. Überall suchte er, alles war vergebens, nirgends fand er sie. Als er sich auf einen Stein niedersetzte, um über sein trauriges Los nachzudenken, sah er einen Adler in weiter Ferne fliegen. Da fiel ihm sein Glöckchen ein. Er holte es aus der Tasche und läutete einmal damit. Gleich darauf erschien in der Luft der Adlerkönig und liess sich vor ihm nieder. «Ich weiss, was du von mir willst», sprach der Adlerkönig, «du suchst die Stute der Drachenmutter. Sie treibt sich oben in den Wolken herum. Ich werde alle Adler aussenden, damit sie die Stute wieder einfangen und dir herbringen.»

Der Adlerkönig sprach's und flog von dannen.

Gegen Abend war's, da hörte der Königssohn ein gewaltiges Rauschen in der Luft. Er blickte zum Himmel und sah, wie viele Tausend Adler die Stute heranbrachten. Die Adlerschar liess sich vor ihm nieder und übergab ihm das Pferd. Hierauf ritt der Königssohn heim zur Drachenmutter. Voller Verwunderung sprach diese zu ihm: «Heute darfst du am Ball teilnehmen, als Lohn dafür, dass es dir gelungen ist, die Stute tatsächlich das erste Mal heimzuführen.»

Sie gab ihm einen kupfernen Mantel und führte ihn in einen Saal, in dem viele Drachenfräulein und Drachenjünglinge assen, tranken und tanzten. Dort sah er nach langen Jahren des Suchens nun endlich die wunderschöne Tochter der Blumenkönigin. Aus den schönsten Blumen der Welt waren ihre Kleider gewebt. Und wenn sie lachte, so lachte sie Rosen und Jasmin.

Als der Königssohn einmal mit ihr tanzen durfte, flüsterte er ihr ins Ohr: «Ich bin gekommen, dich zu befreien!»

Die wunderschöne Jungfrau sagte daraufhin leise zu ihm: «Wenn es dir gelingt, die Stute auch am dritten Tage heimzuführen, so erbitte von der Drachenmutter ein Füllen von dieser Stute.»

Um Mitternacht endete der Ball. Am nächsten Morgen führte der Königssohn die Stute der Drachenmutter wieder auf die Weide. Und wieder entschwand sie vor seinen Augen. Da nahm er sein Glöckchen aus der Tasche und läutete zweimal. Und siehe, der Fuchskönig erschien und sprach: «Dein Begehr ist mir schon bekannt. Die

Stute hat sich in einem Berge versteckt. Ich werde gleich alle Füchse aufbieten, damit sie die Stute zu dir herbeiführen.» Sprach's und verschwand.

Gegen Abend war es, da brachten viele Tausend Füchse die Stute heran. Der Königssohn ritt daraufhin heim zur Drachenmutter. Sie gab ihm zum Lohne einen silbernen Mantel und erlaubte ihm, am Ball teilzunehmen.

Als die Tochter der Blumenkönigin den Königssohn wiedersah, freute sie sich gar sehr. Und beim Tanz flüsterte sie ihm zu: «Wenn es dir auch morgen gelingt, die Stute heimzuführen, so erwarte mich mit dem Füllen dort unten auf der Wiese. Nach dem Ball fliehen wir beide dann auf und davon.»

Der Königssohn führte auch am dritten Tag die Stute wieder auf die Weide, aber wiederum verschwand sie. Da holte der Königssohn das Glöckchen hervor und läutete damit dreimal. Und siehe, der Fischkönig erschien und sprach: «Ich weiss schon, was du willst! Ich werde alle Fische aufbieten, damit sie die Stute zu dir herführen.»

Gegen Abend erschienen die Fische mit der Stute. Der Königssohn brachte sie heim zur Drachenmutter. Diese sprach zu ihm: «Du bist ein braver Junge. Du sollst mein Leibdiener werden. Was möchtest du als ersten Lohn gerne haben, du kannst dir etwas wünschen!»

Der Königssohn erbat sich ein Füllen der Stute, die er dreimal nach Hause gebracht hatte. Die Drachenmutter hatte sich in den Jüngling verliebt, weil er ihre Schönheit gelobt hatte. Daher gab sie ihm nicht nur das Füllen, sondern auch noch einen goldenen Mantel obendrein. In diesem goldenen Mantel erschien er abends zum Ball. Bevor aber das Fest zu Ende ging, schlicht er sich in den Stall, setzte sich auf sein Füllen und ritt hinaus auf die Wiese, um die Tochter der Blumenkönigin zu erwarten.

Gegen Mitternacht erschien das wunderschöne Mädchen, der Königssohn hob sie schnell vor sich auf das Pferd und in Windeseile ging es dem Palast der Blumenkönigin zu.

Glücklich erreichten sie dieses Ziel. Da aber hatten die Drachen die Flucht auch schon bemerkt und weckten ihren Bruder aus dem Jahresschlaf. Mit Gebrüll rückten sie nun an und rüsteten sich zum Sturm auf den Palast der Blumenkönigin. Diese aber liess sogleich einen himmelhohen Wald ringsum emporwachsen, den kein lebendes Wesen durchdringen konnte. Die Drachen mussten abziehen, ohne etwas ausrichten zu können.

Als die Blumenkönigin nun hörte, dass ihre Tochter die Gattin eines Königssohns werden wollte, sprach sie zu den beiden: «Gerne gebe ich meinen Segen zu eurer Heirat. Aber nur im Sommer darf meine Tochter bei dir weilen; wenn Schnee die Erde bedeckt und alles tot ist, muss sie zu mir unter die Erde kommen und im Palast wohnen, damit ich nicht einsam und trostlos die Wintermonate zubringen muss.»

Der Königssohn gab dieses Versprechen ab und führte seine wunderschöne Braut heim. Eine grosse Hochzeit wurde gehalten. Das junge Paar lebte glücklich und in

Freuden, bis der Winter kam. Dann nahm die Tochter der Blumenkönigin Abschied und zog heim zu ihrer Mutter. Im Sommer kehrte sie wieder zu ihrem Gatten zurück und blieb dann bei ihm bis zum Eintritt des Winters. Dies wiederholte sich jedes Jahr in ihrem Leben, aber sie lebten trotzdem stets glücklich miteinander.

Märchen aus Armenien

Ruschullina

Es war einmal ein Mann und eine Frau, die hatten kein Kind, und baten Gott, er möge ihnen eins geben. Über eine Weile bekam die Frau einen Knaben, der war zwar schön und gesund, aber er weinte immer, selbst wenn die Mutter ihm die Brust reichte. Aber sie freuten sich doch sehr über ihn und sie nannten ihn Iuon (Johann). Eines Tages, als der Knabe wieder weinte, sprach der Vater zu ihm: «Weine nicht, mein liebes Kind; wenn du gross bist, bringe ich dir Ruschullina, das weisse Mädchen, welches den Wald belaubt und die Obstbäume blühend macht.» Von diesem Moment an weinte der Junge nicht mehr.

Als er herangewachsen war, sprach er zum Vater: «Vater, hole mir Ruschullina, wie du es versprochen hast, ich will sie zur Frau nehmen.»

Der Vater aber hatte sein Versprechen vergessen und sagte: «Ich weiss nicht, woher ich sie dir bringen soll, ich weiss auch nicht, ob es ein solches Mädchen gibt.»

Diese Worte machten den Sohn traurig, und er sagte: «Nie werde ich ein anderes Mädchen zur Frau nehmen, und lieber will ich sterben als ohne Ruschullina leben.»

Das rührte den Vater, sodass er auszog, um Ruschullina zu suchen. Er durchwanderte drei Länder, konnte sie aber nicht finden. Da zog der Sohn aus, sie zu suchen. Sein Weg führte ihn zum heiligen Samstag, den fragte er: «Weisst du nicht, wo Ruschullina wohnt, das weisse Mädchen, welches den Wald belaubt und die Obstbäume blühen macht?»

Der heilige Samstag sprach: «Ich weiss es nicht, aber ich habe zwanzig Bienen, die fliegen in zwanzig Ländern umher, wenn es die nicht wissen, so weiss es niemand.»

Er knallte mit der Peitsche, da kamen zwanzig Bienen herbei, und er fragte sie: «Habt ihr in den Ländern, die ihr durchzieht, Ruschullina gesehen?»

Sie antworteten: «Weder gesehen haben wir sie, noch ihren Namen gehört.»

Da schenkte der heilige Samstag dem jungen Mann einen silbernen Zaum und schickte ihn weiter zum heiligen Sonntag. Der hatte dreissig Bienen und sagte: «Wenn es die nicht wissen, so weiss es niemand.»

Er knallte mit der Peitsche, und da kamen neunundzwanzig Bienen herbei. Er fragte sie: «Habt ihr in den Ländern, die ihr durchzieht, Ruschullina gesehen?»

Sie antworteten: «Weder gesehen haben wir sie, noch ihren Namen gehört.» Zuletzt aber kam auch die dreissigste Biene. Der heilige Sonntag fragte sie: «Warum kommst du so spät?» Sie sprach: «Ich war weit, weit weg, Im Lande, wo Ruschullina wohnt, das weisse Mädchen, welches den Wald belaubt und die Obstbäume blühend macht.»

Als der heilige Sonntag dies hörte, schenkte er dem jungen Mann einen goldenen Zaum und sprach zur Biene: «Nimm den Jüngling auf deinen Rücken und fliege mit ihm zu Ruschullina.»

Da nahm sie ihn auf den Rücken, flog mit ihm weit über Land und Meer, und setzte ihn endlich am Tor eines Schlosses nieder. Als er eine Weile da gestanden hatte, kam eine Magd heraus, um Wasser zu holen. Er fragte, ob man im Haus keinen Knecht brauche. Die Magd verschwand und kam mit der Antwort zurück: «Knechte braucht es nicht, aber ein Gänsehirt fehlt noch.»

Da war Iuon einverstanden und hütete von nun an die Gänse beim Schloss. Die Herrin des Schlosses aber war niemand anders als Ruschullina, das weisse Mädchen, welches den Wald belaubt und die Obstbäume blühen macht.

Als der junge Mann sieben Tage gedient hatte, wurde Ruschullina zu einer Hochzeit eingeladen, und wie sie über die Wiese fuhr und Iuon sah, wie er die Gänse hütete, rief sie ihm zu: «Hüte die Gänse gut, dann soll die zehnte dir gehören.»

Als sie vorüber war, zog Iuon schnell den silbernen Zaum hervor, den ihm der heilige Samstag geschenkt hatte. Er schüttelte ihn und sogleich kam ein Pferd herangesprengt und auf dem Rücken trug es Kleider aus purem Silber. Iuon schlüpfte in die silbernen Kleider, schwang sich auf das Pferd und ritt zur Hochzeit. Da tanzte er mit Ruschullina, doch sie erkannte ihn nicht. Die Magd aber hatte ihn erkannt und erzählte es ihrer Herrin, aber diese wollte es nicht glauben. Als Ruschullina nach Hause kam, war Iuon schon längst wieder bei den Gänsen. Sie rief ihn zu sich, zeigte ihm ein Buch und fragte: «Sage mir, Iuon, haben die Buchstaben in eurem Land auch diese Gestalt?»

Da senkte Iuon den Kopf, um im Buch zu lesen und Ruschullina entdeckte einen braunen Fleck in seinem Nacken, daran wollte sie ihn beim nächsten Tanz erkennen.

Am Morgen, als sie wieder zur Hochzeit fuhr, rief sie ihm zu: «Hüte die Gänse gut, dann soll die zehnte dir gehören.»

Als sie vorüber war, zog Iuon schnell den goldenen Zaum hervor. Er schüttelte ihn und sogleich kam das Pferd herangesprengt, auf dem Rücken ein Bündel mit Kleidern aus purem Gold. Er schlüpfte in die Kleider, schwang sich auf das Pferd und ritt zur Hochzeit. Er tanzte mit Ruschullina und als sie ihn erkannte, entbrannte sie in Liebe für ihn und nahm ihn zum Mann.

So verbrachten sie eine gute Zeit. Eines Tages ging Iuon durch das Schloss, da kam er auf einmal zu einer abgelegenen Kammer. Er öffnete die Tür und in der Kammer war nichts als ein Fass, das mit drei Reifen beschlagen war. Als er näher kam, rief auf einmal eine Stimme: «Iuon, gib mir zu trinken.» Da nahm Iuon ein Glas Wasser, zog den Zapfen aus dem Fass und goss das Wasser durch die kleine Öffnung. Kaum war dies geschehen, da hörte man ein lautes Knallen und einer der eisernen Reifen sprang vom Fass.

Da rief die Stimme zum zweiten Mal: «Iuon, gib mir zu trinken.»

Er goss noch ein Glas Wasser hinein, es krachte wieder, und der zweite Reifen sprang vom Fass. Und zum dritten Mal rief die Stimme: «Iuon, gib mir zu trinken.»

Iuon goss wieder Wasser hinein, da krachte es wieder, der letzte Reif sprang ab, das Fass fiel auseinander und ein schrecklicher Teufel, ein Smeu, sprang hervor und rief: «Jetzt bist du in meiner Gewalt! Niemals kannst du mich bezwingen, es sei denn, du hättest das Füllen der Alten im Meer. Also sage mir: Was willst du lieber, nach Hause gehen und Ruschullina mir überlassen oder hier bleiben und sterben?»

Iuon antwortete: «Lieber will ich heimziehen als sterben.»

Und mit kummervollem Herzen zog er davon. Mit gesenktem Kopf lief er einige Zeit, da fand er am Wegesrand ein langes Schwert und bald darauf kam er in einen grossen Wald.

Im Wald aber war ein See und an dessen Ufer stand eine riesige Eiche. Oben im Wipfel der Eiche hatte ein Adler sein Nest und brütete jeden Monat einmal. Doch wenn er ausflog, um Futter für seine Jungen zu suchen, kroch jedes Mal ein dreiköpfiger Drache aus dem See und frass alle Jungen des Adlers auf.

Als Iuon zum See kam, sah er, wie eben der Drache wieder aus dem See kroch, um die Adlerjungen zu fressen. Da sprang Iuon beherzt hin und schlug dem Drachen mit seinem Schwert alle drei Köpfe ab. Die Jungen hatten alles gesehen und als nun die Adlermutter kam und davon erfuhr, sprach sie: «Du hast meine Jungen gerettet, nun hast du einen Wunsch frei.»

Iuon antwortete: «Ich wünsche mir das Füllen der Alten im Meer.»

Da flog die Adlerfrau aus und es dauerte nicht lang, da kam sie mit dem Füllen zurück. Iuon bestieg das Füllen, ritt so schnell er konnte zum Brunnen, wohin Ruschullina jeden Tag spazieren fuhr.

Als er sie kommen sah, eilte er ihr entgegen, nahm sie in seine Arme, setzte sie vor sich auf das Füllen und floh mit ihr. In diesem Moment wieherte der Hengst des Smeu im Stall. «Warum wieherst du?», wollte der Smeu wissen.

Der Hengst antwortete: «Iuon hat Ruschullina geraubt, sie reiten auf dem Füllen der Alten aus dem Meer.» Sogleich bestieg der Smeu den Hengst, drückte ihm die Sporen in die Flanken, um Ruschullina einzuholen. Aber so sehr er den Hengst auch quälte, das Füllen war schneller. Da rief der Hengst dem Füllen zu: «Stehe Bruder, sonst sterbe ich an den Sporen des Smeu!»

Das Füllen aber antwortete: «Ich stehe erst, wenn du den Smeu gegen die Wolken wirfst und zertrittst, wenn er herabfällt.»

Da schleuderte der Hengst den Smeu gegen die Wolken, sodass er als Staub zur Erde fiel und trat den Staub in den Boden.

Iuon aber kehrte mit Ruschullina, die den Wald belaubt und die Obstbäume blühen macht, zurück auf das Schloss. Sie feierten ein grosses Fest und lebten vergnügt bis an ihr Ende.

Märchen aus Rumänien

Die schöne Rosenblüte

Ein König hatte vier Kinder, drei Mädchen und einen Knaben, und dieser sollte später einmal den Thron erben. Eines Tages sagte der König zum Prinzen: «Lieber Sohn, ich habe beschlossen, jede deiner Schwestern mit dem erstbesten Mann zu verheiraten, der um zwölf Uhr mittags an unserem Palast vorübergeht.» Nun kam um die Mittagsstunde zuerst ein Schweinehirt, dann ein Jäger und zum Schluss ein Totengräber vorüber. Der König rief alle drei herauf und sagte zum Schweinehirten, er wolle ihm seine älteste Tochter zur Frau geben, dem Jäger die zweite und die dritte dem Totengräber. Die Armen glaubten zu träumen. Doch sie merkten bald, dass der König nicht scherzte, sondern es ihnen in vollem Ernst befahl. Da antworteten sie verwirrt, aber erfreut: «Majestät, Euer Wille geschehe!»

Allein der Prinz, der besonders die jüngste Schwester zärtlich liebte, wollte an der Hochzeit nicht teilnehmen und ging in den Garten hinunter, der sich zu Füssen des Palastes ausdehnte. Als nun der Priester im Hochzeitssaal die drei Schwestern segnete, erblühten auf einmal die schönsten Blumen im Garten, und aus einer weissen Wolke ertönte eine Stimme, die sprach: «Glücklich, wer einen Kuss von den Lippen der schönen Rosenblüte empfängt.»

Den Prinzen überfiel ein Zittern, dass er sich kaum aufrechthalten konnte; er lehnte sich an einen Olivenbaum und weinte, weil er seine Schwestern verloren hatte, und blieb so viele Stunden in Gedanken versunken. Dann aber schüttelte er sich wie nach einem Traum und sprach zu sich selber: «Ich muss in die weite Welt ziehen und werde nicht ruhen, bis ich einen Kuss von der schönen Rosenblüte erhalten habe.»

So zog er aus und wanderte dahin über Länder und Meere, über Berg und Tal, ohne je einem Menschen zu begegnen, der ihm Nachricht von der schönen Rosenblüte geben konnte. Drei Jahre waren seit seinem Auszug verflossen, da kam er eines Tages aus einem Wald und schritt ein schönes Tal entlang. Plötzlich stand er vor einem Palast, vor dem ein Brunnen sprang, und da er durstig war, beugte er sich nieder, um zu trinken.

Ein zweijähriges Kind, das neben dem Brunnen spielte, hatte ihn kommen sehen. Es begann zu weinen und rief die Mutter. Als jedoch die Mutter den Prinzen erblickte, lief sie ihm entgegen, schloss ihn in die Arme und küsste ihn mit den Worten: «Willkommen, schön willkommen, Bruder mein!»

Im ersten Augenblick hatte der Prinz sie nicht erkannt, aber als er sie näher betrachtete, erkannte er seine älteste Schwester wieder, umarmte sie innig und rief: «Welch glückliches Wiedersehen, Schwester mein», und der Freude war kein Ende.

Die Schwester lud ihn in den Palast ein, der ihr gehörte, und führte ihn zu ihrem Gatten, der ihn freundlich begrüsste. Und alle drei küssten voller Liebe das Kind, welches die Ursache für all die Freude war, weil es die Mutter gerufen hatte.

Darauf erkundigte sich der Prinz nach den beiden anderen Schwestern und erfuhr, dass es ihnen gut ging und sie ein herrschaftliches Leben führten. Darüber wunderte er sich nicht wenig; doch der Schwager berichtete ihm, sein und der anderen Schwäger Schicksal habe sich gewandelt, nachdem sie von einem Zauberer verzaubert worden seien. «Und könnte ich meine anderen Schwestern nicht auch besuchen?», fragte der Prinz.

Der Schwager erwiderte: «Wenn du immer in Richtung gen Sonnenaufgang wanderst, kommst du nach einem Tag zu deiner zweiten und nach zwei Tagen zu deiner jüngsten Schwester.»

«Aber ich muss den Weg wählen, der zu der schönen Rosenblüte führt, und ich weiss nicht, muss ich dem Aufgang oder dem Untergang der Sonne entgegengehen?»

«Dem Sonnenaufgang natürlich, und das Glück ist dir doppelt hold: Einmal siehst du deine Schwestern wieder, und zum anderen kannst du von der Jüngsten auch etwas über die schöne Rosenblüte erfahren. Bevor du jedoch von uns scheidest, möchte ich dir ein kleines Andenken überreichen. Nimm diese Schweineborsten. Solltest du in eine Gefahr geraten, aus der du dich allein nicht befreien kannst, so wirf die Borsten auf die Erde, und sie werden dir Hilfe bringen!»

Der Prinz steckte die Borsten ein, und nachdem er dem Schwager herzlich gedankt hatte, begab er sich wieder auf die Reise. Am Tage darauf gelangte er zum Palast der zweiten Schwester, wo man ihn mit grossem Jubel empfing. Und auch dieser Schwager wollte ihm vor seiner Abreise ein Andenken geben, und da er Jäger gewesen war, schenkte er ihm einen Strauss Vogelfedern, wobei er ihm das Gleiche sagte wie der erste Schwager. Der Prinz bedankte sich und zog seines Weges.

So gelangte er am dritten Tage zu seiner jüngsten Schwester. Sie nahm ihren Bruder, der sie von allen Schwestern am Meisten geliebt hatte, mit noch grösserer Freude und Zärtlichkeit auf als die anderen, und ebenso tat ihr Mann. Dieser schenkte ihm zum Abschied einen Totenknöchel, indem er ihm den gleichen Rat gab wie die anderen Schwäger.

Die Schwester sagte ihm noch, die schöne Rosenblüte wohne eine Tagesreise entfernt, er solle sich aber genauere Auskunft bei einem alten Weibe holen, dem sie früher einmal Gutes getan hatte. Kaum war der Prinz am Wohnort der schönen Rosenblüte angelangt, welche die Tochter des Königs war, so lenkte er seine Schritte zu der Alten. Als diese hörte, er sei der Bruder der Dame, die ihr so viele Wohltaten erwiesen hatte, da nahm sie ihn auf wie ihren eigenen Sohn. Zum Glück stand das Haus der Alten gerade gegenüber der Fassade des Königspalastes, an dessen Fenstern die schöne Rosenblüte fast jeden Morgen bei Sonnenaufgang erschien.

Eines strahlenden Morgens nun lehnte sie wieder am Fenster, nur mit einem weissen Schleier bedeckt. Als der Prinz diese holde Blüte der Schönheit erblickte, war er so überwältigt, dass er gestürzt wäre, hätte ihn die Alte nicht festgehalten. Und da diese hörte, er habe es sich in den Kopf gesetzt, das Mädchen zu heiraten, versuchte sie ihn mit allen Mitteln davon abzubringen. Sie erinnerte ihn daran, der König werde seine Tochter nur dem Manne zur Frau geben, der ein ganz bestimmtes Versteck erriete. Alle anderen aber liess er töten, und schon viele Prinzen hatten auf diese Weise ihr Leben lassen müssen. Aber er erwiderte nur, wenn er die schöne Rosenblüte nicht bekomme, so wolle er sterben.

Nun hatte ihm die Alte erzählt, dass der König für seine Tochter die seltensten Musikinstrumente anschaffe. So hört denn, was sich der Prinz da ausdachte! Er ging zu einem Hersteller von Klavizimbeln und sprach zu ihm: «Ich möchte ein Klavizimbel haben, das drei Stücke spielt, und jedes Stück muss einen Tag lang dauern; dann muss das Klavizimbel so gebaut sein, dass sich ein Mensch darin verbergen kann. Dafür zahle ich dir Tausend Dukaten. Wenn das Instrument fertig ist, krieche ich hinein, und du musst das Zimbel unter dem Palast des Königs spielen lassen. Wenn es der König kaufen will, so verkaufst du es ihm unter der Bedingung, dass du es alle drei Tage abholen musst, um es wieder instand zu setzen.»

Der Instrumentenbauer war einverstanden und tat alles, was ihm der Prinz aufgetragen hatte. Der König kaufte das Klavizimbel in der Tat und liess sich auf die Bedingung des Verkäufers ein. Dann liess er das Instrument ins Schlafzimmer seiner Tochter bringen und sprach: «Schau, mein Töchterchen, was ich dir bringe! Es soll dir an keiner Unterhaltung fehlen; selbst wenn du zu Bett liegen musst und nicht schlafen kannst.»

Neben der schönen Rosenblüte schliefen ihre Hofdamen. Während nun in der Nacht alles in tiefem Schlafe ruhte, schlich der Prinz aus seinem Versteck im Zimbel und rief leise: «Schöne Rosenblüte, schöne Rosenblüte!»

Sie erwachte erschrocken und schrie: «Hofdamen, rasch herbei, es ruft mich jemand!»

Die Damen liefen herbei und sahen niemand, denn der Prinz war schnell wieder in seinem Instrument verschwunden. Dies wiederholte sich noch zweimal, und jedes Mal waren die Hofdamen herbeigeeilt, ohne jemanden zu entdecken. Da meinte die schöne Rosenblüte: «Dann habe ich wohl phantasiert. Wenn ich noch einmal rufe, so kommt auf keinen Fall.»

Der Prinz im Klavizimbel hatte alles genau verfolgt und auch diese Worte vernommen. Kaum waren die Hofdamen wieder eingeschlummert, stellte er sich neben das

Bett der Geliebten und flüsterte: «Schöne Rosenblüte, gib mir doch einen Kuss, sonst muss ich sterben.»

Am ganzen Leibe zitternd rief sie nach ihren Damen, doch infolge ihres Verbotes rührte sich keine von der Stelle.

Da sprach sie zum Prinzen: «Du bist der Glückliche und hast gesiegt. Neige dich zu mir herab!»

Und sie gab ihm den Kuss, doch auf den Lippen des Prinzen blieb eine herrliche Rose hängen. «Nimm diese Rose», sprach sie, «und bewahre sie an deinem Herzen, sie wird dir Glück bringen.»

Der Prinz verbarg sie an seinem Herzen und erzählte dann der Geliebten seine Geschichte von dem Zeitpunkt an, da er das Vaterhaus verlassen hatte, bis zu dem Augenblick, da er in ihre Kammer gedrungen war. Die schöne Rosenblüte freute sich herzlich und zeigte sich gern bereit, ihn zum Mann zu nehmen. Doch damit sie ihr Ziel erreichten, müsse er noch viele Schwierigkeiten überwinden, die ihm der König bereiten werde. Zuerst werde er den Weg erraten müssen, der in ein Versteck führe, wo der König sie mit hundert Hofdamen einschliessen werde; dann müsse er sie unter den hundert Hofdamen herausfinden, die alle gleich gekleidet und obendrein verschleiert seien. «Doch über diese Schwierigkeiten», meinte sie, «mach dir keine Gedanken, denn die Rose, die du mir von den Lippen gepflückt hast und die du ständig am Herzen tragen musst, zieht dich wie ein Magnet zuerst in das Versteck und dann in meine Arme. Doch der König wird dir noch andere Hindernisse, womöglich fürchterliche, in den Weg legen, und mit denen musst du allein fertig werden. Vertrauen wir auf Gott und auf unser Glück!»

Der Prinz ging unverzüglich zum König und bat ihn um die Hand der schönen Rosenblüte.

Der König sagte nicht nein, stellte ihm aber die Bedingungen, von denen sie bereits gesprochen hatte. Er ging darauf ein und überwand die ersten Schwierigkeiten mithilfe der Rose.

«Bravo», rief der König, als der Prinz die schöne Rosenblüte zwischen den vielen Hofdamen herausgefunden hatte, «allein damit ist es noch nicht getan.»

Er sperrte ihn in ein grosses Zimmer ein, das von oben bis unten mit Früchten angefüllt war, und befahl ihm unter Todesstrafe, alle diese Früchte an einem Tag aufzuessen. Der Prinz war verzweifelt, doch zum Glück fielen ihm die Schweinsborsten und der Rat ein, den ihm sein erster Schwager erteilt hatte. Er warf die Borsten auf die Erde, und schon trabte eine grosse Herde von Schweinen herbei, die alle diese Früchte verzehrten und sogleich wieder verschwanden.

Doch der König hatte eine weitere Aufgabe bereit. Er verlangte vom Prinzen, dass dieser seine Braut, bevor er mit ihr ins Bett geht, von Singvögeln einschläfern lässt, welche die süssesten Stimmen und das schönste Gefieder besitzen. Dem Prinzen fiel sogleich der Strauss Federn ein, den ihm sein Schwager, der Jäger, geschenkt hatte, und er warf ihn zu Boden. Eine Schar bunt schillernder Vögel flatterte herbei und sang so wunderlieblich, dass der König selbst in einen wohligen Schlummer versank.

Doch ein Diener, den der König damit beauftragt hatte, weckte ihn wieder, und der König sagte zum Prinzen und zu seiner Tochter: «Jetzt könnt ihr euch nach Lust und Liebe umarmen. Doch wenn ihr morgen euer Lager verlasst, so muss ich bei euch ein Kind von zwei Jahren vorfinden, das sprechen und euch mit Namen nennen kann, andernfalls seid ihr des Todes.»

«Jetzt legen wir uns erst einmal ins Bett, liebste Frau», sagt der Prinz zur schönen Rosenblüte, «und morgen wird uns schon irgendein Heiliger helfen.»

Anderntags fiel dem Prinzen das Totenknöchlein ein, das ihm sein Schwager, der Totengräber, geschenkt hatte. Er stieg aus dem Bett und warf es auf die Erde, und auf einmal stand ein bildhübscher Knabe vor ihnen, der hielt einen goldenen Apfel in der Rechten und rief die Eltern mit Namen. Der König trat ins Zimmer, und der Knabe lief ihm entgegen und wollte ihm den goldenen Apfel auf die Krone legen, die der König auf dem Kopfe trug. Da konnte sich der König nicht enthalten, das Kind zu küssen, er segnete die Brautleute, nahm seine Krone vom Haupt und setzte sie seinem Schwiegersohn auf.

Dann feierten sie ein prächtiges Hochzeitsfest, zu dem sie auch die drei Schwestern des Prinzen mit ihren Männern einluden. Und als der Vater des Prinzen die frohe Nachricht von seinem Sohn erhielt, den er bereits tot geglaubt hatte, kam er herbeigeeilt und überliess ihm ebenfalls seine Krone. So wurden der Prinz und die schöne Rosenblüte König und Königin von zwei Reichen und lebten fortan froh und glücklich bis an ihr seliges Ende.

Märchen aus Italien

Der junge König und Maria Roseta

Vor langer Zeit lebte einmal ein junger König, der alleine sein Land regierte. Er wollte schon lange gerne heiraten, wusste aber nicht, wie er die richtige Braut finden sollte. Mit jedem Jahr, das verging, drängten ihn seine Ratgeber mehr auf eine Hochzeit, und das bekümmerte den jungen Mann. Wie er eines Tages in Gedanken versunken durch den Schlossgarten wandelte, stand auf einmal ein altes weisshaariges Mütterchen vor ihm, das fragte: «Warum so traurig, junger König?»

«Wie sollte ich nicht traurig sein, Mütterchen», antwortete der Prinz. «Ich sollte heiraten, doch wie soll ich die rechte Braut finden?»

«Nun, da wüsste ich Rat», sprach da die Alte. «Lass auf dem Platz vor deinem Schloss ein Bett ganz aus Rosen aufstellen und lade alle jungen Mädchen ein. Diejenige, die über das Rosenbett springen kann, ohne eine Rose oder ein Blatt zu knicken, soll deine Braut werden.»

Der König tat alles, wie ihm die Alte geraten hatte. Da kamen alle adeligen hübschen Mädchen und versuchten über das Rosenbett zu springen, doch bei jeder knickte eine Rose oder sie riss ein Blättchen mit sich. Nun sollten es alle anderen unverheirateten Frauen versuchen und so kam eines Tages auch eine Witwe, die war behände und sprang über das Rosenbett. Ein einziges Rosenblättchen wurde aufgewirbelt, das steckte sie schnell in den Mund und verschluckte es. Kaum war sie gesprungen, verschwand sie auch schon in der Menge.

Die Zeit verging, ohne dass der junge König die Witwe finden konnte. Diese aber war von dem Rosenblättchen schwanger geworden. Sie gebar ein Mädchen und nannte es Maria Roseta.

Das Mädchen wuchs heran, schneller als gewöhnliche Menschen, und schon bald war es so hübsch wie eine Rosenblüte. Nach zwei Jahren war aus dem Mädchen eine junge Frau geworden, die in der Nähstube die beste und fleissigste war.

Nun geschah es einmal, dass der König bei den Näherinnen vorbeikam. Er plauderte mit ihnen, sie gaben ihm Rätsel auf und er freute sich so daran, dass er versprach, ihnen allen ein goldenes Stühlchen zu bringen.

Maria Roseta erzählte alles ihrer Mutter und diese sprach: «Du brauchst kein goldenes Stühlchen, denn ich werde dir eins geben, das tausendmal schöner ist. Sollte der König dich fragen, woher du kommst, so sage ihm Folgendes:

Ich bin Maria Roseta,
mein Vater ist ein Rosenstrauch,
meine Mutter lebt als Rose auch,
in der Rosenstrasse steht mein Heim,
im Rosenhaus leb' ich allein.»

Wie die Mutter es ihr gesagt hatte, so geschah es auch. Der König wunderte sich über die Antwort und das schöne Stühlchen von Maria Roseta, doch wiederum bezauberten ihn die jungen Näherinnen und er versprach, ihnen beim nächsten Mal einen goldenen Stickrahmen mitzubringen.

Zuhause aber gab die Mutter Maria Roseta einen wunderbaren Stickrahmen und als der König mit seinen Geschenken in die Nähstube kam, wunderte er sich über den Stickrahmen des Mädchens, doch auf seine Frage erhielt er nur folgende Antwort:

«Ich bin Maria Roseta,
mein Vater ist ein Rosenstrauch,
meine Mutter lebt als Rose auch,
in der Rosenstrasse steht mein Heim,
im Rosenhaus leb' ich allein.»

Das ärgerte den König, doch er liess sich von den Näherinnen wieder zum Scherzen und Singen überreden und versprach, ihnen das nächste Mal ein goldenes Nadelkissen mitzubringen.

Maria Roseta erzählte der Mutter vom Versprechen des Königs und diese übergab dem Mädchen ein wunderschönes Nadelkissen und hielt sie an, dem König wieder auf die gleiche Weise zu antworten.

Als der König mit seinen Geschenken in die Nähstube kam, zeigte Maria Roseta ihr wunderschönes Nadelkissen und auf seine Frage antwortete sie:

«Ich bin Maria Roseta,
mein Vater ist ein Rosenstrauch,
meine Mutter lebt als Rose auch,
in der Rosenstrasse steht mein Heim,
im Rosenhaus leb' ich allein.»

Als der König dies hörte, wurde er so wütend, dass er ihr das Nadelkissen mitsamt den goldenen Nadeln an den Kopf warf und alle Nadeln in ihrem roten Haar steckenblieben. Den ganzen Morgen verbrachte sie damit, die Nadeln aus dem Haar zu ziehen, nur eine hatte sie nicht fassen können. Auf dem Weg nach Hause begegenete ihr eine alte Frau, die war eine Hexe. Als Maria Roseta sie bat, ihr die letzte Nadel herauszuziehen, stiess die Alte die Nadel fest in den Kopf des Mädchens und es wurde augenblicklich in eine Taube verwandelt.

Die Taube flog auf, geradewegs dem Palast zu, in den Saal des Königs. Dieser liess die hübsche Taube auf seiner Schulter sitzen und von seinem Teller essen.

So verging eine ganze Zeit. Der junge König hoffte immer noch, diejenige zu finden, die über das Rosenbett gesprungen war, doch niemand hatte etwas von ihr gehört. Als seine Berater ihn immer mehr bedrängten, beschloss er in ferne Länder zu ziehen, und dort nach einer Braut zu suchen. Gleich am nächsten Morgen liess der Kapitän das Schiff rüsten und der König bestieg mit seinem Gefolge das Schiff, um über das Meer zu segeln.

Doch was sie auch unternahmen, das Schiff bewegte sich keine Handbreit. Da fragte der Kapitän: «Hat vielleicht jemand etwas Wichtiges vergessen?»

Alle überlegten hin und her, bis es dem König einfiel: «Aber ja, ich wollte doch meine Taube fragen, ob ich ihr etwas mitbringen soll.»

Schnell begab er sich in den Palast und fragte die Taube, was sie sich als Geschenk von seiner Reise wünsche.

«Bring mir den Stein, der Herzen bricht,
der Tränen und Lachen zu geben verspricht,
und bring mir den blühenden Farn,
der Tod und Leben schenken kann.»

Der König versprach, alles mitzubringen, was sie sich wünschte. Auf dem Schiff wurden die Segel gehisst, und der König zog von einem Land zum nächsten, sah aberhunderte von hübschen Mädchen und doch wollte ihm keins gefallen. Sie kamen auf die Insel der schönen Frauen und auf die Insel der doppelt schönen Frauen – aber sein Herz wurde nicht verzaubert.

Schliesslich blieb nichts anderes übrig, als wieder nach Hause zurückzukehren.

Der Kapitän lichtete den Anker, aber das Schiff bewegte sich keine Handbreit. «Ist vielleicht jemand unter uns, der noch etwas vergessen hat?», fragte er.

Da fiel dem König sein Versprechen ein. Er eilte vom Schiff, um die Geschenke für die Taube zu besorgen. Doch wo er auch fragte, niemand kannte den Stein, der Herzen bricht oder den blühenden Farn, der Tod und Leben schenken kann.

Betrübt wollte er zum Schiff zurückkehren, da bettelte ihn eine Alte um ein Almosen an und fragte: «Herr, was schaut ihr so traurig?»

«Mütterchen, ich suche etwas und kann es nicht finden.»

«Was soll es denn sein?»

«Höre, Mütterchen, vielleicht kennst du es:

169

Der Stein, der Herzen bricht,
der Tränen und Lachen zu geben verspricht,
und bring mir den blühenden Farn,
der Tod und Leben schenken kann.»

Da sprach das Mütterchen: «Ich will dir sagen, wo du beides findest. Gehe sieben Stunden nach Süden, dort findest du zwei Gebirge. Auf dem Gipfel des einen Berges liegt ein weisser Stein, der ist aus den Tränen eines Mädchens gemacht, das so lange weinte, dass die Tränen zu Stein wurden. Dies ist der Stein, den du suchst. Auf dem anderen Berg wächst auf dem Gipfel der einzige Farn, der blüht, den sollst du pflücken.»

Sogleich machte der junge König sich auf den Weg, und er fand wirklich den weissen Stein und den blühenden Farn und kehrte glücklich auf das Schiff zurück. Schnell wurden die Segel aufgespannt und der Wind brachte das Schiff zurück in die Heimat.

Das Volk war enttäuscht, dass der König ohne Braut nach Hause kam, nur die weisse Taube freute sich über seine Rückkehr und sie trug die Geschenke ins Schlafgemach des Königs und legte sie dort in ihr Nest.

Der König war von nun an viel unterwegs und nur ein Diener, der ein Langschläfer war, blieb in den Zimmern zurück. So hörte er eines Tages ein zartes Jammern und Klagen:

«Ach, höre, du Stein, der Herzen bricht,
der Tränen und Lachen zu geben verspricht,
warum lässt du mich in Tränen leben?
Ach, höre mich, du Wunderfarn,
der Tod und Leben schenken kann,
warum willst du mir nicht das Leben nehmen?»

Erschrocken lauschte der Diener der Stimme und auch am zweiten Morgen hörte er das Klagen. Als er am dritten Morgen das Klagelied vernahm, beschloss er, sich dem König anzuvertrauen, und als dieser abends vom Gebet kam, erzählte er ihm, was er erlebt hatte.

Der König wunderte sich darüber, doch am nächsten Morgen blieb auch er in seiner Kammer und da hörte er die feine Stimme, die sprach:

«Ach, höre, du Stein, der Herzen bricht,
der Tränen und Lachen zu geben verspricht,
warum lässt du mich in Tränen leben?
Ach höre mich, du Wunderfarn,

der Tod und Leben schenken kann,
warum willst du mir nicht das Leben nehmen?»

Er schaute sich im Zimmer um, und sah, dass es seine weisse Taube war, die sprach
und weinte und er fragte: «Was gibt es denn, mein Täubchen, dass du sterben willst?»

«Ach mein König, wenn du mein Unglück kennen würdest!»

«Erzähl!», bat der König und die Taube begann: «Eines Tages liess der König ein
Rosenbett aufstellen und versprach, diejenige zu heiraten, die die Rosen überspringen
konnte, ohne ein Blättchen zu knicken. Meine Mutter übersprang das Rosenbett als
Einzige, verschluckte ein Rosenblättchen und gebar mich als ihre Tochter. Schnell
wurde ich grösser und der König versprach mir ein goldenes Stühlchen, einen goldenen Stickrahmen und ein goldenes Nadelkissen. Doch meine Mutter wollte die
Geschenke des Königs nicht und schenkte mir schönere Dinge. Darüber wurde der
König so zornig, dass er mir das Nadelkissen an den Kopf warf. Eine goldene Nadel
blieb stecken und eine Hexe stiess sie mir in den Kopf und verwandelte mich in eine
Taube. Lange schon lebe ich hier beim König, weiss nichts von meiner Mutter und
mein Herz will zerspringen vor Leid.»

Als der König dies alles gehört hatte, nahm er die Taube in die Hand und strich
ihr zärtlich über den Kopf. Auf einmal fühlte er die goldene Nadel. Er zog sie heraus
und da verwandelte sich die Taube in ein wunderschönes Mädchen mit rotem Haar,
so schön, dass der König sie fragte: «Willst du meine Frau werden, Maria Roseta?»

«Von Herzen gern!», sprach die junge Frau. «Doch erst wollen wir nach meinem
Mütterchen sehen.»

Da gingen sie gemeinsam zum Rosenhaus in der Rosenstrasse. Dort stand die Tür
weit offen und als sie in die innerste Kammer kamen, lag die Mutter dort tot auf dem
Bett, eine Rosenblüte in der Hand, ein Lächeln auf dem Gesicht. Sie begruben das
Rosenmütterchen und danach hielten sie Hochzeit und Rosen schmückten ihren Weg
und sie bekamen viele, viele Kinder.

Märchen aus Spanien

Die Hochzeit der Merisana

Die Wald- und Wasserjungfrauen hatten einst eine Königin, welche Merisana hiess. Merisana besass alles, was sie sich wünschen konnte: Gräser und Blumen, Sträucher und Bäume verneigten sich vor ihr und hörten auf ihr Wort, die Wellen legten sich, wenn sie ans Ufer trat, und von dem rosenroten Monte Cristallo bis zu den blauen Bergen der Duranni war ihr die Landschaft untertan. Trotzdem vermochte Merisana nicht froh zu werden, denn wenn auch ihr selbst nichts fehlte, so trauerte sie doch darüber, dass so viele Lebewesen unglücklich seien und dass alle Schmerzen leiden müssten. Aber sie fand keine Möglichkeit, dies zu ändern, und niemand konnte ihr einen Rat geben.

Da geschah es, dass der Strahlenkönig, der Rey de Räyes, der weit hinter dem Anteläo ein grosses und glänzendes Reich besass, eines Morgens ins Costeäna-Tal heraufkam und bei dem Ru de ra Verdzhines Rast hielt. Als er das Wasser betrachtete, sah er für einen Augenblick die schöne Merisana. Er war darüber ausserordentlich erfreut und verwundert; doch glaubte er, nur ein Bild gesehen zu haben, denn er wusste nichts von den Wasserjungfrauen, die in den Fluten zu leben vermögen. Also ging er weiter und kehrte schliesslich wieder in sein Reich zurück. Da gab es viele entzückende Mädchen, aber keines wollte ihm gefallen; er dachte, sie seien wohl schön und edel, aber es fehle ihnen jener Ausdruck von unbedingter Güte und Milde, wie er ihn bei Merisana wahrgenommen und empfunden hatte.

Ein Jahr verging, und der Strahlenkönig konnte Merisana nicht vergessen. Eines Abends besuchte er den König der Lastoyeres auf den Platten von Formin. Und sie sprachen über Merisana.

Da sagte der König der Lastoyeres: «Du kommst in unsere Gegend immer des Morgens oder des Abends; komme doch einmal in der Mittagszeit, und du wirst Merisana sehen können, wie sie über die Waldwiesen wandelt.»

So hatte der Strahlenkönig erfahren, dass Merisana ein wirkliches, lebendes Wesen war, und diese Nachricht machte ihn glücklich. Es dauerte nicht lange, so hatte er sie wiedergesehen und mit ihr gesprochen.

Und am siebenten Tage in der Mittagszeit warb er um ihre Hand. Merisana entgegnete, sie könne ihm nicht «nein» sagen, aber es sei ihr auch unmöglich, sich auf die Hochzeit zu freuen.

«Bevor ich Hochzeit halte», sprach sie, «müssen alle Lebewesen froh werden; da darf kein Mann fluchen, kein Weib klagen, kein Kind weinen, kein Tier stöhnen; alle müssen sich beglückt fühlen … Wenn du das erreichst, dann will ich dein sein!»

Da ging der Strahlenkönig fort und war in grosser Sorge; denn wenn er auch viel Macht besass und weithin wirken konnte, so zweifelte er doch sehr daran, ob es ihm gelingen würde, alle Lebewesen froh zu machen. Er befragte seine weisen Räte, aber auch diese meinten, die Sache sei gänzlich aussichtslos. So kam es, dass der Strahlenkönig nach vielen vergeblichen Bemühungen endlich wieder zu Merisana zurückkehrte und sie bat, sie möge von ihrer Bedingung Abstand nehmen oder sie wenigstens einschränken, denn in jenem Umfang sei sie unerfüllbar. Merisana gab nach und verlangte nur noch, dass an dem Tag ihrer Hochzeit alle Lebewesen froh sein müssten.

Da ging der König wieder fort und war in grosser Sorge; denn ein ganzer Tag schien ihm sehr viel, und auch diese Bedingung hielt er für unerfüllbar. Genauso dachten seine Räte: «Einen ganzen Tag!», riefen sie. «Das ist unmöglich!»

Also begab sich der König wieder zu Merisana und machte ihr begreiflich, dass auch die zweite Bedingung sich nicht erfüllen lasse.

Darob wurde nun Merisana sehr traurig: «Nicht einmal einen Tag!», seufzte sie. «Und ich hatte gemeint, das wäre das Mindeste.»

Aber schliesslich gab sie wieder nach und begnügte sich mit der Mittagszeit.

«Die Mittagszeit», sagte sie, «ist meine liebste Stunde; in der Mittagszeit wollen wir uns trauen lassen, und um diese Zeit sollen alle glücklich sein: Menschen und Tiere, Bäume und Gräser.»

Da ging der Strahlenkönig zum dritten Male fort. Aber diesmal war er nicht mehr in Sorge, denn er hoffte, die Bedingung erfüllen zu können. Und so geschah es auch. Bald erhielten Menschen und Tiere, Bäume und Gräser die Mitteilung, dass an dem bevorstehenden Hochzeitstage des Strahlenkönigs und seiner Braut um die Mittagszeit jeglicher Schmerz, ja selbst das geringste Unbehagen, aufgehoben sein würde. Da freuten sich alle, und in lautem Lobgesang priesen sie die milde und gütige Merisana. Auch sprachen sie davon, wie sie ihre Dankbarkeit zum Ausdruck bringen könnten, und sie beschlossen, dass die Pflanzen ihre schönsten Blumen bereithalten, die Menschen und die Tiere aber grosse Sträusse binden und sie der Merisana am Hochzeitstag bringen sollten.

An diesem Tage gab es nun so viele Sträusse, dass Merisana und ihre Dienerinnen fast keinen Platz mehr dafür hatten. Es waren aber ein paar zauberkundige Zwerge aus dem Wald Amarida herübergekommen; diese staunten über die vielen Sträusse und meinten, man könne einen Baum daraus machen; sie gingen auch sofort ans Werk und schufen die Lärche. Es zeigte sich aber bald, dass sie nicht lebensfähig war, denn sie fing an zu verwelken. Da sagte Merisana, sie wolle ihren Brautschleier opfern, damit der neue Baum leben könne. Und sie umhüllte ihn mit ihrem Brautschleier, der aus einem feinen, lichtgrünen Gewebe bestand. Sofort begann die Lärche zu spriessen und zu grünen; der Schleier aber wuchs in sie hinein.

Über die Eigenschaften des neuen Baumes wunderten sich alle Hochzeitsgäste. In der Tat ist die Lärche der seltsamste aller Bäume; zunächst erscheint sie als Nadelbaum, aber ihre Nadeln sind nicht immer grün wie die der übrigen Nadelbäume, sondern sie vergilben im Herbst und fallen ab, genau wie die Blätter der Laubbäume. Das kommt davon, weil die Lärche aus den Zweigen und Blüten der verschiedensten Pflanzen zusammengesetzt worden ist. Wenn aber die Lärche im Frühjahr zu spriessen beginnt, so sieht sie aus wie ein grüner Hauch, und man erkennt an ihren Zweigspitzen ganz deutlich das Gewebe des Brautschleiers.

Dieser merkwürdige Baum also entstand am Hochzeitstag der Merisana und wurde ihr geweiht. Auf der Sonnenseite des Costeäna-Tales, bei dem Weidenhügel gegenüber der prangenden Croda da Lago, stellte man die erste Lärche auf, und in ihrem durchsichtigen, milden Schatten, der nicht blendende Helligkeit und nicht düsteres Dunkel ist, in diesem sanften Schatten, der alle Wonnen des Waldes und der Mittagsruhe atmet, erfolgte die Trauung des Strahlenkönigs mit der schönen Merisana.

Und es war ein Glanz in den Lüften, wie man solchen noch nie gesehen und eine Seligkeit über Tal und Gebirge und ein Jubel ohnegleichen auf den Höhen der Dolomiten. Denn alle Wesen fühlten mit, und die friedvolle Mittagszeit war erfüllt von der tausendfachen Dankbarkeit aller Wesen.

Sage aus den Dolomiten

Ich hab sie selbst gezogen
aus einem winzigen Kern.
Nun hat sie ihre Blüte geöffnet
gleich einem Stern.

MATTHIAS CLAUDIUS

KAPITEL 6
Königliche Wunderblumen

Ein Königreich ist wie ein grosser Garten, der gepflegt und gehegt werden muss. Diesen Eindruck gewinnt man, wenn man sich in die königlichen Blumenmärchen vertieft. Die Blumen sind dabei nicht nur ein Symbol für die Gesundheit und Wuchskraft des Reiches, sie zeigen auch, wie sensibel dieses Gefüge ist und wie wichtig es ist, wer die Nachfolge eines Königs antritt. Bei den Aufgaben für die zukünftigen Nachfolger haben alle eine Chance und ihr Handeln offenbart, wie sie später das Reich führen werden. Manchmal müssen andere Welten bereist und grösste Gefahren bestanden werden, um die nötige Blume für das Königreich zu erringen. Blumen wachsen aus dem Grab des Bruders, der im Brudermord sein Leben lassen musste, Blumen führen den richtigen König in sein Reich und manchmal sind es die Ärmsten, die zum Königsein erwählt sind. Eine wichtige Rolle spielen die Prinzessinnen, die jeden Tag einen frischen Blumenstrauss wünschen. Sie sind ein Geschenk für den besten Kämpfer, ein Pfand für mutige Recken, und die Freier nehmen viele Mutproben auf sich, um sie zu erringen. Und doch ist es nicht immer der Stärkste, der gewinnt; wie so oft im Märchen entpuppt sich manchmal der vermeintliche Dummling als der wahre König.

Die Parabel von den Blumensamen zeigt in wenigen Worten, was die Zaubermärchen in langen Abenteuern erzählen: Nicht jeder ist dafür geboren, König zu sein, und so hat denn auch der König im zweiten Märchen die «Blumenprobe» ausgesetzt, um den richtigen Nachfolger zu finden. Ist es der mit der schönsten Rose oder das Mädchen mit der Lilie? Nein, es ist der Junge, der bei der Wahrheit bleibt und es wagt, ohne Blume zu erscheinen. Auch in «Die Mondblume» ist ein König in grosser Sorge um sein Erbe. Subu, Boba und Bofa sind seine Söhne, doch welcher soll dereinst König werden? Bis zum Mond muss Subu reisen, um mithilfe von vielen Helfern die Mondblume zu erringen. Die Mondblume öffnet sich um Mitternacht, ein Mädchen kommt daraus hervor und singt. Damit es seine Braut wird, muss er es wieder loslassen und als Blume auf den Teich setzen. Das mag die Botschaft dieser Märchen sein, dass wer etwas wirklich erringen will, es nicht nehmen und festhalten darf. Für dieses Bild ist die Blume ein passendes Symbol.

Die Wunderblume Romanial, im gleichnamigen Märchen, muss ebenfalls von den Söhnen eines Königs errungen werden, aber niemand hat diese Blume jemals gesehen. Der Jüngste findet die Blume und wird von seinen Brüdern aus Neid umgebracht. Der Brudermord geschieht im Märchen selten ungerächt. Aus den Haaren des Jüngsten wächst Schilfrohr und sobald daraus eine Flöte geschnitzt wird, hört man das Lied der ungerechten Tat. Zahlreiche Varianten gibt es von diesem Motiv, doch diese hier hat ein besonders schönes Ende, denn der Jüngste überlebt dank der Wunderblume und wird zum König gekrönt. Vielleicht schaffte er es dank der Blume, die alle Wunden heilt, seinen Brüdern zu vergeben?

Eine zauberhafte Geschichte aus Mallorca erzählt vom Sohn des Königs, der über das Meer segelt, um Geschenke zu überbringen, und als Dank dafür zwei Wunderblumen erhält. Auf der Rückreise retten ihm die beiden Lilien das Leben und führen ihn zurück in sein Königreich.

Wenn der König keinen Sohn hat, so muss er den richtigen Bräutigam für seine Tochter finden und das ist gar nicht so leicht, denn dieser soll später einmal König werden. Hans, in dem Märchen aus Tschechien, gelingt dies dank einem duftenden Blumenstrauss, dem niemand widerstehen kann. Wie gut, dass die Prinzessin ihn nach allen Prüfungen trotz seiner Verkleidung als ihren wahren Bräutigam erkennt.

Auch die Glücksblume im nächsten Märchen führt zum Schloss des Königs, doch der Weg dahin ist lang, denn der Held ist ein Junge, der mit seiner Mutter in grosser Armut lebt. Seine Lehre bei einem alten Weisen verhilft ihm zur Glücksblume, mit der er den König trösten und die gefangene Prinzessin befreien will. Wie gut, dass Janko mit der Blume sprechen und sich in jede Gestalt verwandeln kann!

In «Die drei Rosen» werden die drei Bauernsöhne von einem kleinen Männlein geprüft, bevor sie der Königstochter die Rose bringen können. Wer aber will einen Bauern zum König machen? Ganz klassisch muss Hans erst drei Prüfungen bestehen, bis er mit der Königstochter zufrieden und glücklich leben kann.

Schwierige Prüfungen sind auch in «Die schönste der Blumen» zu lösen. Dem jungen, armen Helden hilft der alte Vater die richtigen Antworten zu finden. Doch welche ist die schönste aller Blumen? Die Lösung zeugt von Weisheit und es ist gut, dass der Alte dem späteren König als Ratgeber zur Seite steht.

Die Könige sind oft eigensinnig und leicht zu verdriessen, wenn ihre Wünsche nicht erfüllt werden. So kostet es die Gärtner des Königs Avetis die Freiheit, wenn sie die Rose des Lebens nicht zum Blühen bringen können. Nur einer vermag die Rose zu beschützen, und in der Tradition der Märchen muss er die ganze Nacht wachen, um im richtigen Moment die Schlange zu töten, die die Rose bedroht. Rosengärten sind überall der Stolz der Könige gewesen, so war es auch bei König Laurin, der in der Sage aus den Dolomiten einen geheimen Rosengarten besass. Heute ist er nur noch zu sehen, wenn die Sonne ihre ersten Strahlen über die Berge schickt und die Felsen in

Rosenschimmer taucht. Den Schluss des Kapitels bildet eine Parabel, die den Garten des Königs als symbolischen Ort der menschlichen Charaktere und Psyche zeigt. Wer würde sich nicht ab und zu in der Rose oder der Tanne wiedererkennen? In diesem Sinne sei allen gewünscht, sich die Worte des Stiefmütterchens zu Herzen zu nehmen.

Die Blumensamen

Es war einmal ein mächtiger König, der hatte drei Söhne, die waren ihm alle drei gleich lieb. Als der König immer älter wurde, plagte ihn die Frage seiner Nachfolge. Welcher der drei Söhne sollte einmal seinen Thron erben? Sie schienen ihm alle drei gleich stark und schlau. Bald konnte er nicht mehr ruhig schlafen, fand keine Antwort. So befragte er seine Wesire und Ratgeber. Doch kein Rat schien ihm richtig zu sein. Da hörte der König von einem Weisen. Er machte sich auf, diesen Mann zu besuchen und kehrte mit dessen Ratschlag heim. Der König rief nun seine drei Söhne zu sich und sprach: «Meine Söhne, ich werde eine Pilgerreise unternehmen und niemand weiss, wie lange es dauern wird, bis ich wieder zurückkehre. Ich gebe jedem von euch einen Beutel mit Blumensamen. Derjenige von euch, der die Samen am besten hütet, soll später mein Nachfolger sein.»

Der König verliess das Schloss und der erste Sohn überlegte nicht lange, legte den Beutel mit Samen in eine eiserne Truhe, damit sie bis zur Rückkehr des Vaters gut verwahrt wären.

Der zweite Sohn aber dachte: «Was kann ich mit Blumensamen anfangen? Wenn ich sie wegschliesse, werden die Samen absterben. Am besten ist, wenn ich auf den Markt gehe und sie verkaufe. Sobald der Vater zurückkehrt, werde ich neue Samen besorgen.»

Der dritte Sohn nahm den Beutel, ging in den Garten und streute die Samen aus.

Die Pilgerfahrt des Königs dauerte drei Jahre. Als er heimkehrte, führte der älteste Sohn ihn zu der eisernen Truhe, um ihm die Samen zurückzugeben.

Doch in den Jahren waren die Samen verfault und der Vater sprach: «Dies sind nicht die Samen, die ich dir anvertraute. Aus diesen Samen wird niemals wieder etwas erblühen.»

Der zweite Sohn eilte zum Markt und kaufte die gleiche Menge Samen, wie der Vater ihm gegeben hatte, kehrte ins Schloss zurück und überreichte sie dem Vater. Doch dieser sprach: «Du hast besser gehandelt als dein älterer Bruder, aber dies sind fremde Blumensamen und nicht die meinigen.»

Nun suchte der König den dritten Sohn und fand ihn im Garten.

Dort blühten Tausende von Blumen und der Jüngste war dabei, die reifen Samen einzusammeln und in den Beutel zu füllen und er rief: «Schaut, oh Vater, diese Blumen sind aus den Samen erblüht, die Ihr mir gegeben habt.»

Da stieg ein Lächeln im Gesicht des Königs auf und er sprach: «Du wirst mein Erbe sein, denn mit deiner Hilfe wird das Königreich wachsen und gedeihen.»

Parabel aus Indien

Soniri, der Thronfolger

Es war einmal ein weiser alter König, der ein kleines Königreich gerecht regierte. Seine Untertanen waren zufrieden, lebten in Ruhe und hatten ihr Auskommen. Den König aber quälten düstere Gedanken, und die Sorgenfalten auf seiner Stirn wurden immer tiefer. Es tat ihm leid, dass er keine Kinder hatte. Wem würde er die Königskrone und den Thron vererben? Wer würde sein so gut begonnenes Werk fortsetzen? Das war es, worüber sich der alte König den Kopf zerbrach. «Nehmt doch einen klugen Knaben von vornehmer Herkunft an Kindesstatt an und erzieht ihn als Euren Sohn und Nachfolger», empfahlen seine Ratgeber.

Der König aber zögerte. Von allen Seiten drängten ihm die Höflinge ihre Neffen oder Vettern auf, deren Fähigkeiten sie in den höchsten Tönen priesen. Wie aber sollte sich der König davon überzeugen, welcher von ihnen geeignet war, die Königskrone zu tragen? Nicht umsonst sagte ein altes Sprichwort: Durch das Fell kannst du dem Tiger nicht die Rippen zählen; was im Menschen steckt, kann man nicht sehen.

Eines war sicher, sein Nachfolger sollte weise und besonnen sein, vor allem aber wahrheitsliebend.

Der alte König überlegte so lange, bis er eine Lösung wusste. Er rief die Kinder aus der ganzen Umgebung zu sich und gab jedem Knaben und jedem Mädchen einige Samen. Er sprach: «Legt diese Samen in einen Blumentopf und betreut sie gut. Wer von euch die schönsten Blumen züchtet, den will ich als Sohn oder als Tochter annehmen.»

Die Kinder liefen mit den Samen nach Hause. Sie verschafften sich Blumentöpfe und gute Erde, säten die Samen und betreuten sie. Und jedes Kind sah sich schon als Prinz oder Prinzessin im königlichen Palast.

Auch Soniri, einer der Knaben, wollte sich nicht beschämen lassen. Er nahm einen grossen Blumentopf, legte vorsichtig die Samen in die feingesiebte Erde und begoss sie morgens und abends.

Er widmete dem Blumentopf seine ganze Zeit und sein ganzes Herz. Er wartete ungeduldig auf die ersten zarten Blättchen, aber vergebens. Es verging eine Woche und noch viele Tage – im Blumentopf aber zeigte sich keine Veränderung.

Weinend lief Soniri zu seiner Mutter, doch auch diese wusste keinen Rat. Er versuchte, die Samen umzusetzen, aber es half nicht: Die Samen wollten nicht aufgehen.

Endlich war der Tag angebrochen, an dem der König die Blumen besichtigen wollte. Schon im Morgengrauen hatten sich die Kinder auf der Strasse, die zum Palast führte, eingefunden.

Jedes Kind war festlich gekleidet und umklammerte seinen Blumentopf. Es hatte sich viel Volk eingefunden, und alle warteten gespannt darauf, welche Blume in den Augen des Königs die schönste war. Zum Klang der Trommeln und Pfeifen bahnte die königliche Wache den Würdenträgern den Weg. An ihrer Spitze schritt der König und besichtigte aufmerksam jeden einzelnen Blumentopf.

Beide Seiten der Strasse waren mit wunderschönen Blumen gesäumt. Rosa Azaleen, scharlachroter Mohn, blaue Glockenblumen, die grossen Kugeln der Pfingstrosen und feuerfarbene Lilien, Maiglöckchen schimmerten wie weisse Perlen, betaute Rosenknospen hoben ihre lieblichen Köpfe, weisse, goldgelbe und violette Blütenblätter schimmerten wie Nephrit – es war ein einzigartiger Anblick! Und ein leichter Wind trug den betäubenden Duft von Tausend Blüten in die Umgebung.

«Seht nur, allergnädigster König, ist das nicht eine herrliche Blüte?», versuchten die Minister und Ratgeber die Aufmerksamkeit des Herrschers auf die eine oder andere Blume zu lenken.

Doch auf dem Antlitz des alten Königs breitete sich eine immer grössere Enttäuschung aus. Teilnahmslos sah er auf die schönsten Schöpfungen der Natur und das Ergebnis des Fleisses der kleinen Gärtner. Und die Sorgenfalten auf seiner Stirn wurden immer tiefer.

Auf einmal aber fesselte etwas seinen Blick. An der Schwelle eines Hauses, ganz am Ende der Strasse, sass ein kleiner Knabe und weinte. Auf dem Schoss hielt er einen grossen Blumentopf, in dem sich nichts als Erde befand. Der Knabe hiess Soniri.

«Führt ihn zu mir!», befahl der König.

Als man Soniri zu ihm brachte, fragte er ihn streng: «Warum weinst du? Wieso ist dein Blumentopf leer?»

Da erzählte Soniri dem König, wie sehr er sich bemüht habe, aus dem Samen eine Blume zu züchten. Aber alle Mühe sei umsonst gewesen – aus den seltenen Samen des Königs wolle nichts keimen. Vielleicht sei das die Strafe dafür, dass er im Garten des Nachbarn Äpfel gestohlen habe, schluchzte der Knabe.

Bei der Antwort Soniris erheiterte sich das Antlitz des Königs. Freudig zog er den Knaben an sich und sprach: «Im ganzen Königreich gibt es keinen aufrichtigeren Knaben als Soniri. Er allein verdient es, mein Sohn und Thronfolger zu werden!»

Unter den Würdenträgern und in der Menge erhoben sich unzufriedene Stimmen: «Weshalb wollt ihr einen Knaben an Kindesstatt annehmen, der nur einen leeren Blumentopf hat?»

«Hört mich an, Leute! Die Samen, die ich an die Kinder verteilte, habe ich vorher gekocht! Sie konnten also gar nicht aufgehen!»

Da verstanden die Würdenträger und alles Volk die Absicht des weisen Königs, und sie nickten zustimmend.

Die Kinder mit den blühenden Blumen aber senkten die Augen und ihre Wangen brannten vor Scham. Freilich, auch bei ihnen waren die Samen nicht aufgegangen, aber aus Sehnsucht, ein Prinz oder eine Prinzessin zu werden, hatten sie zu einem Betrug Zuflucht genommen und insgeheim die unfruchtbaren Samen mit anderen vertauscht.

Märchen aus Korea

Die Mondblume

Es ist schon lange her, da lebte einmal ein mächtiger und starker Häuptling, der hatte drei Söhne. Als diese gross geworden waren, kamen sie einmal zu ihm und sagten: «Vater, sage uns, wer von uns dreien wird einmal alle deine Herden, deine Häuser und dein Land bekommen?» Auf diese Frage wusste der Vater keine Antwort, denn er liebte seine drei Söhne gleichermassen. Lange dachte er über eine Antwort nach und als er keine fand, liess er die Zauberer rufen und sprach zu ihnen: «Geehrte Zauberer, ihr seid alt und weise, sagt mir, welcher meiner drei Söhne soll einmal mein Reich erben?» Die Zauberer überlegten hin und her, rauchten die Pfeife, tranken auch nicht wenig Wein dazu, und schliesslich stand einer auf und sagte: «Geehrter Herr, keiner von uns kann dir die rechte Antwort geben. Aber der Älteste von uns lebt auf einem Berg. Geht zu ihm, er wird die Antwort wissen.»

Da rief der König seine Söhne zu sich, um alles für die gemeinsame Reise vorzubereiten. Die Söhne hiessen Subu, Boba und Bofa. Subu musste den Maulesel führen, Boba das Essen tragen und Bofa sollte auf die Waffen des Vaters aufpassen.

Sie wanderten einen ganzen Tag und am Abend suchten sie sich einen Platz zum Schlafen. Der Vater schickte die Söhne aus, um Holz zu sammeln. Dabei stiessen sie auf eine Fallgrube, in der ein Elefant gefangen war. Boba und Bofa liefen daran vorbei, doch Subu tat der Elefant leid. Er warf so lange Erde in die Grube, bis dieser heraussteigen konnte. Als er befreit war, sprach der Elefant zu Subu: «Ich danke dir, dass du mir das Leben gerettet hast. Wenn du einmal Hilfe brauchst, kannst du mich rufen und ich werde kommen und dir helfen.»

Als Subu zum Lager kam, hatten Boba und Bofa schon ein Feuer entfacht und der Vater fragte: «Subu, wo bist du gewesen?» Subu erzählte alles, wie es geschehen war. Da schimpften die Brüder mit ihm, der Vater aber schwieg.

Am nächsten Morgen zogen sie weiter und kamen bis an den Fuss eines hohen Berges. Die drei Brüder gingen wieder los, um Holz zu sammeln. Nach kurzer Zeit stiess Subu auf einen Leoparden, der in einer Falle gefangen war. Er hatte Angst vor dem Leoparden, doch dieser sprach: «Bitte befreie mich, Subu, dann werde auch ich dir einmal helfen.»

Da half Subu dem Leoparden und kam wieder als Letzter zum Lager zurück. Der Vater fragte ihn: «Wie kommt es, Subu, dass du so spät kommst?»

Subu erzählte vom Leoparden und die Brüder schimpften mit ihm, dass er ein Raubtier befreit hatte, der Vater aber schwieg.

Am folgenden Tag wanderten sie den Berg hoch und weil der Vater müde wurde, nahm Subu ihn auf die Schultern und trug ihn. Oben aber war ein Krater und in dem Krater wohnte der Älteste der Zauberer.

Mittlerweile war es schon dunkel geworden und die Söhne sollten wieder ein Feuer machen. Doch auf dem Berg wuchsen keine Bäume oder Büsche. So rupften Boba und Bofa ein paar Büschel Gras aus und gingen zum Lager zurück. Subu aber kletterte in den Krater und sah dort im Gebüsch einen Affen, der sich in einer Liane verfangen hatte. Er half dem Affen, sich zu befreien und dieser sprach: «Subu, von nun an bist du mein Freund und auch ich werde dir helfen.»

Schliesslich kam Subu mit dem Holz zum Lager und der Vater freute sich. Boba und Bofa aber wurden mit jedem Tag wütender auf ihren Bruder.

Am anderen Tag besuchte der Vater den Ältesten der Zauberer, die Söhne aber mussten vor dessen Hütte warten. Der Zauber begrüsste den Häuptling und sprach: «Ich weiss, warum du hier bist, und ich könnte dir die Antwort geben. Doch es ist besser, wenn du deine Söhne selber erprobst. Schicke sie in die Welt hinaus, die Mondblume zu holen, und wer sie heimbringt, soll dein Nachfolger werden.»

Der Häuptling war damit einverstanden und kehrte nach Hause zurück, während die drei Brüder loszogen, um die Mondblume zu holen.

Überall fragten sie nach dem Weg, doch schliesslich sagte ein alter Mann: «Die Mondblume wächst auf dem Mond in einem Teich, der von einer Schlange bewacht wird. Geht auf den höchsten Berg. Dort hat der Storch sein Nest gebaut und er fliegt jeden Monat einmal zum Mond.

So wanderten die drei Brüder los, lange, lange, bis sie endlich an den Fuss des höchsten Berges kamen. Boba schaute hinauf und sagte: «Geht ihr ruhig weiter, ich will lieber nach Hause gehen, als mir hier den Hals zu brechen.»

Subu und Bofa begannen sogleich den Berg zu besteigen. Kaum waren sie oben, da sahen sie, dass auf dem Berg wieder ein Berg stand und dieser war so hoch, dass seine Spitze in den Wolken verschwand. Da kehrte auch Bofa entmutigt um, und Subu ging alleine weiter. Einen ganzen Tag versuchte er, den Berg zu erklimmen, doch er war so glatt, dass er abrutschte.

Da kam auf einmal der Affe daher, den Subu einmal befreit hatte, und sagte: «Subu, wir sind doch Freunde! Ich helfe dir, du must heute noch bis zur Spitze des Berges gelangen, denn heute ist Vollmond und der Storch beginnt seine Reise. Komm, ich werde dich hinaufziehen.»

Schnell waren sie oben über den Wolken und da, auf der Spitze des Berges, war das Nest vom Storch und der Affe sprach: «Lieber Storch, bitte tu mir den Gefallen und nimm meinen Freund mit zum Mond hinauf, denn er will sich die Mondblume holen.»

«Nun gut!», sprach der Storch. «Ich nehme ihn mit, doch in der Nacht kann er die Blume nicht sehen und am Tag könnte ihn die Schlange fressen. Ich aber muss noch diese Nacht wieder zurückfliegen.»

So nahm der Storch Subu auf seinen Rücken, setzte ihn auf dem Mond ab und wünschte ihm viel Glück.

Subu wartete bis die Sonne aufging und wanderte zum Mondteich. Dort sass die Schlange und wollte ihn fressen. In diesem Moment sprang der Leopard hinzu, den Subu einmal gerettet hatte. Er kämpfte mit der Schlange und rief Subu zu: «Schnell, eile zum Teich und hole dir die Mondblume, beeile dich!»

Schnell ging Subu zum Teich, grub vorsichtig die Wurzeln der Blume aus, wickelte sie in ein grosses Blatt und ging zurück. Als der Leopard ihn sah, liess er die Schlange los und gemeinsam brachten sie sich in Sicherheit.

Jetzt sass Subu auf dem Mond, hatte nichts zu essen und nichts zu trinken und erst in einem Monat würde der Storch wiederkommen, um ihn zu holen. Er war so verzweifelt, dass er gar nicht sah, wie der Leopard in einem grossen Sprung auf die Erde hinuntersprang, um Subus Freund, den Elefanten zu holen.

«Onkel Elefant», rief er schon von Weitem, als er ihn gefunden hatte. «Du musst mir helfen! Unser Freund Subu wollte sich die Mondblume holen und nun sitzt er auf dem Mond und kann nicht herunter.»

«Hm, hm», sagte der Elefant, «dann wollen wir ihn mal holen.»

Gemeinsam wanderten sie auf den höchsten Berg, und oben angelangt machte sich der Elefant ganz gross, so gross wie ein Gebirge. Dann streckte er seinen Rüssel aus, dass er ganz lang und dünn wurde wie ein Seil und bis zum Mond hinaufreichte. «Los Subu!», rief er. «Komm schnell herunter!»

Da nahm Subu das Blatt mit der Mondblume und rutschte auf dem Rüssel des Elefanten bis auf die Erde hinunter.

Die Freunde waren froh, dass er heil wieder da war, und wünschten ihm Glück für die Heimreise.

Nach vielen Tagen kam Subu zurück in sein Dorf und brachte seinem Vater die Mondblume. Dieser sprach: «Ich bin stolz auf dich, Subu! Pflanze die Blume im Garten ein, dann will ich dir eine Frau suchen und dich zu meinem Nachfolger ernennen.»

Subu pflanzte die Mondblume in den Teich und sein Vater liess die Mädchen aus seinem Stamm zusammenrufen. Subu schaute sich alle Mädchen an, konnte sich aber für keine entscheiden und sprach: «Vater, lass mir noch Zeit, ich werde schon die richtige Braut finden.»

In der Zwischenzeit war die Mondblume im Garten gut angewachsen und wuchs und blühte. In der nächsten Vollmondnacht ging Subu im Garten spazieren und da hörte er eine Stimme singen:

«Mondblume heisse ich,
am Blütenkleid erkennt man mich.
Wer mich pflückt zur Vollmondnacht,
hat das grosse Glück gemacht.»

Subu ging der Stimme nach und sah, dass sie von der Mondblume kam. Mitten in der Blüte sass ein Mädchen und sang die ganze Nacht, bis sich die Blüte am Morgen wieder schloss.

Am nächsten Tag ging Subu zu seinem Vater und erzählte ihm, was er gesehen hatte. Dieser hörte aufmerksam zu und sprach dann: «Geh zum alten Zauberer und frage ihn um Rat, denn wenn wir etwas falsch machen, könnte das Mädchen sterben.»

Subu machte sich sogleich auf den Weg zum Zauberer. Er traf ihn in der Hütte auf dem Berg und ohne ihn anzusehen sagte dieser: «Schön, dass du da bist, Subu. Du hast meinen Kindern geholfen, dem Elefanten, dem Leoparden und dem Affen, und sie haben auch dir geholfen. So will ich dir das Geheimnis der Blume verraten: Wenn das Mädchen das nächste Mal singt, so antwortest du:

‹Schöne wie der Morgenstern,
pflücken möchte ich dich gern;
doch fürchte ich nun
dir weh zu tun.›

Danach warte ab, was das Mädchen tun wird.»

Subu bedankte sich beim Zauberer und machte sich auf den Heimweg. In der nächsten Vollmondnacht setzte er sich in den Garten und wartete. Als der Mond hell schien, öffnete sich die Blüte der Mondblume und das Mädchen sang:

«Mondblume heisse ich,
am Blütenkleid erkennt man mich.
Wer mich pflückt zur Vollmondnacht,
hat das grosse Glück gemacht.»

Und Subu sang zurück:

«Du bist schön wie der Morgenstern,
pflücken möchte ich dich gern;
doch fürchte ich nun
dir weh zu tun.»

Darauf antwortete das Mädchen:

«Liebster Subu, pflücke mich gleich
und trage mich zum nächsten Teich,
lass mich auf dem Wasser schweben,
so kann ich immer bei dir leben.»

Nach diesen Worten ging Subu zum Teich, pflückte vorsichtig die Blüte und legte das Mädchen mit der Blüte auf das Wasser. Die Blüte schwebte auf dem Wasser und wie Subu ihr dabei zusah, fiel er auf einmal in einen tiefen Schlaf. Als er am nächsten Morgen erwachte, sass das Mondblumenmädchen bei ihm. Subu schloss es in die Arme und noch am gleichen Tag wurde Hochzeit gefeiert.

Märchen aus Brasilien

Die Wunderblume Romanial

Vor vielen Jahren lebte einmal ein König. Dieser hatte drei Söhne, von denen waren zwei wild und stark, der jüngste aber, Bernadet, war ganz anders als seine Brüder. Eines Tages hatten die beiden älteren Brüder einen Adler gefangen. Sie banden ihn mit einer Schnur an einen Orangenbaum und quälten ihn, bis er blutete. Bernadet hatte Mitleid mit dem Adler. Eines Nachts, als alle schliefen, schlich er in den Garten zum Orangenbaum und band den Adler los. Da sprach dieser voller Dankbarkeit: «Danke dir, Bernadet, für deine gute Tat. Auch ich will dir etwas Gutes tun. Zieh mir aus meinem rechten Flügel die längste Feder aus und schnitze dir daraus ein Pfeifchen. Solltest du jemals Hilfe brauchen, so blase in das Pfeifchen und ich werde zu dir kommen.»

Bernadet nahm die Feder und der Adler breitete daraufhin seine Flügel aus und flog davon.

Kurze Zeit darauf musste der König in den Krieg ziehen. Er schlug seine Feinde und kehrte mit vielen Wunden heim. Die Ärzte pflegten ihn, doch eine Wunde wollte sich nicht schliessen, was auch immer sie taten. Schliesslich sprach einer: «Der König wird erst wieder gesund werden, wenn wir die Blume Romanial haben, denn sie heilt alles. Wenn wir nur wüssten, wo sie wächst!»

Der König hörte diese Worte und rief seine Söhne zu sich. «Hört!», sprach er. «Nur die Blume Romanial kann mich noch retten. Zieht los und findet sie. Wer sie mir bringt, soll nach meinem Tod die Krone erhalten.»

Da nahmen sich die drei Brüder jeder einen Beutel voll Gold und ein Pferd und ritten los.

Nach einiger Zeit kamen sie zu einer Wegkreuzung, von der drei Wege in verschiedene Richtungen gingen und sie sagten: «Lasst uns jeder in eine andere Richtung gehen und in einem Jahr wollen wir uns wieder treffen und hören, was die anderen gefunden haben.»

So machten sie es und jeder zog in eine andere Himmelsrichtung davon. Sie wanderten und suchten, sie fragten überall nach der Wunderblume Romanial, aber niemand hatte sie je gesehen. Sie gingen durch Meere und über Berge, die Monate vergingen und keiner hatte die Blume gefunden. Schliesslich brach der zwölfte Monat an, bald sollten die Brüder sich wiedertreffen, da fiel Bernadet das Pfeifchen ein. Er nahm es hervor, blies hinein und kurz darauf erschien der Adler und fragte: «Was wünschst du, Bernadet?»

«Ach, lieber Adler, mein Vater ist krank und nur die Blume Romanial kann ihn retten. Kannst du mir sagen, wo ich sie finde?»

Der Adler breitete seinen rechten Flügel aus, wies damit über das Meer zu einem mächtigen Felsen, der aussah wie ein Schnabel. Kahl stand er dort im Nebel und schimmerte blau. «Siehst du den Felsen dort? Auf seinem Gipfel wächst ein Strauch, der seltene Blumen trägt. Dies ist die Blume Romanial.»

Bernadet sah den Felsen weit im Meer draussen und rief verzweifelt: «Wie soll ich denn dahin kommen? Ich habe kein Schiff und kein Mensch kann diesen Felsen besteigen.»

«Darüber brauchst du dir keine Sorgen zu machen», sprach der Adler. «Setze dich auf meinen Rücken und halte dich gut fest, dann kann ich dich hinbringen.»

Da nahm Bernadet seinen ganzen Mut zusammen und setzte sich auf den Rücken des Adlers. Dieser hob die Flügel an und begann seinen Flug. Höher und höher flog er und oben auf der Spitze des Felsens landete er sanft und Bernadet stieg mit zitternden Beinen auf den harten Boden. Unten schäumte das Meer und oben brauste der Wind und vor ihm öffnete sich eine tiefe Felsspalte.

«Halte dich gut fest», sprach der Adler, «und schau in den Fels hinein!»

Bernadet streckte sich und schaute tief in den Felsen hinab. Und was sah er? «Das ist ja das Schönste, das ich je gesehen habe», rief er aus. «Eine Blume mit süssem Duft, die schönste Blume der Welt!»

«Dies ist die Blume Romanial», sagte der Adler. «Du musst sie herausholen. Krieche tief in den Fels hinein und brich die Blume ab.»

Bernadet zwängte sich in den Felsspalt hinein. Langsam kroch er tiefer, doch bald kam er nicht mehr weiter. Er kroch hinaus und sprach betrübt: «Ich schaffe es nicht, nur eine Handbreit fehlt!»

Da hielt ihm der Adler einen Fuss hin und sagte: «Trenn diesen Fuss ab und versuch es noch einmal, damit wird es gelingen.»

«Um nichts in der Welt werde ich dir einen Fuss abtrennen!», rief Bernadet erschrocken.

«Vertraue mir!», sprach der Adler. «Sobald du die Blume Romanial hast, wirst du meinen Fuss wieder heilen.»

Schliesslich nahm Bernadet das Messer, das er immer bei sich trug, und trennte dem Adler den Fuss vom Bein. Er kroch in den Fels hinein, streckte die Hand mit dem Fuss weit aus und als er die Blume berührte, schlossen sich die Krallen um die Blume und er konnte sie aus dem Fels herausziehen.

Er hielt die Blume in der Hand und betrachtete sie. Drei Blüten von der Farbe des Himmels steckten über frischen Blättern und der Duft stieg ihm lieblich in die Nase.

«Pflücke eine der drei Blüten und reibe damit meinen Fuss ein, damit er heilt», sprach der Adler.

Bernadet nahm eine Blüte, hielt sie mit dem Fuss an die verletzte Stelle und rieb darüber. Kaum geschehen, da war der Fuss wieder fest mit dem Bein verwachsen, als wäre es nie anders gewesen.

«Nun siehst du, dass du mir vertrauen kannst», sagte der Adler. «Hör nun gut zu. Trenne die beiden letzten Blüten und verstecke sie gut. Zeige immer nur eine von ihnen und denke daran: Werden sie einmal verwendet, so verlieren sie danach ihre Wunderkraft.»

Nach diesen Worten hiess er Bernadet wieder auf den Rücken steigen und er trug ihn ans Land zurück. Bernadet verabschiedete sich vom Adler, versteckte jede einzelne Blüte und eilte den Weg zurück zur Wegkreuzung, wo er seine Brüder treffen wollte.

Er kam als Erster auf der Kreuzung an und am Mittag kam der älteste der Brüder und rief: «Bernadet! Du hast gewonnen, denn ich bin mit leeren Taschen gekommen!»

«Ich habe die Blume gefunden!», rief Bernadet glücklich und zog eine der Blüten hervor.

Staunend sah der älteste Bruder auf die Blume. Wie schön sie war und wie herrlich sie duftete! Doch dann kamen ihm andere Gedanken: Sein Bruder Bernadet würde die Krone erhalten und er, der Älteste, würde leer ausgehen – das durfte nicht geschehen! In seiner Wut packte er die Blume Romanial, riss sie dem Jüngsten aus der Hand, tötete ihn und vergrub ihn im Sand.

Bei Sonnenuntergang traf auch der zweite Bruder mit leeren Händen ein. Der Älteste aber sprach: «Ich habe die Blume gefunden und so ist es richtig, denn ich bin der Älteste und mir gehört die Krone. Lass uns zu Vater heimkehren.»

«Sollen wir nicht auf Bernadet warten?», fragte da der Bruder.

«Der wird uns schon einholen. Er hätte sich halt mehr beeilen müssen», sprach der Älteste und sie machten sich gemeinsam auf den Heimweg.

Zu Hause angekommen gingen sie direkt in den Palast, überbrachten dem Vater die Blume Romanial und als man sie auf dessen Wunde legte, heilte sie augenblicklich. Glücklich schaute der König auf seinen ältesten Sohn und sprach: «Dir soll die Krone dereinst gehören. Doch sagt, wo ist euer Bruder Bernadet?»

Von diesem wussten sie nun nicht mehr zu sagen, als dass er nicht wie verabredet erschienen sei und der Älteste war froh, dass er ihn tot wusste. Bernadet jedoch lag unter dem Sand. Und da er lange, schöne Haare hatte, lugte eines ein kleines bisschen aus dem Sand heraus und begann langsam zu wachsen. Es wurde grösser und grösser und wuchs zu einem prächtigen Schilfrohr heran.

Schon bald darauf kam ein Hirtenjunge vorbei, sah das Schilfrohr, schnitt es ab und schnitzte sich daraus eine Flöte.

Er hob die Flöte an die Lippen und begann zu blasen. Doch hört, welches Lied die Flöte sang:

«O Hirt, lieber Hirt!
Spielst auf eine Weise,
dass kein Leid mir wird.
Doch der grosse Bruder mein
begrub mich in den Sand hinein,
wegen einer Blume fein.»

Der Hirt wunderte sich sehr. Er versuchte es noch einmal und dann noch einmal, doch immer erklang das gleiche Lied. Schliesslich nahm er die Flöte, zog mit seiner Herde weiter und kam eines Tages beim Palast des Königs vorüber. Dieser hörte die feine Musik, schaute aus dem Fenster und rief den Hirten zu sich. «Gib mir deine Flöte. Auch ich will dein Lied einmal spielen.»

Der Hirte übergab die Flöte, der König nahm sie an die Lippen, blies hinein und die Flöte sang:

«O Vater, lieber Vater!
Spielst auf eine Weise,
dass kein Leid mir wird.
Doch der grosse Bruder mein
begrub mich in den Sand hinein,
wegen einer Blume fein.»

Erschrocken rief der König die Königin herbei und sagte: «Spiel du einmal auf dieser Flöte.»

Sie setzte die Flöte an die Lippen und die Flöte sang:

«O Mutter, liebe Mutter!
Spielst auf eine Weise,
dass kein Leid mir wird.
Doch der grosse Bruder mein
begrub mich in den Sand hinein,
wegen einer Blume fein.»

Nun hörte der König das Lied zum dritten Mal und ihm kam ein schlimmer Gedanke. Er liess nach seinen Söhnen rufen und auch beim zweiten Sohn spielte die Flöte das Lied. Der Älteste aber rief: «Ich will nicht spielen!»

Doch der König blieb unerbittlich, und als der Älteste die Flöte an die Lippen nahm, ertönte das Lied:

«O Bruder, schlimmer Bruder!
Spielst auf eine Weise,
dass viel Leid mir wird.
Du grosser Bruder mein
begrubst mich in den Sand hinein,
wegen einer Blume fein.»

Da befahl der König dem Hirten, ihm die Stelle zu zeigen, wo er das Schilfrohr geschnitten hatte, und der ganze Hofstaat begab sich zum Sandhügel, unter dem Bernadet begraben war.

Währenddessen lag Bernadet schlafend im Sand, denn die letzte der Blüten der Blume Romanial, die er bei sich getragen hatte, hielt ihn am Leben. Der König liess im Sand graben und so fanden sie Bernadet lebend und munter. Er erzählte alles, was ihm geschehen war, und bat gleichzeitig um das Leben seines Bruders.

Der Vater schloss seinen Jüngsten in die Arme, den Ältesten aber liess er in den dunkelsten Kerker werfen. Bernadet jedoch erhielt noch in dieser Stunde die Königskrone und wurde einer der besten Könige, die die Welt je gesehen hat.

Märchen aus Mallorca

Die Blumen des Maurenkönigs

Lange bevor es auf Mallorca schneite, lebte im Hafen von Felanix ein edler König, der einen einzigen Sohn namens Bernat hatte. Der König kaufte seinem Sohn ein Segelschiff, denn Bernat liebte die See mehr als das Land. Eines Tages sagte der König zu seinem Sohn: «Belade dein Schiff mit Safran und segle zum König der Mauren, der am anderen Ufer des Meeres wohnt. Sage ihm, dass ich ihm die Geschenke sende.» Also wurde Bernats Schiff mit Säcken voll goldgelben Safrans beladen. Der Anker wurde gelichtet, die Segel gesetzt, und das Schiff glitt aus dem blauen Hafen und nahm Kurs auf das maurische Königreich.

Viele Tage und Nächte glitt Bernats Schiff über das ruhige Meer, bis es einen weissen Hafen erreichte, dessen Häuser wie Treppen an einen Hügel gebaut waren. Auf der Spitze des Hügels stand des Maurenkönigs schwarzer Marmorpalast inmitten von Blumen und Springbrunnen. Bernats Matrosen trugen den Safran in Körben zum Palast hinauf. Bernat stellte sich dem König vor und sagte: «Eure Majestät, mein Vater, der König von Felanix auf Mallorca dort über dem Meer, sendet euch diesen Safran mit seinen besten Wünschen.»

«Tausendmal willkommen, Bernat!», antwortete der Maurenkönig. «Ich bin glücklich, dass dein Vater mir diese kostbare Ladung gesandt hat, und dass es ein so mutiger Seemann ist, der sie mir bringt. Sei bitte für sieben Tage mein Gast.»

Bernat blieb also im Palast des Maurenkönigs, ass gewürzte Speisen und schlürfte aromatische Getränke. Den ganzen Tag lang spazierte er um die Stadtmauern und durch die Bazare, und er sah dabei viele, viele Dinge, die er niemals zuvor erblickt hatte.

Am siebenten Abend sagte der Maurenkönig: «Bernat, ich will dir dein Segelschiff mit kostbaren Gaben für deinen Vater beladen lassen, um unsere Freundschaft zu besiegeln. Es sind die schönsten Dinge aus Elfenbein, Gold und Silber, die es in meinem Königreich gibt, handgearbeitet und mit Gemmen verziert. Für dich selbst suche bitte drei Blumen aus meinem Garten aus, der die seltensten Blüten auf dieser Erde enthält.»

Am nächsten Tag wurde Bernats Schiff mit den Geschenken des Maurenkönigs beladen – mit silbernen Samowars und Elfenbeinkästchen mit eingelegten Perlen, Pokale mit Smaragden aus den Bergwerken des Ostens, Dolchen aus Damaszener-Stahl mit Griffen aus Achat und Scheiden aus Ebenholz. Während seine Diener das Schiff beluden, führte der Maurenkönig Bernat in den Garten. Niemals zuvor hatte Bernat so viele Blumen gesehen, solche Farben, Blätter, Blüten und Knospen. Er schaute und atmete den Blütenduft, aber er konnte sich nicht entscheiden. Sobald er eine hübsche Blume sah, erschien ihm die nächste noch schöner.

Nachdem sie lange auf den Gartenpfaden unter den Bäumen an melodisch plätschernden Springbrunnen vorbei gewandelt waren, fühlte sich der Maurenkönig in seinem Stolz verletzt. «Wir sind durch meinen ganzen Garten gegangen, und du hast nicht eine einzige Blume ausgewählt», sagte er zu Bernat. «Hat dir denn gar keine gefallen?»

«Oh doch», erwiderte Bernat, «sie alle sind wunderschön. Ich weiss nicht, welche ich nehmen soll.»

Aber der Maurenkönig glaubte ihm nicht. «Vielleicht möchtest du etwas Wertvolleres aus meinem Garten, eine meiner Marmorstatuen oder eine Springbrunnenfigur? Bitte wähle dir aus, was deinen Augen wohl gefällt und dein Herz erfreut. Und wenn es mein kostbarstes Besitztum ist, sollst du es haben, denn als König der Mauren kann ich dich nicht aus meinem Reich fortziehen lassen, ohne dir etwas geschenkt zu haben, was dir gefällt.»

Der König hatte gerade seine Rede beendet, als sie zu einem Teich in der hintersten Ecke des Gartens kamen. Dort erblickte Bernat zwei kleine rosafarbene Wasserlilien, die nebeneinander im Wasser schwammen und deren Blüten aus grünen Blättern herauswuchsen. Es waren nicht die schönsten Blumen im Garten, sie waren klein und nicht besonders bunt, und sie dufteten gar nicht. Aber sie gefielen Bernat. Er sagte: «Zuerst möchte ich diese Wasserblumen.»

Der Maurenkönig war erstaunt. «Willst du nicht lieber den gelben Jasmin, der jede Nacht bei Mondaufgang blüht?»

«Nein, eure Majestät», antwortete Bernat.

«Aber diese kleinen rosa Lilien sind die einzigen zwei ihrer Art auf der Welt», sagte der König. «Ich bekam sie von meinem Vater, dem Kalifen von Cordoba. Sie sind unzertrennlich. Wenn man sie trennt, kommen sie doch immer wieder zusammen. Ich zeige es dir.»

Und der König schob die Blumen auseinander, bis sie die entgegengesetzten Ufer des Teiches berührten. Langsam jedoch glitten die Lilien wieder aufeinander zu, bis sie erneut zusammen schwammen.

«Du siehst», sprach der König, «du kannst nicht eine der Blumen nehmen, denn man kann sie nicht getrennt halten.»

«Dann nehme ich sie beide», sagte Bernat.

«Sie können aber nur im salzigen Wasser leben. Meine Gärtner bringen jeden Tag Eimer mit Meerwasser vom Hafen herauf, denn die Blumen sterben, wenn man sie auch nur einen einzigen Tag ohne Salzwasser lässt», sprach der König. «Das ist für mich ein Grund mehr, sie zu wählen», versetzte Bernat, «denn ich liebe die See mehr als das Land. Ich werde mich selbst um die Blumen kümmern, und sollte es mich das Leben kosten.»

Traurig sagte darauf der Maurenkönig: «Du hast die zwei kostbarsten Blüten meines Gartens ausgesucht. Sie besitzen Zauberkräfte und bringen allen, die in Not sind, Glück. Aber ich habe mein Wort verpfändet. Die Lilien gehören dir.»

«Vielen Dank, Eure Majestät», antwortete Bernat.

Nun schaute sich Bernat nach einer dritten Blume um. In diesem Moment erblickte er eine kleine, rosenbewachsene Holzhütte in der Nähe der Gartenmauer. «Welche Blume wächst in dieser Hütte?», fragte er.

«Darin blüht keine Blume», antwortete der Maurenkönig. «Nichts als eine dickköpfige Sklavin befindet sich in der Hütte. Meine Seeleute haben sie in Aragon auf der anderen Seite des Meeres gefangen und sie mir gebracht. Sie sollte meine zehnte Frau werden. Ich habe das Mädchen mit Geschenken überschüttet und es in Seide gekleidet; aber es will mich nicht heiraten, das undankbare Geschöpf. Deshalb habe ich es hier bei Wasser und Brot eingesperrt, bis es anderen Sinnes wird.»

«Darf ich das Mädchen sehen?», fragte Bernat.

«Du darfst einmal durch den Türspalt schauen.»

Bernat ging zur Hütte und schaute durch den Türspalt. Auf einem Strohballen sass das schönste Mädchen unter der Sonne, in Lumpen gekleidet und still vor sich hin weinend.

«Eure Majestät», sagte Bernat, «ich will dieses Mädchen als meine dritte Blume, Ihr habt gesagt, dass ich alles nehmen könne, was mein Auge erfreut.»

Der König der Mauren schwieg.

Schliesslich sagte er: «Ich gab dir mein Wort. Du kannst das Mädchen haben, wenn es einverstanden ist.»

Der Maurenkönig aber hoffte, das Mädchen würde nicht mit Bernat fortgehen, so wie es sich auch geweigert hatte, des Königs zehnte Frau zu werden. Als aber Bernat das zitternde Mädchen hinaus ins Sonnenlicht geführt hatte, sah es seine guten Augen und sein freundliches Lächeln. Er fragte: «Schönes Mädchen, willst du mit mir auf eine Insel dort über dem Meer kommen? Nichts Böses soll dir geschehen.»

Es antwortete: «Nimm mich bitte mit. Es gibt nichts, was ich mir mehr wünsche, als dieses Königreich zu verlassen, wo man mich zur Sklavin gemacht hat, obwohl ich von edlen Eltern aus Aragon abstamme.»

Bernat dankte dem König viele Male – für die Gastfreundschaft, für die drei Blumen und für die Geschenke aus Elfenbein, Pfauenfedern, Ebenholz und Gold. Die zwei Lilien wurden in zwei Blätter eingehüllt. Jede wurde in ein irdenes Gefäss mit Salzwasser gesteckt und in Bernats Kajüte verborgen.

Dann hissten die Matrosen die Segel. Bernat ging ans Ruder und steuerte ins offene Meer hinaus in Richtung auf Felanix, wobei er sich nach dem hellen Stern am Schwanz des kleinen Bären richtete.

Viele Tage lang fuhr das kleine Schiff übers ruhige Meer, und die Winde blieben günstig und trieben es heimwärts. Jeden Morgen bei Sonnenaufgang und jeden Abend bei Sonnenuntergang hängte Bernat eine Strickleiter über Bord des Schiffes. Mit einer Hand hielt er sich fest und kletterte hinab, in der anderen Hand hatte er eine der kostbaren Wasserlilien. Er tauchte das Gefäss ins Meer und füllte es mit Salzwasser, damit die Lilie nicht sterben musste. Morgens gab er der einen Lilie Wasser, abends der anderen. Während des Tages und während der Nacht hatte er beide Blumen bei sich in der Kajüte.

Das Mädchen, welches Selima hiess, war sehr glücklich. Bernat hatte ihm eins von den Geschenken des Maurenkönigs gegeben, ein Kleid aus fein gesponnenem Gold mit Türkisknöpfen. Darin sah es noch mehr wie eine Blume aus. Jeden Morgen ging Bernat, nachdem er einer der rosa Seelilien Wasser gegeben hatte, zu des Mädchens Kajüte. Immer wenn er es erblickte, schien es ihm noch schöner als vorher. Und jeden Abend, nachdem er der zweiten rosafarbenen Seelilie Wasser gegeben hatte, ging er wieder zu dem Mädchen und fand es noch schöner als am Morgen.

Eines Tages sagte er zu ihm: «Du bist schön wie die Strahlen der Morgensonne über dem glatten Meer. Wir wollen heiraten, wenn wir nach Felanix kommen.»

«Möge der Wind uns so schnell wie eine Möwe fliegt zu deiner Insel bringen!», antwortete Selima.

In dieser Nacht aber wurde der Himmel dunkel und schillerte in allen Farben. Ein Sturm erhob sich und schüttelte das kleine Schiff wie eine Olive im Springbrunnen. Wilde Windstösse zerrissen die Segel, als ob sie baumwollene Handtücher wären. Tag und Nacht kämpfte Bernat gegen das Meer, um sein Schiff zu retten. Niemals aber vergass er dabei seine Lilien. Jeden Morgen und jeden Abend wagte er sein Leben und kletterte die Strickleiter hinunter, um den Zauberblumen aus dem Garten des Maurenkönigs Wasser zu geben.

Die Seeleute waren sehr erschreckt und fürchteten sich. Niemals zuvor hatten sie solch riesige Wellen gesehen und solch starken Sturm erlebt. «Die Zauberblume des Maurenkönigs ist schuld», sagte einer zum anderen. Denn die Matrosen dachten, es gäbe nur eine Blume; sie meinten, Bernat gebe jeden Morgen und jeden Abend immer der gleichen Blume Wasser. «Die Zauberblume hat das Meer zornig gemacht», sagten sie, «wir müssen das Schiff von ihr befreien».

Am nächsten Morgen warf Bernat die Strickleiter über Bord und kletterte trotz des heulenden Sturms und der hochgehenden Wellen hinunter, um der Lilie Wasser zu geben. Ein verschlagener Matrose mit Augen wie Kohle zerschnitt schnell die Seile der Leiter mit seinem Messer. Bernat stürzte ins Meer.

«Die Leiter ist zerrissen!», schrie er. «Werft mir ein Seil zu, oder ich bin verloren!»

Aber das Schiff fuhr weiter und Bernat kam bald ausser Sicht. Dann erst liefen die Matrosen zu Selima in die Kajüte.

«Was ist geschehen?», rief sie.

«Ein furchtbares Unglück!», antworteten die Seeleute. «Die Strickleiter zerriss, als Bernat die seltsame Blume ins Wasser tauchte. Er versank schnell; ein grosser Fisch, eine Seeschlange hat ihn verschlungen.»

Als Selima das hörte, wurde sie ohnmächtig.

Bald darauf beruhigte sich das Meer, die Wellen wurden niedriger, und der Wind verwandelte sich in eine sanfte Brise.

Währenddessen kämpfte Bernat mit den Wellen, hielt aber die Wasserlilie fest in der Hand. Er sagte sich: «Ich bin zu schwach, um noch lange zu schwimmen. Bald wird mich eine grosse Krake fressen.»

Aber dann bemerkte er auf einmal, dass die Lilie in seiner Hand zu wachsen begann. Das Gefäss wurde grösser und grösser, erst so gross wie eine Schale, dann wie ein Mühlrad. Die Blume wuchs und wuchs, bis ihre Blütenblätter so gross wie Segel waren. Bernat kletterte auf das riesengross gewordene Blumengefäss und schlief gleich darauf ein. Sanfter Wind füllte die Blumenblätter, und die Lilie glitt über das Wasser dahin.

Auf dem Segelschiff war Selima sehr traurig, ihr Herz war schier gebrochen. Als sie weinend in ihrer Kajüte sass, dachte sie an die andere Wasserlilie. «Ich will sie immer bei mir behalten», sagte sie, «denn Bernat liebte diese Lilien und wagte sein Leben, um sie nicht welken zu lassen.»

Und sie wässerte die Lilie mit ihren salzigen Tränen.

Die Seeleute waren sehr froh, dass der Sturm nachgelassen hatte. «Es war die Schuld der bösen Blume», sagten sie untereinander.

«Als wir sie los waren, begann der Himmel wieder zu lachen.»

Aber sie hatten doch Angst, ohne Bernat nach Felanix zurückzukehren. «Wir wollen zur nächsten Küste segeln, dort unsere wertvolle Ladung verkaufen und vom Erlös wie die Fürsten leben», meinten sie.

Aber ohne Bernat konnten sie das Schiff nicht nach den Sternen steuern. Eine Strömung so stark wie die Brandung am Kap Pinar erfasste das Schiff und trug es schnell wie einen Schleuderstein in den Hafen von Felanix, ehe die Seeleute merkten, wie ihnen geschehen war.

Ein trauriges Willkommen! Die Matrosen waren ängstlich und beschämt. Sie berichteten der Eskorte des Königs: «Wir haben grosse Schätze für den König gebracht. Nichts davon haben wir angerührt, nicht ein Sandkörnchen haben wir genommen.»

«Und wo ist Bernat?», fragten die Männer der Eskorte.

«Ach», antworteten die Seeleute, «er fiel während eines starken Sturms ins Meer.»

Als die Lehensleute des Königs vernahmen, dass ihr Prinz Bernat ertrunken sei, fragten sie: «Warum habt ihr nicht die Flagge der Trauer am Mast?»

«Die haben wir vergessen», antworteten die Matrosen und hissten sogleich die schwarze Flagge am Hauptmast.

Der König sah vom Fenster seines Palastes die Fahne der Trauer am Mast von Bernats Schiff wehen und eilte sofort zum Hafen. «Wo ist mein Sohn Bernat?», fragte der König. «Wie konnte es geschehen, dass er ins Meer stürzte?»

«Vielleicht war er müde und schwach», erwiderten die Matrosen.

«Müde und schwach? Er war so gesund und munter wie ein Fisch im Wasser!», rief der König aus.

Dann sah er die weinende Selima auf dem Schiffsdeck stehen. «Mädchen, welch seltsame Umstände haben es mit sich gebracht, dass mein Sohn ins Meer fiel, wie ein Mann, der noch nie auf einem Schiff fuhr? Und wer bist du? Was tust du hier?»

Selima erzählte dem König alles, was ihr widerfahren war – wie Bernat sie gerettet hatte, indem er sie als dritte Blume wählte, und wie sie beschlossen hatten, zu heiraten, wenn sie in Felanix angekommen seien. «Ach», sagte sie, «eines Morgens während des Sturmes kamen die Matrosen und berichteten mir, dass mein Geliebter ertrunken sei und dass ein riesiger Fisch ihn gefressen habe. Seit dieser Stunde sind meine Augen nicht mehr trocken gewesen.»

Der König war gramgebeugt. Als die Seeleute ihm die Kisten mit den Schätzen zeigten, sagte er: «Was nützen mir all diese Kostbarkeiten, da ich meinen einzigen Sohn verloren habe?» Dann wandte er sich ab und weinte.

Selima lebte im Palast, und der König gab ihr sieben Dienerinnen und sieben Pagen zur Bedienung. Die Wasserlilie stand bei ihr im Zimmer, und jeden Morgen, bevor die Stadt erwachte, ging Selima allein zum Meer und tauchte die Zauberblume in die Wellen.

Eines Morgens sah sie ein rosa Segel am Horizont. «Das muss ein prächtiges Schiff sein», dachte sie sich. «Niemals habe ich ein Schiff mit rosafarbenen Segeln gesehen».

Die rosa Segel kamen näher und näher, stracks auf den blauen Hafen zu, auf die sandige Bucht. Es war eine riesige Wasserlilie, und sie schwamm heran, bis ihr grünes Blatt das Blatt der Blume berührte, die Selima in der Hand hielt. Und Selima bemerkte, dass auf dem Blatt ein Mensch in tiefem Schlaf lag.

Im Nu erwachte Bernat. Und so hatten er und Selima sich wieder. «Die Blume brachte mich zu dir», sagte Bernat, «denn diese beiden Blumen können niemals getrennt werden. Unser ganzes Leben lang sollst du die eine und ich die andere Blume behalten. Sollte das Schicksal uns jemals trennen, so werden uns die Lilien immer wieder zusammenführen, und sei es aus den entferntesten Winkeln der Welt.»

Der König aber war so überglücklich, seinen Sohn wiederzuhaben, dass er die Matrosen begnadigte, aber er wies sie aus Felanix fort, sie sollten ihr Glück anderswo suchen. Selima und Bernat wurden ein Paar, und jedermann in Felanix ass gebrannte Mandeln und tanzte, bis er nicht mehr konnte.

Ein grosser Salzwasserteich wurde im Palastgarten angelegt, und dort blieben die zwei Lilien Seite an Seite. Und sie sind heute noch dort, wenn sie nicht verwelkt sind.

Märchen aus Mallorca

Hans mit dem duftenden Blumenstrauss

Es war einmal ein König, der hatte eine wunderschöne Tochter. Er lud alle Prinzen aus den Nachbarreichen ein, sie mögen kommen und sie betrachten. Die Prinzen hatten bereits von der Prinzessin gehört, doch sie wussten, dass nur einer sie heiraten konnte, und deshalb kamen sie überein, dass sie jener bekommen solle, der sie als erster erblickte. Einer der Prinzen verschaffte sich ein Schäfergewand, einen Schäfermantel und einen breiten Hut, er nahm einen Stab, steckte vier Laibe Brot ein, und so machte er sich auf den Weg ins Königsschloss. Er begegnete einem Bettler, der bat ihn um ein Stück Brot. Der Prinz gab ihm einen ganzen Laib, und nach einer Weile begegnete er einem zweiten Bettler. Er sagte sich, er habe Brot genug, also gab er ihm den zweiten Laib. Der Bettler dankte, der Prinz ging weiter, begegnete einem dritten und einem vierten Bettler, aber sie taten ihm alle leid, und so gab er jedem einen Laib Brot.

Der vierte Bettler schenkte dem Prinzen eine Peitsche, einen Stock, eine Pfeife und einen Beutel, und er sagte: «Wen du mit dieser Peitsche schlägst, der stirbt; wenn du den Stock in den Boden steckst, werden die Schafe rundherum friedlich weiden und nicht davonlaufen; wenn du auf der Pfeife pfeifst, werden die Schafe hüpfen, wie du willst; und dieser Beutel wird dich vor Hunger bewahren; den Käse, den du hineintust, wirst du nie ganz aufessen können!»

Der Prinz bedankte sich, und der Bettler sagte: «Ich gebe dir das alles sehr gerne, du hast mir doch deinen letzten Laib Brot geschenkt, ich sehe, dass du ein gutes Herz hast!»

Hans gelangte in das Schloss, in dem die schöne Prinzessin wohnte und bat um einen Dienst. Man stellte ihn als Viehhirten ein, nannte ihn Hans und trug ihm auf, die Schafe zu hüten. Als er einmal auf einer Weide sass, kam ein Jäger zu ihm. Hans gab ihm Käse aus seinem Beutel und bat ihn, ein Weilchen an seiner statt auf die Schafe aufzupassen, er wolle nur rasch Vogelnester suchen gehen, er kenne welche. Der Jäger blieb bei der Herde, und Hans eilte davon.

Er gelangte tief in den Wald, dort stand ein grosses Schloss. Im Schloss hauste ein Riese, der kochte gerade etwas in einem Schmortopf. Kaum hatte er Hans erblickt, ergriff er einen schweren Eisenknüppel, sprang auf Hans zu und schrie: «Du elender Knirps, was suchst du hier?»

Hans säumte nicht, er schlug mit der Peitsche nach ihm und tötete den Riesen mit dem ersten Streich. Dann kehrte er zu seiner Herde zurück, dankte dem Jäger und trieb seine Schafe nach Hause.

Am nächsten Tag begab er sich wieder zu dem Waldschloss, und dort erblickte er noch einen Riesen. Auch dieser kochte gerade etwas in einem Schmortopf und schrie Hans zu: «Bist du schon wieder da, du Knirps, der meinen Bruder umgebracht hat?»

Er packte den Eisenknüppel und ging auf Hans los. Hans fürchtete sich nicht. Als der Riese ganz nahe war, sprang er zur Seite, versetzte dem Riesen einen Schlag mit der Peitsche und tötete ihn. Dann kehrte er zurück und trieb seine Schafe nach Hause.

Am dritten Tag begab er sich wieder in das Schloss im Walde, doch er traf hier niemanden mehr an. Er trat ein, öffnete die Tür zur Stube, sah sich alles an und entdeckte auf dem Tisch ein kleines Kästchen. Das Kästchen gefiel ihm, er wollte wissen, was darin war und er klopfte auf den Deckel. Da standen zwei Männer vor ihm und fragten: «Was gebietet unser Herr?»

Hans sagte: «Ich will wissen, was es in diesem Haus noch alles gibt.»

Die Männer führten ihn in den Garten, dort wuchsen zahllose schöne Blumen, wie Hans sie noch nie gesehen hatte, er pflückte einige Blumen und band aus ihnen ein Sträusschen. Dann kehrte er zurück und trieb seine Schafe nach Hause.

Als er durch die Stadt schritt, blickten sich die Leute nach ihm um, denn die Blumen dufteten ganz wunderbar. Er liess die Pfeife erklingen, die er vom Bettler bekommen hatte. Da hüpften die Schafe zu dieser Musik zu zweit hintereinander. Die Prinzessin schaute aus dem Fenster und lachte. Die Blumen aber dufteten so stark, dass auch das Sträusschen ihre Aufmerksamkeit erregte. Sie schickte ihre Diener hinunter, der Hirte möge ihr das Sträusschen geben. Hans sagte den Dienern: «Wer so einen Strauss haben will, der muss schon selbst kommen und sagen: ‹Hänschen, gib mir doch den Strauss!›»

Die Prinzessin kam und bat ihn um die Blumen, wie es ihr der Diener gesagt hatte. Doch Hans antwortete: «Wer dieses Sträusschen haben will, der muss sagen: ‹Hänschen, ich bitte dich, gib mir das Sträusschen!›»

Die Prinzessin lachte und sagte: «Hänschen, ich bitte dich, gib mir das Sträusschen!», und Hans gab ihr die Blumen.

Am nächsten Tag begab er sich abermals in das Waldschloss, in dem er die beiden Riesen getötet hatte, und band einen noch schöneren Strauss. Als er am Abend die Schafe nach Hause trieb, erfüllte der Duft der Blumen die ganze Stadt. Die Prinzessin schaute aus dem Fenster, sie sah den Hirten, der Duft der Blumen drang bis zu ihr, und sie fand so grossen Gefallen daran, dass sie aus freien Stücken zum Hirten eilte und ihn bat: «Hänschen, ich bitte dich, gib mir das Sträusschen!»

Hans sagte: «Wer dieses Sträusschen haben will, muss sagen: ‹Liebes Hänschen, ich bitte dich auch wirklich sehr schön, gib mir das Sträusschen!›»

Die Prinzessin sprach ihm die Bitte nach, wie er es verlangte, und sie bekam den Strauss. Am dritten Tag band Hans einen Strauss, der war dreimal so schön, die Prinzessin sah ihn, doch Hans wartete nicht, bis sie darum bat, sondern er schenkte ihr den Strauss. Die Prinzessin stellte die Blumen ins Fenster, und sie dufteten so, dass die ganze Stadt herbeieilte, um die Blumen zu bewundern.

Am vierten Tag ging Hans abermals in das Waldschloss der Riesen, steckte dort einen Haufen Dukaten ein, gab sie dem Jäger, der drei Tage lang an seiner statt die Herde gehütet hatte, und sagte: «Ich habe im Wald unter einer alten Tanne eine Unmenge solcher gelber Plättchen gefunden. Wenn Ihr Kinder zu Hause habt, schenkt sie ihnen, sie sollen damit spielen!»

Der Jäger eilte nach Hause und zeigte seiner Frau, was er da bekommen hatte. Die Frau drang in ihn, doch den Hirten zu bitten, ihm noch ein paar von diesen Plättchen zu bringen, die Kinder hätten sich um sie gebalgt. Hans versprach, noch einmal unter der Tanne nachzusehen, doch er kehrte zurück und sagte, er hätte nichts mehr gefunden.

Als er mit der Herde nach Hause kam, sprachen alle Leute am Hof darüber, dass sich in einem Monat die fremden Prinzen versammeln würden, um die Tochter des Königs zu sehen; die Prinzessin habe drei Tüchlein und einen Ring, und die wolle sie jenem Prinzen geben, an dem sie Gefallen finde. Hans hütete den ganzen Monat emsig seine Herde.

Als sich die Prinzen eingefunden hatten und alles schon bereit war, hütete Hans noch die Schafe. Rasch stiess er den Stock in den Boden, damit die Schafe ruhig weiter weideten, er aber ging ins Schloss im Walde und klopfte auf das Kästchen. Die beiden Männer sprangen heraus und fragten: «Was gebietet unser Herr?»

Hans befahl: «Ich will ein weisses Gewand, wie es einem Prinzen zukommt, und ein weisses Pferd, das soll mit Silber beschlagen sein!»

Im Nu stand ein weisses Pferd vor dem Waldschloss, die Hufeisen glitzerten, denn sie waren aus purem Silber, und auch der Sattel und das Geschirr waren prächtig mit Silber beschlagen. Ein weisses, silberbesticktes Gewand lag auf dem Tisch. Hans legte es an, schwang sich aufs Pferd und ritt ins königliche Schloss. Doch er stellte sich als Letzter in die Reihe. Alle Prinzen ritten an der Prinzessin vorüber. Das Tüchlein jedoch erhielt Hans. Als der Zug zu Ende war, ritt Hans auf seinem weissen Pferd in das Waldschloss zurück, legte sein Hirtenkleid an, kehrte zu seinen Schafen zurück und trieb sie nach Hause. Am Abend kam die Prinzessin zu ihm und sagte: «Hans, du bist es gewesen!»

Hans beteuerte, es nicht gewesen zu sein, wo sollte er denn so ein Gewand hernehmen? Die Prinzessin sagte, sie wolle es vorläufig dabei bewenden lassen, doch in einem Monat, wenn sich die Prinzen wieder versammelten, werde sie die Wahrheit erfahren.

Nach einem Monat, als sich die jungen Herrschaften abermals versammelten, begab sich Hans ins Waldschloss und klopfte auf das Kästchen. Die beiden Männer sprangen heraus, und Hans befahl ihnen: «Ich will ein rotes Gewand, wie es einem Prinzen zukommt, und ein rotes Pferd, das soll mit Gold beschlagen sein!».

Im Nu stand ein rotes Pferd vor ihm, das Gold an seinen Hufen glitzerte, und der Sattel und das ganze Geschirr waren mit Gold beschlagen. Hans galoppierte wieder ins königliche Schloss, ritt als Letzter an der Prinzessin vorüber und bekam das Tüchlein. Der König, der Vater der Prinzessin, befahl den Dienern, den Prinzen auf dem roten Pferd festzuhalten, doch Hans entkam ihnen in den Wald, liess im Waldschloss der Riesen Gewand und Pferd zurück, nahm sein Hirtengewand, und am Abend trieb er die Schafe nach Hause. Die Prinzessin kam zu ihm und sagte: «Hans, du bist es gewesen!»

Hans leugnete es und tat sehr böse: «Was glaubt Ihr denn von mir? Ich sass bei meinen Schafen, und wo sollte ich auch so ein Gewand hernehmen?»

Die Prinzessin sagte: «In einem Monat, wenn sich die Prinzen zum dritten Male versammeln, werden wir sicherlich die Wahrheit erfahren, dann wird man dich erkennen!»

Emsig hütete Hans den ganzen Monat die Schafe: Als sich aber die Prinzen zum dritten Male versammelten, ging er ins Waldschloss, rief die beiden Männer herbei und befahl ihnen: «Ich will ein schwarzes Gewand, wie es einem Prinzen zukommt, und einen Rappen, der soll mit Diamanten beschlagen sein!»

Im Nu stand ein Rappe vor dem Schloss, die Diamanten an seinen Hufeisen glitzerten, und der Sattel und das Geschirr waren mit Edelsteinen besetzt. Hans schwang sich auf das Pferd und ritt zur Prinzessin. Alle Prinzen zogen an der Prinzessin vorüber, als Letzter kam Hans daher geritten, und er bekam das dritte Tüchlein und den Ring der Prinzessin. Die Prinzen hatten das schon erwartet, sie versuchten Hansens habhaft zu werden, und als er davonreiten wollte, verletzte ihn einer der Prinzen am Bein. Hans legte im Waldschloss sein Gewand ab, begab sich zu seinen Schafen, wo er den Stock in den Boden gesteckt hatte, sie weideten friedlich wie immer. Die Sonne schien, er legte sich hin, sah sich die Wunde an, verband sie mit dem Tüchlein, das er von der Prinzessin bekommen hatte, und schlief ein. Die Prinzessin kam zu ihm auf die Weide, sie sah, dass Hans einen Verband am Bein trug, und sie erkannte ihr Tüchlein. Sie weckte Hans und sagte: «Willkommen, so bist du es also doch!»

Nun gestand Hans, wer er war. Da freute sich die Prinzessin sehr, sie führte Hans zu ihrem Vater, und bald darauf wurde Hochzeit gefeiert. Hans entdeckte im Waldschloss der Riesen grosse Schätze, und nach dem Tod des alten Königs herrschte er glücklich.

Märchen aus Tschechien

Die Glücksblume

Es war einmal ein kleiner Junge, der hiess Janko, dessen Vater war gestorben, und er lebte mit seiner Mutter in grosser Armut. An vielen Tagen hatten sie kaum zu essen, und als die Jahre vergingen und seine Mutter Hungers starb, da beschloss Janko, in die Welt hinauszuwandern, um sein Glück zu suchen. Er wanderte weit, er wanderte lang, da kam er an einen Kreuzweg, in dessen Mitte eine hundertjährige Eiche stand. Unter der Eiche sass ein alter Mann, der las in einem Buch. Als der Alte ihn sah, fragte er: «Wo willst du hin, Janko?» Janko antwortete: «Mein liebes Grossväterchen, ich suche mein Glück. Rate mir, welchen Weg ich am besten wählen soll!»

Der Alte sprach: «Lieber Janko, bleibe erst bei mir und diene mir ein Jahr und sechs Wochen, dann werde ich dir den Weg zum Glück weisen.»

Janko war einverstanden und diente dem Alten und war fleissig und gelehrig. Als die Zeit um war, rief der Alte ihn zu sich, pflückte eine Blume, gab sie Janko in die Hand und sprach: «Trage diese Blume am Herzen, sie wird dir den Weg zum Glück weisen. Wenn du etwas brauchen solltest, so nimm die Blume in die Hand und dein Wunsch wird in Erfüllung gehen.»

Janko steckte sich die Blume an die Brust, bedankte sich beim Alten und machte sich auf den Weg.

Nach einiger Zeit kam er in ein Königreich, das ganz in Trauer war. Die Königstochter war, als sie im Garten spazierenging, von einem Zauberer entführt worden und niemand wusste wohin. Dieser Zauberer aber war riesengross, sein Bart hing ihm bis zum Nabel, und er fegte damit seine Hütte aus. Janko ging geradeaus zum Königspalast, denn er wollte den König trösten und mit der Glücksblume helfen, die Prinzessin zu befreien. Die Wachen aber liessen ihn nicht ein. Sie sagten: «Der König ist krank vor Trauer und du Landstreicher im Leinenkittel, du wirst ihm nicht helfen können.»

Da fasste Janko sanft nach seiner Blume, sprach leise mit ihr und augenblicklich war er in eine Ameise verwandelt. Die Wächter erschraken, sie suchten Janko überall und in ihrer Angst beteten sie um Hilfe. Janko aber kroch als Ameise durch einen Türspalt und lief bis vor das Bett des Königs. Dort verwandelte er sich wieder in einen jungen Burschen. Er fiel vor dem König auf die Knie und sagte: «Verehrter König, lasst mich euch helfen und die Prinzessin zurückbringen!»

«Ach», sprach der König müde, «so viele sind schon gekommen und haben es versucht. Tapfere Ritter, starke Männer und von ihnen fehlt jede Spur. Aber wenn du es versuchen willst, so hast du meinen Segen. Findest du meine Tochter und bringst sie heil zurück, so erhältst du Gold und das halbe Königreich und meine Tochter zur Frau.»

Janko besann sich nicht lange. Er sprach leise zu seiner Blume, nahm sie zart in die Hand und sofort verwandelte er sich in einen Adler und erhob sich hoch in die Luft, um die Königstochter zu suchen.

Der Zauberer aber hatte die Königstochter in einen goldenen Palast gesperrt. Der Palast war auf einem gläsernen Berg und der gläserne Berg auf einer Insel im Meer und kein Mensch konnte dahin gelangen.

Janko flog als Adler auf den Glasberg, verwandelte sich in eine Ameise und kroch durch eine Ritze in die Kammer der Königstochter. Dort verwandelte er sich wieder in seine menschliche Gestalt und wünschte sich eine Rüstung aus Eisen. Kaum hatte Janko die Rüstung angelegt, als die Erde zitterte und der Zauberer angeflogen kam. Er roch sofort, dass ein Mensch in seinem Palast war. Wie der Blitz kam er angeflogen und wollte Janko ein Messer in die Brust stossen. Janko aber rief «Dein Messer ist gut, aber meine Rüstung kannst du nicht durchdringen.»

Er tötete den Zauberer mit dessen Messer und hieb ihm den Kopf ab. Dann sprach er zur Blume und verwandelte sich und die Prinzessin in eine Ameise und gemeinsam krochen sie aus dem Palast heraus. Dann verwandelte sich Janko in einen Adler, setzte die Königstochter auf seinen Rücken und flog mit ihr zurück zum Königreich.

Wie freute sich der König, als er seine Tochter wiederhatte! Es gab ein grosses Fest und Janko bekam das halbe Königreich und heiratete die Prinzessin. Die Glücksblume aber hielten sie in Ehren, denn sie hatte Janko den Weg zum Glück gezeigt.

Märchen aus Weissrussland

Die drei Rosen

In einem Königreich lebte einmal ein Vater mit seinen drei Söhnen, von denen der jüngste und dümmste Hans hiess. Da begab es sich einmal, dass die Königstochter in einem sehr strengen Winter eine Rose zu haben wünschte, doch nirgends war eine zu finden. Deshalb versprach sie demjenigen, der ihr eine bringen könnte, Hand und Herz. Davon hörten auch die drei Brüder. Der Vater, der ein Gärtner war, hatte im Glashaus drei wunderschöne Rosen. Der älteste Sohn bat den Vater um eine der Rosen und wollte sie der Königstochter bringen. Der Vater gab ihm die schönste und wünschte ihm viel Glück. Nun führte der Weg zum Schloss durch einen tiefen dunklen Wald und als er in der Mitte des Waldes war, bekam er grossen Hunger. Er legte sich unter einen Baum, nahm sein Brot hervor und begann zu essen. Auf einmal stand ein Männlein vor ihm, das war ganz in einen Mantel gehüllt und fragte: «Wohin gehst du, junger Mann?»

«Was geht dich das an», sprach der junge Mann und ass weiter von seinem Brot.

Nun bat das Männlein um ein Stück Brot, doch der Bursche wies ihn barsch ab und ass es schnell allein auf. Darauf fragte das Männlein: «Was trägst du so gut verwahrt bei dir?»

«Nichts!», sagte da der Gärtnerssohn.

«Wirst auch nichts hinbringen», sprach da das Männlein und verschwand.

Bald darauf machte sich der Älteste wieder auf den Weg und erreichte endlich das Schloss, wo er sofort zur Königstochter gebracht wurde. Eilig öffnete er das Tuch, in das die Rose eingehüllt war, aber zu seiner grössten Verwunderung war das Tuch leer. Schnell wurde er da aus dem Schloss gejagt, weil alle dachten, er hätte sich einen Spass erlaubt. Betrübt kam er nach Hause und erzählte, was geschehen war. Dabei wurde er tüchtig ausgelacht, weil sie glaubten, er hätte die Rose verloren.

Jetzt wollte der zweite Sohn sein Glück versuchen und der Vater gab ihm die zweite Rose mit auf den Weg. Als der Bursche mitten im Wald war, knurrte auch ihm der Magen und er setzte sich nieder, um sein Brot zu essen. Da stand auf einmal wieder das Männlein da und bat um ein Stücklein Brot. Doch der junge Gärtnerssohn gönnte ihm keinen Bissen. Nun fragte das Männlein

«Was trägst du so wohl verwahrt bei dir?»

«Einen Schmarrn», war die trotzige Antwort.

«Wirst auch einen Schmarrn hinbringen», sprach da das Männlein und verschwand.

Und wirklich, als der junge Mann die Rose überreichen wollte, fiel ein Schmarrn zu Füssen der Königstochter. Mit Schimpf und Schande musste er das Schloss verlassen und fluchend kehrte er heim.

Nun bat Hans den Vater um die letzte Rose, denn auch er wollte versuchen, die Königstochter für sich zu gewinnen. Der Vater gab sie ihm, aber die beiden Brüder lachten und spotteten: «Der ist zu dumm, um die Rose ins Schloss zu bringen.»

Hans aber eilte frohen Herzens dem Schlosse zu. Unterwegs, als er mitten im Wald war, bekam er Hunger und er nahm sein Brot hervor. Da erschien das Männlein und fragte: «Hans, wohin willst du?»

Hans erzählte dem Männlein alles, was er auf dem Herzen hatte, und als er fertig erzählt hatte, bat das Männlein um ein Stück Brot und sie teilten die magere Speise zusammen.

Dann fragte das Männlein: «Hans, was trägst du denn so gut verwahrt bei dir?»

«Eine Rose!»

«Wirst wohl diese Rose hinbringen», sprach da das Männlein und verschwand.

Als Hans zum Schloss kam, wollte man ihn erst nicht einlassen, zu viele waren schon gekommen und hatten doch keine Rose gebracht. Der Duft aber, den die Rose verbreitete, welche Hans bei sich trug, stieg dem Wächter in die Nase und er liess ihn ein. Als Hans vor der Königstochter stand, enthüllte er aus dem weissen Tuch eine der schönsten Rosen, die man je gesehen hatte und die Prinzessin freute sich ausserordentlich darüber. Als sie aber Hans in seinem einfachen Hemd sah, wollte sie ihr Versprechen nicht halten und sie sagte zu ihm: «So kann ich dich noch nicht heiraten, aber wenn du den Teich vor dem Schloss in drei Nächten austrinken kannst, dann will ich deine Frau werden!»

Betrübt und mit schwerem Herzen ging Hans zum Teich und begann ein wenig davon zu trinken, doch er sah bald ein, dass er diese Aufgabe nicht bewältigen konnte. Schon war die dritte Nacht fast vergangen, als auf einmal das Männlein vor ihm erschien und fragte: «Hans, was bist du denn so traurig?»

Da erzählte Hans sein Herzeleid und daraufhin gab ihm das Männlein ein Pfeifchen und sprach: «Nimm dieses Pfeifchen und wenn du darauf bläst, wird der Teich im Nu leergetrunken sein.»

Nach diesen Worten verschwand es so schnell, wie es gekommen war. Hans nahm das Pfeifchen und blies aus Leibeskräften hinein. Darauf kamen alle Tiere aus dem Wald in ungeheurer Zahl und tranken so lange aus dem Teich, bis er leer war.

Am nächsten Tag wurde Hans wieder zur Königstochter geführt und sie staunte, als sie hörte, dass er seine Aufgabe gelöst hatte, und er gefiel ihr schon ein wenig besser. Trotzdem sprach sie zu ihm: «Mein lieber Hans, ich kann dich noch nicht heiraten. Erst musst du mir aus dem Himmel eine Rose und aus der Hölle eine Kohle bringen, dann sollst du mein Mann werden.»

«Wie soll ich dies jemals schaffen», dachte Hans, als er in Gedanken versunken dem Wald zu lief. Plötzlich stand wieder das Männlein in seinem Mantel vor ihm und fragte: «Warum so traurig, lieber Hans?»

Hans erzählte von seiner neuen Aufgabe, und das Männlein hörte sich alles an und sprach dann: «So schwer wird das nicht sein. Höre gut zu, Hans. Geh weiter ein Stück voraus, dort triffst du auf einen Engel und einen Teufel, die schon lange um eine Menschenseele streiten. Dieser Mensch war zu Lebzeiten schon eine böse Seele gewesen und hat viel Schlechtes getan. Gehe deshalb hin und gib die Seele dem Teufel und verlange von ihm dafür die Kohle aus der Hölle. Von dem Engel aber wünschst du dir die himmlische Rose, weil du den Streit geschlichtet hast.»

Hans ging nun mit frohem Mut voran und wirklich fand er nach einiger Zeit den Engel, der mit dem Teufel um die Seele rang. Er tat alles so, wie ihm das Männlein geraten und kam glücklich mit der Kohle und der Himmelsrose zurück ins Königsschloss.

Er überbrachte der Königstochter die zwei Gaben und als sie den wackeren Hans sah, konnte sie nicht mehr anders, als ihm Hand und Herz zu schenken. Wie gross war da die Freude seines Vaters! Die Brüder aber neidetem ihm sein Glück und trachteten ihm so lange nach dem Leben, bis sie starben. Hans aber lebte mit der Königstochter lange glücklich und zufrieden.

Märchen aus Österreich

Die schönste der Blumen

Vor langer Zeit herrschte in einem Königreich grosse Not. Eine Dürre war über das Land gekommen, keine Wolke zeigte sich am Himmel und die Menschen starben vor Hunger. Der König wusste keinen Rat mehr. Da erliess er den Befehl, dass alle alten Menschen das Land verlassen mussten oder sie würden getötet: «Alte Menschen sind zu nichts mehr nütze», sprach er. «Sie essen den anderen das Brot weg, das wir so bitter brauchen.»

Da verliessen die Alten und Schwachen das Land und wer nicht mehr gehen konnte, wurde von den Soldaten des Königs dem Henker überbracht.

Nun lebte aber in diesem Land ein junger Mann namens Atanas, der seinen Vater über alles liebte. Um nichts in der Welt hätte er ihn dem Henker übergeben. Er kniete vor seinem Vater nieder und sprach: «Mein geliebter Vater, du kennst den Befehl des Königs. Doch lieber will ich mich selbst opfern, als dich durch den Henker sterben zu sehen.»

Und Tränen liefen ihm über die Wangen. Der alte Vater war gerührt über die Liebe seines Sohnes und sprach: «Höre, mein Sohn, im Keller steht ein grosses Fass, darin will ich mich verstecken, und was du an Nahrung übrig hast, das bring mir und so soll niemand mich entdecken.»

So, wie es der Vater geraten hatte, wurde es gemacht. Jeden Tag brachte der Sohn ihm etwas Essen in den Keller und die Zeit verging, ohne dass jemand etwas von dem alten Mann wusste. Der König hatte jedoch eine Tochter und wollte sie bald verheiraten. Da sein Schwiegersohn später einmal König werden würde, wünschte er sich einen klugen Mann für seine Tochter. Er liess alle jungen Männer auf sein Schloss rufen und sprach: «Ich werde euch drei Aufgaben stellen und wer diese lösen kann, soll meine Tochter zur Frau bekommen und mein Nachfolger werden. Morgen warte ich vor Sonnenaufgang auf euch. Wer als erster die aufgehende Sonne erblickt, hat die erste Aufgabe gelöst.»

Als die jungen Männer dies gehört hatten, gingen sie nachdenklich wieder nach Hause und alle wollten am nächsten Tag versuchen, die Aufgabe zu lösen. Auch Atanas kam nach Hause und als er am Abend in den Keller ging, um seinem Vater ein wenig Essen zu bringen, sprach dieser: «Nun, mein Sohn, du siehst nachdenklich aus, was bedrückt dich denn?»

Da erzählte der Sohn dem Vater von der Aufgabe des Königs und der Vater rief aus: «Das ist ganz einfach! Alle werden nach Osten blicken, weil die Sonne dort aufgeht, du aber sollst nach Westen schauen, denn dort wird der erste Sonnenstrahl erglänzen.»

Und so geschah es. Als sich die jungen Männer am nächsten Morgen versammelten, schauten alle gebannt nach Osten, während Atanas zu den Berggipfeln im Westen schaute und schon bald sah er den ersten Sonnenstrahl glänzen und er rief froh: «Majestät, die Sonne geht auf!»

Da lächelte der König zufrieden und sprach: «Das hast du schlau gemacht. Nun wollen wir sehen, wie du die zweite Aufgabe löst.»

Er wandte sich den jungen Männern zu und sagte «Derjenige, der morgen zu mir kommt, nicht in Schuhen und nicht ohne Schuhe, der hat die zweite Aufgabe gelöst.»

Die Männer gingen davon und zerbrachen sich den Kopf, wie sie die Aufgabe lösen sollten. Atanas kehrte nach Hause zurück und erzählte dem Vater von dem zweiten Rätsel.

«Das ist nicht schwer», sprach der Alte da lächelnd. Er nahm ein Paar Schuhe, schnitt unten sorgfältig die Sohlen aus, und als Atanas sie am nächsten Morgen anzog, war er nicht ohne Schuhe und doch nicht in Schuhen. Die anderen jungen Männer kamen in einem Schuh oder in Socken. Atanas aber trat vor den König, verneigte sich vor ihm, zeigte seine Fusssohlen und selbst der König musste lachen.

«Du bist ein gewitzter junger Bursche! Jetzt aber hört die dritte und letzte Aufgabe: Kommt morgen alle zum Schloss und bringt meiner Tochter die schönste und nützlichste Blume.»

Der alte Grossvater wartete schon neugierig darauf, was Atanas berichten würde. Der junge Mann aber war bekümmert und erzählte von der letzten Aufgabe. «Es gibt so viele Blumen auf der Welt, hunderte und aberhunderte von Blumen. Niemand kann wissen, welche der König am meisten schätzt.»

Der Alte dachte nach und schliesslich fragte er: «Sag mir, sprach der König von der schönsten oder von der nützlichsten Blume?»

«Er sagte, wir sollten die schönste und nützlichste Blume bringen.»

Da lächelte der Alte und sprach: «Dann ist es einfach, denn was gibt es schöneres und nützlicheres als die Getreideähre! Pflücke morgen früh eine reife Kornähre und bringe sie der Prinzessin.»

Am nächsten Morgen ging Atanas über die Felder, am Hut trug er eine goldene Kornähre und als die anderen ihn sahen, lachten sie ihn aus. Sie zeigten ihre wunderbaren, duftenden Blumen in allen Farben und meinten: «Das ist doch gar keine Blume, nur eine gewöhnliche Ähre.»

Der König aber ging Atanas entgegen und rief: «Du hast es erraten! Du hast die schönste und nützlichste Blume der Welt gebracht.»

Da zog Atanas die Kornähre von seinem Hut und übergab sie der Prinzessin und in seiner Freude sprach er: «Dies alles habe ich meinem alten Vater zu verdanken.»

Da wurde es still, denn auch der König hatte die Worte gehört und er sprach: «Ich hätte mir denken können, dass ein junger Mann nicht so viel Klugheit besitzt. Nun sprich, wo versteckst du deinen Vater?»

Der junge Mann fiel vor dem König auf die Knie, bat um Vergebung und erzählte alles wahrheitsgetreu.

Der König hörte zu und im Stillen schämte er sich für den schlimmen Befehl, den er einst gegeben hatte. Dann hiess er Atanas aufstehen, drückte ihn an sich und sprach: «Ich kann dir keinen Vorwurf machen, denn du hast aus Liebe gehandelt. Nun habe auch ich eingesehen, dass alte Menschen in allen Dingen erfahren sind und wir ihre Weisheit brauchen. Bring deinen Vater zu mir ins Schloss. Von heute an soll er mein Ratgeber sein.»

Da holte Atanas mit Freuden seinen alten Vater aus dem dunklen Keller und dieser tauschte gerne das Fass mit dem königlichen Schloss. Er diente dem König als guter Ratgeber und später, als Atanas König wurde, stand er ihm mit seiner Weisheit zur Seite.

So kehrten Glück und Zufriedenheit in das Land ein und keiner der Alten musste mehr um sein Leben bangen.

Märchen aus Slowenien

Die Rose des Königs Avetis

Wie nannte man die Rose dort, wo sie blühte? Wie nannte man den alten Strauch, der Jahr für Jahr voller Blüten stand? Anhamakan hiess die Rose des Lebens. Man erzählte sich von ihr, dass sie die Zauberkraft besass und die Menschen vor dem Unglück beschützte. Etwas Wahres muss an den Geschichten dran sein, die man sich erzählte. So erzählte man, dass sie den betörenden Duft aller Rosen habe, und ihre Blüten leuchteten wie der Vollmond. Wer sich ihr näherte, wurde von ihrem betörenden Duft so trunken, dass er alle Enttäuschungen vergass. Der Strauch der Rose Anhamakan wuchs inmitten eines königlichen Gartens.

Doch eines Sommers, gerade unter der Herrschaft Avetis, öffnete sich nicht eine einzige Blüte, obwohl der Strauch voller kleiner, grüner Knospen war, die Tag für Tag praller wurden.

Eines Morgens fand der Gärtner die Knospen vertrocknet am Boden liegend. König Avetis war zornig, und der alte Gärtner wurde entlassen. Aber auch im nächsten Jahr fielen die Knospen der Rose wieder ab. Und so blieb es. Gärtner kamen und gingen, aber die Knospen der Rose fielen zur Erde. Der König liess Gärtner aus fremden Ländern kommen. Doch nichts half. Der königliche Garten wurde zwar immer schöner und exotischer, weil jeder Gärtner seine Kunst vorführen wollte, aber die Rose Anhamakan blühte nicht, duftete nicht. Jedes Jahr kamen neue Rosenarten hinzu, und die fremdartigen Sträucher bogen ihre Zweige und Blätter über die künstlich angelegten Teiche, aber Anhamakan blühte nicht. Je unerreichbarer die weissen Rosenblüten wurden, desto mehr sehnte sich der König nach ihnen.

Als wieder einmal die Rosenzeit vorbei war, liess er in seinem alljährlichen Wutausbruch den wer weiss wievielten Gärtner in den Kerker sperren, weil er die Rose nicht zum Blühen gebracht hatte. Eines Tages kam ein Jüngling namens Samwell in den Palast und bat den König, ihn als Gärtner in seine Dienste zu nehmen. Er versprach ihm die Blüte der Rose Anhamakan. Der König wollte davon nichts mehr hören, hatte er doch die besten und erfahrensten Gärtner aus aller Welt kommen lassen. Aber der Jüngling beharrte auf seinem Vorsatz und bat solange, bis ihn der König für ein Jahr zum königlichen Gärtner ernannte, obwohl er ihm nicht glaubte. «Du hast dir viel vorgenommen», sagte der König. «Aber wehe, wenn du nicht hältst, was du versprachst, dann wirst auch du im Kerker enden.»

Der Jüngling erschrak ein wenig, verbeugte sich tief und verliess demütig den Thronsaal. Samwell war nun Herr über die königlichen Gärten, Herr und Diener zugleich.

Vom frühen Morgen bis zum späten Abend jätete und stutzte er mit seinen Gehilfen die Zierbäume und -sträucher, veredelte die Obstbäume, sorgte sich um die Rosen. Am meisten aber kümmerte er sich um den uralten Strauch inmitten des Gartens. Wie ein Kind umsorgte er ihn, seine Blätter waren grün und glänzten. Und als sich der Strauch zum Winterschlaf bereitete, bemühte er sich mit gleichem Fleiss um ihn, säuberte und düngte ihn, umhüllte seine Wurzeln mit lockerer Erde und den Stamm mit Nadelholzreisig. Im Frühling erstrahlte der Garten wieder in allen Farben: im Grün der Blätter, Blüten in weisser und rötlicher Farbe, aber auch blaue, gelbe und violette fehlten nicht. Auch der Rosenstrauch grünte und setzte viele Knospen an, unzählige.

Und sie wurden grösser und grösser. Bald werden sich die Knospen entfalten, vielleicht in drei oder in zwei Tagen, vielleicht schon in dieser Nacht. Es freute sich die Sonne, aber auch die Sterne und der Mond schauten voller Ungeduld in die Dunkelheit. Am ungeduldigsten aber schaute der Gärtner Samwell auf den Strauch. Er hatte keine Ruhe und liess kein Auge von ihm. Tag und Nacht stand er neben dem Rosenstrauch. Spät abends, der Garten duftete betäubend, eine Nachtigall sang, platzte die erste Knospe auf!

Da plötzlich brach die Erde an der Wurzel auf und etwas Dunkles kletterte flink den Rosenstock empor. Ein Wurm! Ein giftiger Wurm! Schon wollte Samwell zuspringen, wollte den Schädling zerdrücken, da flog die Nachtigall vorbei, die auf dem nahen Baum gesungen hatte, und schon krümmte und wand sich der rote Wurm in ihrem Schnabel.

Blitzschnell schlängelte sich eine riesige Schlange aus dem Buschwerk und verschlang die Nachtigall mit dem Wurm. Samwell ergriff die Axt, und schon teilte sich die riesige Schlange in zwei Hälften. Dann ward es still. Die Schlange war tot. Auch die Nachtigall starb und mit ihr der Wurm, der sich jahrelang von dem Rosenstrauch genährt hatte. Die Knospen des Rosenstrauches Anhamakan brachen auf und verströmten ihren betörenden Duft.

Als der neue Tag anbrach und die Sonne ihre ersten Strahlen zur Erde schickte, stand Samwell noch immer an der Stelle, wo die Rose des Lebens ihre Knospen entfaltet hatte. Wo sich ihr süsser und herrlicher Duft ausbreitete, fanden die Menschen Frieden und Freude. Etwas später, als die Sonne den Himmel vergoldete, trug der Rosenstrauch ein weisses Blütenkleid und die entfalteten Knospen badeten im funkelnden Tau. Samwell brach die schönste Blüte vom Strauch und trug sie zum König. Sein Herz jubelte vor Freude. Die Blüte hielt er hinter dem Rücken versteckt, denn er wollte den König überraschen.

Der König machte ein finsteres Gesicht, denn die Zeit der Rosenblüte war gekommen, und er sehnte sich nach seiner Anhamakan, nach ihrem süssen, herrlichen Duft, der die Sorgen vergessen lässt. Samwell hatte ihm die Rose Anhamakan versprochen, hatte sich nicht abweisen lassen. Nun wagte er sich zu ihm, um ihm kundzutun, dass auch ihm die jungen Knospen vertrocknet seien. «Wo hast du die Rose Anhamakan?», fragte ihn der König.

Und Samwell erzählte: «Die Nacht sank hernieder und alle sehnten den Schlaf herbei, da brach an der Wurzel die Erde leicht auf und ein giftiger Wurm kletterte den Rosenstock empor.»

«Das wirst du mir teuer bezahlen!», schrie der König.

Und Samwell erzählte: «Da flog eine Nachtigall vorbei, die auf dem Baum gesungen hatte und ergriff ihn.»

Der König war blass vor Wut. Doch Samwell liess sich nicht irre machen. «Blitzschnell schlängelte sich eine riesige Schlange aus dem Buschwerk, verschlang die Nachtigall und den Wurm ...»

«Das wird dich teuer zu stehen kommen!»

«Glücklicherweise hatte ich eine Axt bei mir und schlug die Schlange in zwei Teile», rief Samwell.

«Du hast nicht gehalten, was du versprochen. Wehe dir, du wirst es bereuen», sagte der König zornig.

Er horchte auf, als der Gärtner fortfuhr: «Und hier, o König, hast du die Rose Anhamakan. Der Strauch steht in voller Blüte.»

Stolz sagte es Samwell. Und er reichte dem König die aufgeblühte Knospe, die wie der Vollmond leuchtete. Der König war sprachlos. Vorsichtig nahm er die Rose in die Hand, roch an der Blüte und fühlte sich augenblicklich froh und glücklich. Endlich hatte sich seine Sehnsucht erfüllt, endlich hatte er die Rose Anhamakan wieder. Gleich würde er sie seiner schlafenden Gattin auf das Kopfkissen legen.

König Avetis eilte davon. Vergessen war die schlechte Laune, vergessen aber auch der Gärtner, der sich wieder an die Arbeit machte, obwohl gerade das Jahr abgelaufen war, für welches ihn der König in den Dienst genommen hatte. Wieder war ein Tag vergangen, es war schon spät und an der Zeit, sich schlafen zu legen.

Aber in den vielen Nächten, in denen er den Rosenstrauch umsorgte, hatte er unter freiem Himmel geschlafen. So war ihm dies zur Gewohnheit geworden. Die Gabelung eines Baumes wurde in dieser Nacht sein Lager.

Der Baum war stark und breit, sodass Samwell bequem, in einer Decke gehüllt, dort schlafen konnte. Die Nachtigall sang, die Rosen dufteten, doch die Rose Anhamakan hatte den süssesten und lieblichsten Duft, der betäubend zu ihm heraufzog. Am frühen Morgen begannen die Vögel zu singen, und der östliche Himmel färbte sich rot von den Strahlen der aufgehenden Sonne. Samwel rieb sich gerade den Schlaf aus den Augen, als die Königin im weissen Gewand zum Teich kam. Samwell wagte nicht zu atmen, als er sie erblickte. Aber was sollte er tun? Entweichen konnte er nicht mehr, dazu war es zu spät.

Hinter den Zweigen versteckt gewahrte er, wie sich die junge Königin das Kleid abstreifte und es zu ihren Füssen auf den Boden fallen liess. Danach steckte sie ihr schwarzes Haar hoch und stieg in das von der Morgensonne golden gefärbte Wasser. Nach kurzer Zeit entstieg sie erfrischt dem Teich und kleidete sich an. Als sie ihre Arme empor streckte und den Kopf zurückbeugte, erblickte sie den Gärtner in den Zweigen des Baumes. Die Königin schrie erschrocken auf, lief zum König und begann zu klagen. Ach, ach, beim Bad habe sie der Gärtner erblickt, der sich fürwitzig in den Zweigen eines Baumes versteckt gehalten habe.

Der König wurde sehr zornig. Er rief die Wachen und befahl ihnen, den Spitzbuben herbeizuschaffen. Gleich darauf brachten diese den Gärtner vor den König. Samwell kniete nieder und versuchte seine Unschuld zu beweisen. Das Gesicht des Königs aber blieb hart wie Stein. Die Wachen zogen ihre Schwerter, und Samwell ahnte, dass ihn der Henker alsbald vom Leben zum Tode bringen würde, und er dachte bei sich: «Wenn ich schon mein junges Leben geben muss, soll der König auch vorher die Wahrheit hören.» Und er sagte: «Gestern, o König, brachte ich dir mit freudigem Herzen die Rose des Lebens Anhamakan, die ich zum Erblühen gebracht habe. Doch Dank erhielt ich nicht. Im Gegenteil, du drohtest mir, dass ich alles teuer bezahlen müsse. Ich konnte den Sinn deiner Worte nicht verstehen. Jetzt verstehe ich ihn. Aber bevor ich mein Leben lasse, rufe ich dir zu, dass auch du, König, teuer bezahlen wirst!»

Den König grauste bei diesen Worten, und eine bange Ahnung überkam ihn. Vielleicht hatte der Gärtner die Kette der Wahrheit gefunden. Fehlt ein einziges Glied in der Kette, dann bricht sie entzwei und an ihre Stelle tritt der Allbezwinger Tod. Er wollte das Schicksal nicht herausfordern.

Darum sagte der König mit veränderter Stimme zum Gärtner: «Ich vertraue dir, Gärtner Samwell. Du sollst nichts teuer bezahlen. Du kannst als Gärtner in meinen Diensten bleiben. Kehre unverzüglich an die Arbeit zurück und erhalte mir die Rose des Lebens!»

Die Wachen befreiten ihn von den Ketten, und Samwell verliess den Palast als freier Mann. Er konnte immer noch nicht begreifen, was geschehen war. Lebend und gesund ging er durch den Garten, den lieblichen Duft der tausend Blüten einatmend und dem Summen der Bienen und dem Gesang der Vögel lauschend. Ein Gefühl grenzenloser Freude und grenzenlosen Glücks erfüllten ihn, als er den Duft der Rose Anhamakan einsog.

Märchen aus Armenien

König Laurin und sein Rosengarten

Hoch oben in den grauen Felsen, dort, wo sich heute nur mehr eine Geröllhalde ausbreitet, lag einst König Laurins Rosengarten. König Laurin war der Herrscher über ein zahlreiches Zwergenvolk und besass einen unterirdischen Palast aus funkelndem Bergkristall. Seine besondere Freude und sein Stolz aber war der grosse Garten vor dem Eingang zu seiner unterirdischen Kristallburg, in dem unzählige edle Rosen blühten und dufteten. Wehe aber dem, der es gewagt hätte, auch nur eine dieser Rosen zu pflücken: Ihm hätte Laurin die linke Hand und den rechten Fuss genommen! Dieselbe Strafe wäre auch dem widerfahren, der den Seidenfaden zerrissen hätte, der den ganzen Rosengarten anstatt eines Zaunes umspannte.

Im Kampf vermochte es der Zwergenkönig mit jedermann, auch dem stärksten Recken, aufzunehmen. Denn er besass nicht nur einen Zaubergürtel, der ihm die Kraft und Stärke von zwölf Männern verlieh, sondern auch eine geheimnisvolle Tarnkappe, die ihn unsichtbar machte, wenn er sie aufsetzte.

So herrlich nun Garten und Palast des Zwergenkönigs auch waren, so fehlte ihm doch eines: eine Braut. Als er darum hörte, dass der König an der Etsch gedenke, seine schöne Tochter Similde zu verheiraten und eine Maifahrt ausrufen liess, zu der sich alle Freier einfinden sollten, da freute sich Laurin und beschloss, die Einladung des Königs anzunehmen und auch um Similde zu werben.

Doch Tag um Tag verstrich, ohne dass ein Bote des Königs zu Laurin kam, um auch ihm die Einladung zu der grossen Maifahrt zu überbringen. Das verdross den Zwergenkönig, und so beschloss er denn, an dieser Maifahrt nur im Geheimen teilzunehmen – indem er sich nämlich durch seine Tarnkappe unsichtbar machte.

Auf einem grossen Platz vor dem Schloss des Königs fanden die Kampfspiele statt, an denen sich die Freier um Similde zu beteiligen hatten. Wer sich in diesen Wettspielen am meisten im Fechten und Reiten bewährt haben würde und als Sieger hervorging, dem wollte der König Similde als Maibraut geben.

Sieben Tage lang dauerten die Kampfspiele, dann endlich waren es nur noch zwei Recken, die um die Hand der schönen Similde kämpften. Es waren Hartwig, der in seinem Wappen eine Lilie führte, und Wittich, der eine Schlange als Erkennungszeichen hatte. Doch ehe der König das Zeichen zum Aufhören geben und einen der beiden Recken zum Sieger erklären konnte, entstand auf einmal Lärm und Stimmen schrien durcheinander: Similde ist verschwunden! Similde ist geraubt worden!

Als das Verschwinden der Königstochter bemerkt wurde, ritt Laurin mit Similde schon davon und konnte nicht mehr aufgehalten werden, zumal er seine Tarnkappe aufhatte und darum nicht nur er selbst, sondern auch sein Pferd und die geraubte Königstochter unsichtbar waren!

Laurin hatte im Geheimen den Kampfspielen zugesehen, und das freundliche Wesen der schönen Königstochter und ihr liebliches Antlitz hatten ihn so betört, sodass er beschloss, die schöne Braut zu rauben und sie in sein Felsenreich zu entführen.

Hartwig und Wittich aber beschlossen diese Schmach nicht hinzunehmen und dem Zwergenkönig Laurin die entführte Königstochter wieder abzunehmen, denn nur dieser konnte Similde geraubt haben, das wussten sie sogleich. Doch sie wussten auch, dass dies ein schweres Unterfangen würde, denn König Laurin besass einen Zwölfmännergürtel und eine Tarn- oder Nebelkappe und überdies viele Tausend Zwerge, die bereit waren, für ihren König zu kämpfen.

So wandten sie sich an den grossen und berühmten Fürsten Dietrich von Bern und baten ihn um seine Hilfe. Dieser sagte zu, wie wohl sein alter Waffenmeister Hildebrand ihn warnte und auf die geheimnisvollen Kräfte des Zwergenkönigs hinwies.

So machten sie sich denn auf die Reise nach der Felsenburg des Zwergenfürsten: Dietrich von Bern, Hildebrand, Hartwig und Wittich, Wolfhart und noch andere tapfere Recken.

Als sie endlich vor dem herrlichen Rosengarten des Königs Laurin ankamen und die Fülle dieser Blütenpracht gewahrten, da staunten Dietrich und seine Gefährten – und sie beschlossen, den zarten Seidenfaden nicht zu zerreissen und den König herbeizurufen, um mit ihm gütlich zu unterhandeln, dass er ihnen Similde herausgeben solle. Doch der Ritter mit der Schlange im Schild sprang, von Ungeduld gepackt, vorwärts, zerriss den Seidenfaden und zertrat die nächsten Rosen.

Da ritt schon König Laurin auf seinem Schimmelpferdchen daher, eine kleine goldene Krone auf dem Haupt und ein glänzendes Schwert in der Rechten und forderte zum Zweikampf auf.

So kämpften die beiden eine Weile miteinander, dann aber setzte sich Laurin auf einmal die Tarnkappe auf und war nun unsichtbar geworden! Doch die Bewegungen der Rosen verrieten, wo der Zwergenkönig stand, König Laurin wurde gefangengenommen und der Tarnkappe und aller Waffen beraubt.

Da öffnete sich im Felsen ein Tor und Similde trat heraus mit einer Schar von Dienerinnen. Sie dankte für ihre Befreiung, bemerkte aber auch zugleich, dass Laurin sie wie eine Königin geehrt habe. Die Herren sollten mit ihm Frieden und Freundschaft schliessen.

Laurin nahm den Frieden an und lud alle seine Begleiter in sein unterirdisches Felsenschloss. Wie staunten sie, als sie die reichen Schätze des Zwergenfürsten sahen!

Sie wurden von den Zwergen aufs Beste bewirtet und mit Gesang und Spiel erfreut. Doch plötzlich wurden sie von den Zwergen überfallen, in Ketten gelegt, in ein festes Gewölbe geschleppt und dort eingeschlossen. Die Gefangenen aber zerbrachen die Türen ihres Gefängnisses, überwanden die anstürmenden Zwerge und nahmen endlich auch den König Laurin gefangen.

Der Ritter mit der Lilie brachte Similde zu ihrem Vater zurück und wurde mit ihr vermählt. König Laurin aber rief: «Diese Rosen haben mich verraten; hätten die Ritter nicht die Rosen gesehen, so wären sie nie auf meinen Berg gekommen!»

Er sprach einen Zauberbann über den ganzen Rosengarten und die Rosen, dass sie niemand mehr sehen sollte, weder bei Tag noch bei Nacht. Doch er hatte bei seinem Spruch die Dämmerung vergessen! So kommt es, dass der verzauberte Rosengarten noch oft in der Dämmerung seine Rosenpracht zeigt, und dass der ganze Berg über und über im Rosenschimmer erstrahlt, und so die Erinnerung wachhält an den unglücklichen König Laurin und seinen Rosengarten.

Märchen aus den Dolomiten

Der Garten des Königs

Vor langer Zeit, als die Menschen die Sprache der Bäume und Blumen noch vernahmen, lebte einmal ein König. Dieser liebte seinen Garten über alles. Prächtige Pflanzen wuchsen darin: Mächtige Tannen, fruchtende Weinstöcke, Rosen in vielen Formen und Wildblumen aller Art. Jeden Tag ging der König in seinem Garten spazieren, ruhte im Schatten der grossen Eiche, atmete den Duft der Rosen und strich mit seinen Füssen über Vergissmeinnicht und Veilchen. Eines Tages jedoch betrat der König seinen Garten und was sah er: Alle Bäume, Blumen und Kräuter liessen ihre Äste und Blütenköpfe hängen. Die Eiche war schon ganz dürr, die Rose liess ihre Blätter fallen und der Weinstock war am Sterben.

Erschrocken trat der König von einer Pflanze zur nächsten und fragte nach ihrem Leid und was musste er hören? Die Eiche liess ihre Blätter verdorren, weil sie nicht so gross sein konnte wie die Tanne. Die Tanne jedoch wollte sterben, weil sie keine Früchte tragen konnte wie der Weinstock. Der Weinstock hatte seinen Lebenssaft aufgegeben, weil er nicht duften konnte wie die Rose. Ein Anblick des Jammers war der ganze Garten. Nur mittendrin blühte ein kleines Blümchen munter vor sich hin.

Der König trat näher und erkannte das wilde Stiefmütterchen, das seine frischerblühte Knospe der Sonne entgegenstreckte. Der König wunderte sich und fragte das Blümchen: «Wie kann es sein, dass du als einzige Blume frisch und lebendig bist, während die anderen Pflanzen darben und dem Tode nahe sind?»

Da sprach das wilde Stiefmütterchen: «Oh, König, ich dachte mir, dass, als du mich pflanztest, du ein wildes Stiefmütterchen haben wolltest, ansonsten hättest du eine Eiche, eine Tanne oder eine Rose gepflanzt. Also versuche ich nach besten Kräften zu sein, was ich bin.»

Der König vernahm diese Worte und gab sie an die Bäume, Sträucher und Blumen weiter – der Wind blies und trug sie bis hierher.

Parabel aus Indien

Blumen-ABC

Aster

Die Aster *(Aster)* gehört zu den Korbblütlern und ihr Gattungsname deutet auf ihre sternenähnlichen Blütenkörbchen hin. Die Herbstastern lassen im Herbst das Blumenbeet noch einmal aufleuchten. Die Schmetterlinge besuchen die Blüten fleissig und holen den nötigen Blütennektar. Die Aster mit ihren vielen Blütenpetalen soll auf die Vielfalt des gelebten Lebens verweisen. In China hingegen gilt sie als Sinnbild für die Heimat. Eine christliche Legende erzählt, dass Johannes einst mit den Engeln sprach und ihnen Blumen schenkte. Als Dank dafür brachten sie ihm ein Samenkorn, aus dem im Herbst eine leuchtende Sternblume wuchs. Die Menschen nannten sie Aster (Stern). Nach einem griechischen Mythos verdankt die Aster ihren Namen der Sternengöttin Asteria. Als die Göttin sah, wie leer die Erde nach der Sintflut aussah, weinte sie. Ihre Tränen fielen als Sternenstaub zur Erde und aus ihnen wuchsen die Astern. Mehr als fünfhundert verschiedene Astern gibt es mittlerweile und sie leuchten von weiss bis blau und in allen Lilaschattierungen.

Märchen: Die Aster

Christrose

Die Christrose *(Helleborus niger)* wird auch Schneerose, Lenzrose oder Nieswurz genannt. Sie blüht im Winter und im zeitigen Frühjahr. Der lateinische Name wirft einige Fragen auf. Da die meisten Teile der Pflanze giftig sind, könnte sich das im Namen niederschlagen (griech. *hellein* – töten). Ihre pechschwarze Wurzel erinnert ebenfalls an den Tod, und die Gallier sollen ihre Speere mit dem Wurzelsaft eingerieben haben. Die reinen, hellen Blüten weisen wiederum auf das Licht und die wiederkehrende Sonne zur Zeit der Wintersonnwende hin. Auf das Grab wird sie als Trostblume gepflanzt. In der Antike wurde die Blume gegen Angstzustände eingesetzt und homöopathisch wird sie bei Depressionen empfohlen. Der Duft löst einen starken Niesreiz aus und der Name «Schwarze Nieswurz» weist auf die Verwendung als Niespulver hin. Die Christrose ist teilweise geschützt, breitet sich aber immer mehr als Gartenpflanze aus.

Märchen: Wie die Christrose entstand

Chrysantheme

Die Chrysantheme *(Chrysanthemum)* wird in China seit jeher geschätzt. Als eine der wenigen Blumen verträgt sie auch ein wenig Frost und blüht noch, wenn die anderen Blumen sich dem Winter längst gebeugt haben. Die Strahlenblüten dieses Korbblütlers haben sich in der asiatischen Symbolik niedergeschlagen, sie zeigen Macht und Stärke, Reichtum und Glück. Lange war es nur den Adeligen erlaubt, Chrysanthemen im Garten zu pflanzen. In Japan wird der Chrysanthemen-Orden an Menschen mit besonderen Verdiensten verliehen, und als Kaisersymbol gilt sie als die Pflanze Japans schlechthin. In China wird am 9. Tag des 9. Monats des chinesischen Kalenders der Chrysanthementag gefeiert. In Asien ist der Chrysanthementee beliebt und die Speisechrysantheme kann auch roh zu Salaten gegessen werden. Der Verzehr der Blüten soll zu einem langen Leben verhelfen. Auch in Japan wird das Chrysanthemenfest gefeiert und traditionell wird aus einer Sake-Schale getrunken, in der eine Chrysanthemenblüte schwimmt. Obwohl die Chrysanthemen erst im 17. Jahrhundert nach Europa kamen, zählt sie heute mit ihren mehr als tausend Sorten zu den weltweit wichtigsten Gartenpflanzen.

Märchen: Die Jungfrau Chrysantheme

Frauenschuh

Der Gelbe Frauenschuh *(Cypripedium calceolus)* gehört zu den wildwachsenden Orchideenarten und wird auch Marienfrauenschuh genannt. Die Bestäubung der Blüten erfolgt durch Insekten, die in den bauchigen, kesselförmigen Teil der Blüte hineinfallen. Die kapselförmigen Samen werden durch den Wind verbreitet. In den griechischen Mythen wird erzählt, dass Demeter mit Orchideenschuhen durch ihr Reich geht und die Blume sich so weiter ausbreitet. Der lateinische Name verweist wiederum auf Aphrodites Beinamen «Kypris». Auch in Zusammenhang mit Jungfrau Maria wird der Frauenschuh genannt. Die Blüten beim Frauenschuh öffnen sich erst nach sechzehn Jahren, weshalb sie auch ein Symbol der Empfängnis und Fruchtbarkeit sind. Konfuzius verglich die Orchidee allgemein mit einem edlen Menschen. Der Frauenschuh ist eine der prächtigsten, heimischen Orchideenarten und eine geschützte, seltene Blume, die sich nicht in einen Garten verpflanzen lässt, weshalb zahlreiche Menschen in die Höhe wandern, um die Blume in ihrer Blütezeit zu erleben.

Märchen: Der Frauenschuh

Hyazinthe

Die Hyazinthe *(Hyacinthus)* gehört zu den Liliengewächsen. Gerne wird sie als Blumenzwiebel auf Gräber gepflanzt, da sie jedes Jahr im Frühling wieder ihre Blütenstängel entwickelt und ihren blumigen Duft verströmt. Doch so eindrücklich die Farbe und der Duft der Blüten, so schnell ist die Hyazinthe auch verblüht. Bei Ovid findet sich in den Metamorphosen die Geschichte von Hyacinthos, der sich im Tod in eine Hyazinthe verwandelt. Die Botaniker sind sich jedoch uneins, ob es nicht doch die Gladiole war, die in den Metamorphosen gemeint war. Die Hyazinthe duftet schon fast schmerzlich süss. Die griechischen Mythen erzählen davon, dass als Hades, der Gott der Unterwelt, sich Kore, die Tochter Demeters, als Braut ausgesucht hatte, Zeus unter den Füssen Kores Hyazinthen aufspriessen liess, damit Hades sie finden konnte. Besonders verbreitet war die Hyazinthe in den arabischen Gärten und später in den türkischen Serails. Bezaubernd sind die Wildformen der Hyazinthen, die den Garten schon nach kurzer Zeit in ein frühlingshaftes Blütenmeer verwandeln.

Märchen: Warum die Hyazinthe nur kurze Zeit blüht

Immergrün

Die Blume Immergrün *(Vinca)* breitet sich gerne im Schatten von lichten Gehölzen aus und bildet dort im Frühling blaue, violette oder weisse Blüten, die im Schatten leuchten. Bereits die Römer pflanzten das kleine Immergrün und noch heute nennt man es «Burggartenflüchtling». Es zählt zu den alten Heilpflanzen, und wird heute noch in der Homöopathie bei Ängsten und Depressionen verwendet. Die Pflanze selber wurde als wundheilendes Mittel genutzt und sollte auch die Durchblutung der Hirngefässe fördern. Vielleicht kommt daher der alte Brauch, Kindern mit einem Strauss Immergrün den Kopf zu berühren und zu sprechen: «Gehe hin und lerne was!» Zusammen mit einem Säckchen Immergrünwurzel, das um den Hals gelegt wird, sollen sie aufmerksam bleiben und klug werden. *Vinca* leitet sich vom lateinischen *pervincire* ab, was soviel bedeutet wie «umwinden» und auf die gebundenen Kränze aus Immergrün hindeutet, die den Mädchen früher zum Tanz gebunden wurden. Als Hoffnungsblume wurde das Immergrün aber auch frühverstorbenen Kindern mit ins Grab gegeben.

Märchen: Grossmütterchen Immergrün

Jungfer im Grünen

Die Jungfer im Grünen *(Nigella damaszena)* ist eine Sommerpflanze, die viele Namen trägt: Gretel im Busch, Braut in Haaren, um nur einige zu nennen. Die Namen weisen auf ihre haarfeinen Hochblättchen hin, die die fünfblättrige blaue Blüte umgeben. Der lateinische Name wiederum deutet auf die schwarzen Samen und den Ursprung in Damaskus hin. Nigella damaszena gehört zur gleichen Gattung wie der Schwarzkümmel. Als wärmeliebende Pflanze ist sie im Mittelmeerraum beheimatet und wird in kühleren Gegenden als einjährige Sommerblume kultiviert, die man in vielen Bauerngärten findet. Im Spätsommer bildet die verblühte Blume eine Samenkapsel, die sich im frühen Herbst öffnet, um die schwarzen Samen überall im Garten zu verteilen. Treffen sie auf gute Bedingungen, keimen sie im folgenden Frühjahr, um viele blaublütige «Jungfern im Grünen» hervor zu bringen.

Märchen: Gretel im Busch und Hansl am Weg

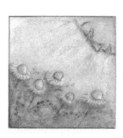

Kamille

Die Echte Kamille *(Matricaria chamomilla)* ist in Europa weithin als Heilmittel bekannt. Der Kamillenaufguss wird bei Blähungen, gegen Entzündungen und Krämpfe verwendet. Das ätherische Kamillenöl wird in Ölen und Salben als ausgleichendes und entzündungshemmendes Mittel für die Haut eingesetzt. Die Römer verordneten sie zur Beruhigung der Nerven. Im Mittelalter wurde die Kamille vor allem bei Frauenleiden genutzt und ein kleiner Strauss Kamille sollte die werdende Schwangerschaft anzeigen. Die Kamille ist eine faszinierende Pflanze, die sich am Beet- und Wegrand ein Plätzchen sucht und mit ihren Strahlenblüten, die den Höhepunkt ihrer Blütezeit zur Sommersonnenwende haben, an die langen Sonnentage erinnert. Besondere Heilkraft enthält die Kamille, wenn sie zu dieser Zeit gepflückt wird. Ihre Strahlenblüten sollen an die Augenwimpern des germanischen Gottes Baldur erinnern, der wiederum die Frühlingssonne symbolisiert. Die Kamille samt sich im Garten gerne selber aus und sucht sich die besten, sonnigsten Plätzchen.

Märchen: Die Tochter der Lilie und des Wermuts

Kornblume

Die Kornblume *(Centaurea cyanus)*, früher ein gefürchtetes Ackerunkraut, leuchtet heute in den Blumengärten. Oft überwintern ihre Samen und überraschen schon zeitig im Frühling mit den ersten kleinen Pflänzchen. Zusammen mit dem Mohn kommt ihr Blau so richtig zum Leuchten. Ceres, die Göttin der Ernte, soll Kornblumen im Haar getragen haben. Das Samenkörbchen der Kornblume ist tatsächlich reich und fruchtbar. Der lateinische Name *Centaurea* weist auf den Centauren Chiron hin, der eine Wunde mit der Blume geheilt haben soll. Ihre blauen Blütenpetalen geben Tees eine schöne Farbe. Therapeutisch wird sie zur Verdauungsförderung eingesetzt und der blaue Kornblumenessig wurde früher bei Hautproblemen verwendet. Als eine der wenigen blauen Blumen ist sie zum Symbol für höhere Ideale geworden und wird in der christlichen Symbolik Maria zugeordnet. Die Kornblume bildet mit feinen Härchen gefüllte Samenbeutelchen, die sich gerne im ganzen Garten verstreuen, um im nächsten Jahr wieder für ein buntes Blumenbeet zu sorgen.

Märchen: Die Mohnblume und die Kornblume

Lavendel

Der fast immergrüne Echte Lavendel *(Lavandula officinalis)*, lockt während seiner Blüte zahlreiche Schmetterlinge und Bienen an. Sein Duft ist betörend und wird als ätherisches Lavendelöl in vielen Kosmetik- und Reinigungsmitteln verwendet. Lavendel wirkt beruhigend und schlaffördernd, auch in Räucherungen kommt er zum Tragen. Obwohl Lavendelsäckchen aus der Mode gekommen sind, lohnt sich ein Versuch – kaum ein Duft bleibt so lange frisch. Der Duft von einem getrockneten Lavendelstrauss weckt selbst im Winter Erinnerungen an den Sommer. Hildegard von Bingen empfiehlt ihn gegen Kurzatmigkeit in der Brust. In der Antike war die Lavendelblüte ein Symbol für die Keuschheit und Reinheit junger Frauen, was sie auch zu einem Symbol Marias macht. Geopferte Jungfrauen sollen im alten Griechenland mit Lavendel bedeckt worden sein. Der Sonnenkönig schickte seiner Erwählten Lavendelblüten, die sie dann in den Mund legte, und Napoleons Liebe zu Josephine wurde von einem Parfum aus Lavendel umgeben.

Märchen: Die Lavendelblüte

Lein

Der Lein oder Flachs *(Linum)* ist eine zarte halbhohe Pflanze und eine der ältesten Kulturpflanzen. Die ältesten Funde von Leinsamen stammen aus Persien. Zu Beginn wurde die Pflanze wohl vor allem zu Ernährungszwecken gesammelt. Funde zur Leinenverarbeitung stammen aus dem Beginn des 4. Jahrtausends v. Chr. aus Ägypten. Die Mumienbinden waren aus Leinen hergestellt, auch die Grabbeigaben enthielten Samenkapseln von Lein. Im Mittelalter war Lein neben Hanf und Wolle die einzige Textilfaser. Die Legende berichtet, dass Jungfrau Maria, als sie auf der Flucht nach Ägypten war, ihr Kind im Flachsfeld verstecken musste und Maria segnete den Lein. Heute noch wird das Leintuch auf den Altar gelegt, um das heilige Mahl zu feiern. Auch bei den Hebräern wurden Leinengewänder von den Hohepriestern benutzt. Vom Anbau bis zum fertigen Kleid macht der Lein viel Mühe und Arbeit, weshalb er früher fast so viel wert war wie Geld. Heute gibt es verschiedene Leinsorten für den Garten und wer möchte, kann sich aus den kleinen Samenkörbchen die eigenen ölhaltigen Leinsamen ernten.

Märchen: Der Flachs

Lilie

Die Lilien *(Lilium)* gehören zu den Zwiebelpflanzen und die Madonnenlilie ist eine der bekanntesten Blumen. Sie gilt als Symbol der Reinheit, Schönheit, aber auch des Todes, weshalb sie gerne für den Totenkranz benutzt wird. In einer Legende heisst es, dass die Engel, die die Menschen begleiteten, die sie aus dem himmlischen Garten vertrieben hatten, um eine Lilie baten, damit sie an den Himmel erinnert werden. In Griechenland gehörte die Blume zu Hera, denn sie sei aus den Tropfen ihrer Muttermilch entstanden. Lilien finden sich bei den Pharaonen, auf den Bannern der französischen Könige, aber schon Bachus wird mit einem Lilienstängel abgebildet, genauso wie der Erzengel Gabriel bei der Verkündung der Empfängnis. Frankreichs Könige trugen drei Lilien im Wappen, doch nicht nur Würde, Macht, Reinheit, auch die Seele selbst findet in der Lilie ihre Symbolkraft. In der Antike stellte man schmerzstillende Salben aus Lilien her. Die meisten Lilien sind essbar, und in Japan und China ist die Kultur der Lilienrezepte weit verbreitet.

Märchen: Die Tochter der Lilie und des Wermuts
Die Jungfrau und die Wunderblume
Die singende Lilie

Lotosblume

Obwohl der Seerose ähnlich, bilden die Lotosblumen *(Nelumbo)* eine eigene Gattung. Da die Blätter wasserabweisend sind und kein Schmutz haftenbleibt, gelten sie als Symbol der Reinheit und haben eine tiefe Bedeutung im Hinduismus und Buddhismus und allgemein in der asiatischen Kultur. Die Wurzeln sind essbar und die Samen sollen beruhigend wirken. Der Formenreichtum der ganzen Pflanze ist erstaunlich. In der Kunst, vor allem in der religiösen Malerei, finden sich zahlreiche Abbildungen mit dem Symbol der Lotosblume. Da der Lotos aus dem Schlamm wächst und eine völlig reine Blüte zeigt, wurde er zum Symbol der Erleuchteten. Die Erwachten gelangen ins Blumenparadies und werden auf Lotosblüten wiedergeboren, und die Unsterblichen im chinesichen Mythos sind in Gewänder aus Lotosseide gekleidet.

Märchen: Die Lotosblüte
  Choung und die Lotosblüte

Löwenzahn

Die Löwenzahnblume *(Taraxacum sect. Ruderalia)* gehört zu den Korbblütlern. Mit ihren leuchtend gelben Blütensonnen erfreut sie die Menschen im Frühling. Ihre Samen mit den vielen kleinen Fallschirmchen bläst der Wind weit übers Land. Die Löwenzahnblume hat eine unglaubliche Wuchskraft. Noch in der kleinsten Ritze findet sie Platz zum Wachsen. Bei Ausgrabungen deuten in der Erde enthaltene Pollen auf frühere Siedlungsplätze. Die jungen Blätter sind stärkend im Salat, aus der Wurzel wird eine magen- und leberstärkende Tinktur gewonnen, aus den Blüten wird Löwenzahnhonig hergestellt. Sogar Stängel und Knospen können in der Küche verwendet werden. Sie hat viele Namen, allein in der Schweiz existieren unzählige davon z.B. Söichrut, Chrottepösche, in Deutschland wird sie auch Pusteblume genannt. Ihre Entwicklung von der Knospe zum weissen Samenball zeigt Parallelen zum Wachsen, Altern und Sterben der Menschen, so werden auf Auferstehungsbildern meist die fliegenden Samen gezeigt. In der Landwirtschaft ist sie eine wichtige Futterpflanze und verwandelt zur Blütezeit ganze Landschaften in ein gelbes Blütenmeer. Obwohl sie im Garten nicht gerne gesehen wird, werden einige Sorten für den Küchengebrauch kultiviert und für Salate verwendet.

Märchen: Die Löwenzahnblume

Maiglöckchen

Das Maiglöckchen *(Convallaria majalis)* verzaubert im Mai jeden Frühlingstag mit seinen hellen Glöckchen und dem zarten Duft. Zusammen mit der Rose und der Lilie gilt es als Marienblume und hat Maler und Dichter künstlerisch beflügelt. In einer Legende soll das Maiglöckchen aus den Tränen der Jungfrau Maria entstanden sein, die sie unter dem Kreuz ihres Sohnes vergossen hat. In anderen Legenden ist es aus den Freudentränen Jesu entstanden, der sich über das Mitgefühl eines Knaben freute. In der Medizin wurde die Blume im Mittelalter bei Herzkrankheiten verwendet. Die Stiele und die Beeren des Maiglöckchens sind jedoch stark giftig. Trotzdem werden am Muttertag gerne Maiglöckchensträusse verschenkt und in Paris heisst der 1. Mai «Tag des Maiglöckchens». Im Garten breiten sich Maiglöckchen gerne im lichten Schatten aus und schon in kurzer Zeit haben sie mit ihren Wurzeln einen Garten erobert.

Märchen: Wie das Maiglöckchen auf die Welt kam

Mohn

Der Mohn *(Papaver)* war Hypnos, dem Gott des Schlafes geweiht. Dieser wohnte nah der Pforte zur Unterwelt und so gilt der Schlaf auch als kleiner Bruder des Todes. So sollte das aus Mohnsaft gewonnene Opium nach Plinius zur Bewusstseinserweiterung und als Schutz gegen die Aussenwelt dienen. Demeter beruhigte sich mit Schlafmohn, um den Trennungsschmerz von ihrer Tochter Persephone zu lindern, die in der Unterwelt leben musste. Das Morphium, das aus den Inhaltsstoffen des Mohns hergestellt wird, trägt den Namen Morphos, dem Gott der Träume und Sohn des Hypnos. Die Göttin Demeter verwandelte Mekon nach seinem Tod in eine Mohnblume, und so heisst der Mohn in Griechenland Mekon. In der germanischen Mythologie war der Mohn als rote Blume Thor geweiht. Der giftige Klatschmohn, der heute nur noch selten in den Getreidefeldern blüht, erinnert mit seiner kurzen Blütezeit an die Vergänglichkeit aller Dinge.

Märchen: Warum der Mohn blutrot ist
Die Mohnblume und die Kornblume
Der Bauer und die Roggenfrau
Die Mohnblumen

Narzisse

Die Narzissen *(Narcissus)* gehören zu den Amaryllisgewächsen und erinnern mit ihrem Namen an das griechische Wort *narkein*, was soviel bedeutet wie «betäuben». Der Duft der weissen Dichternarzisse ist tatsächlich berauschend. Der Name erinnert auch an die Sage von Narkissos aus den Metamorphosen von Ovid. Sie erzählt die Geschichte vom schönen Sohn eines Flussgottes, der sich in sein eigenes Spiegelbild verliebte. Nach seinem Tod verwandelte er sich in eine Narzisse. Als immer wiederkehrende Zwiebelpflanze gehört die Narzisse zu den beliebten Grabblumen. Bereits die Ägypter sollen Narzissen als Grabschmuck verwendet haben. In China gilt die Narzisse beim Neujahrsfest als Glückszeichen und in der persischen Kultur wurde sie ebenfalls verehrt. Die aus orientalischen Märchen bekannte Figur Abu Nuwas soll nur dank einem Narzissengedicht im Paradies aufgenommen worden sein. Die Zwiebel der Narzisse sieht der Küchenzwiebel sehr ähnlich, ist jedoch giftig. Narzissen wachsen gerne unter Gehölzen und anders als die Tulpenzwiebeln werden sie von Mäusen verschmäht.

Märchen: Die Blume des Guten

Nelke

Die kleinen wie die grösseren Blüten der Nelken *(Dianthus)* entwickeln einen erstaunlich starken, süssen Duft. Am stärksten duftet die zarte Federnelke. Tausende verschiedene Sorten gibt es. Die Nelke im Knopfloch oder am Hut zeigt Treue, auf dem Grab auch noch nach dem Tod. So trugen die Adeligen während der französischen Revolution eine Nelke auf ihrem Gang zur Guillotine. Nach einer christlichen Legende sollen die Nelken unter dem Kreuz Jesu gesprossen sein, von daher gilt sie als Kreuzblume. Als Grabblume ist sie in Mexiko bekannt. In der griechischen Mythologie gilt Artemis als die Schöpferin der Nelken, die sie aus den Augen eines unschuldigen verstorbenen Schäfers schuf. Der lateinische Name Dianthus deutet auf den griechischen Gott Zeus. Den Zauber der Nelken erfährt man besonders bei den wilden Arten, wie zum Beispiel der Kukuckslichtnelke. Ein Strauss Nelken kommt bis heute einer Liebeserklärung gleich und soll auf eine treue Liebe hindeuten.

Märchen: Die drei Nelken

Pfingstrose

Die Pfingstrose *(Päonia)* ist nach dem Götterarzt Paian benannt. Sie wurde auch Gichtrose genannt. In der Medizin wurden Blüten und Wurzeln zur Behandlung von verschiedenen Leiden eingesetzt, unter anderem bei Epilepsie. Vor allem in den Klostergärten wurde sie angebaut. Die Päonie galt bei den Griechen als Blume des Asklepios, dem Gott der Heilkunde und Sohn Apollons. Mit der «Königin der Heilkräuter» heilte er die Wunden von Hades und Artemis, erweckte Virbios mit einer Päonie wieder zum Leben. Die Inhaltsstoffe der Päonie sollen schmerzlindernd und wundheilend wirken. Als Rose ohne Dornen steht sie in der christlichen Mystik für die Reinheit und Schönheit Marias. In China heissen die Päonien «Shao yao», was soviel bedeutet wie bezaubernd, und sind Sinnbild für den Frühling. Kaiserin Wu gab ihr einen Adelstitel und liess sie «Zierde des Kaiserreiches, Unbeugsamste und Schönste im Land» betiteln. Die voll erblühte Pfingstrose wird mit einer voll erblühten Frau verglichen und ihr Duft zieht die Bienen an. Neben den gefüllten, sehr üppigen Pfingstrosen kommen die ungefüllten Wildformen mit einer bescheidenen Eleganz daher. Die Blütenblätter von beiden Formen frischen die Farbe von Tees und Sirup auf.

Märchen: Die Päonien

Rose

Die Rose *(Rosa)* ist ein Pflanzensynonym für die Liebe. Sie war Aphrodite geweiht, später Isis und Flora und sie war die Blume der Freya. Die alten Sagen beschreiben die Rose als Teil der Morgenröte. Aphrodite weinte weisse Rosen, als sie vom Tod des Adonis erfuhr. Chloris, die Göttin der Blumen, soll einst eine sterbende Nymphe in eine Rose verwandelt haben. Aphrodite gab ihr die Schönheit, die Grazien schenkten ihr den Glanz, Dionysos gab ihr den Duft und Zephir blies die Wolken davon, damit die Sonne auf ihre Blüten scheint. In einem anderen Mythos verwandelt sich Zephir selbst in eine Rose und erhascht damit einen Kuss von Chloris, die die Blume küsst. Eine römische Überlieferung berichtet, Flora soll sich einst in eine Rose verwandelt haben, die lacht und weint, weil sie erst Eros Liebe verschmäht hat und nun er die ihre. Ihr Duft, eingefangen im ätherischen Öl und im Rosenwasser, kommt in der Kosmetik und der Feinbäckerei zur Anwendung. Ihre Früchte, die Hagebutten, sind im Herbst eine gesunde Vitaminquelle für Mensch und Tier. Mit den Rosenblüten kann Sirup und Rosengelée gemacht und Kuchen gebacken werden. In ihrer Heimat in Persien oder Indien blüht sie beinahe das ganze Jahr. Die Rose ist auch ein Sinnbild für geistige und religiöse Entwicklung und in der Form der Rosetten hat sie Eingang in die Symbolik gefunden. Das «Unter-Rosen-Gesagte» waren bei den Rosenkreuzern die geheimen Dinge, und viele Beichtstühle sind mit Rosen verziert. In Persien wird die Rose mit einem Buch verglichen, das dem Betrachter das Herz öffnet. Bereits seit über 2000 Jahren werden Rosen gezüchtet, doch auch die wilden, ungefüllten Rosen verzaubern den Garten und sind zusätzlich für zahlreiche Insekten wertvoll.

Märchen: *Die Rose und die Nachtigall*
             Die Rose und der Musikant
             Die blaue Rose
             Drei Rosen auf einem Stiel
             Die singende Rose
             Die Rosenschöne
             Die weisse Rose
             Dornröschchen
             Die schöne Rosenblüte
             Der junge König und Maria Roseta
             Die drei Rosen
             Die Rose des Königs Avetis
             König Laurin und sein Rosengarten

Sauerklee

Der Sauerklee *(Oxalis)* ist mit bis zu 800 Arten fast weltweit verbreitet. Während wir ihn hier als Waldgewächs kennen oder als Glücksklee, der zum neuen Jahr verschenkt wird, werden andere Formen ihrer Knollen wegen angebaut, die, ähnlich wie Kartoffeln, ihres Stärkegehalts wegen gegessen werden. In Neuseeland zum Beispiel wird die Pflanze Yam genannt, in den Anden heisst sie Apilla oder Ibia. Der Sauerklee soll ausgleichend auf die Unterleibsorgane wirken, was die Verwendung von Oxalis in den Zaubertränken erklären mag. Die Blüte von Oxalis ist zart und fein gefärbt, die Samen werden explosionsartig aus der Frucht geschleudert. Seine Blättchen kann der Sauerklee bei Berührung nach unten falten, sie schmecken leicht säuerlich und erinnern an Sauerampfer. Wer Glücksklee säen möchte, braucht etwas Geduld, bis sich die zarten vierblättrigen Blättchen aus der Erde zeigen und sich später mit zarten Blüten schmücken.

Märchen: Die Blume Quihuel-Quihuel

Schlüsselblume

Die Schlüsselblume *(Primula veris)*, deren Blüten und Stängel einem Schlüsselbund ähneln, heissen auch Himmelsschlüssel. Der lateinische Name bedeutet so viel wie «kleiner Erstling». Im Wald gehören sie mit dem Huflattich zu den ersten Blüten, die für Tee gesammelt werden können. Sie können bei Husten und Erkältung helfen. Als «Schwindelkraut» soll das Kauen oder Tragen der Wurzel Seiltänzer schwindelfrei gemacht haben. Der Tee aus den Blüten erhält eine wunderbar gelbe Farbe, ebenso der daraus gewonnene Sirup. Ein Sträusschen mit Schlüsselblumen erfreut Gross und Klein. In der nordischen Mythologie wird die Blume auch von den Naturgeistern geliebt und sie soll als Schutzpflanze genutzt worden sein. Verschiedene Sagen erzählen von einer Schlüsseljungfrau, die sich den Menschen zeigt und den Weg zu Schätzen weist. Eine christliche Legende berichtet, dass einstmals Petrus die Himmelsschlüssel entglitten und auf die Erde gefallen und daraus die Schlüsselblumen entstanden sind. Verzuckerte Schlüsselblumen oder Blüten im Salat sind kleine himmlische Frühlingsgenüsse und Hildegard von Bingen empfahl die Himmelsschlüsselchen gegen Melancholie. Auch im Garten lässt sich die Schlüsselblume kultivieren, sie braucht dafür einen frühlingssonnigen, nicht zu trockenen Standort.

Märchen: Die Schlüsselblumenfee

Schneeglöckchen

Das Schneeglöckchen *(Galanthus)* ist ein Amaryllisgewächs und heisst auch Milchblume, Lichtmess-Glöckchen, Hübsches Februar-Mädchen oder Weisse Jungfrau und in Griechenland wurde es für Brautkränze benutzt. Das Schneeglöckchen wächst gerne in Waldwiesen, Auen und Laubwäldern an feuchten und schattigen Standorten. Es übersteht Frost und Schnee unbeschadet und ist in allen Teilen giftig. Der Inhaltstoff Galantamin wird jedoch als Mittel gegen Demenz genutzt. Nach einer langen Winterzeit gehört das Schneeglöckchen zusammen mit dem Winterling zu den ersten Frühlingsboten auf die sich Gross und Klein freuen und wird damit zum Symbol für Hoffnung. Auch in der Bachblüten-Therapie wird es als Hoffnungspflanze eingesetzt. In einer Überlieferung wird erzählt, dass Gott Schneeflocken in Blumen verwandelte, damit sie Adam und Eva den Frühling ankündigten.

Märchen: Der Schnee und das Schneeglöckchen

Seerose

Die Seerose *(Nymphaea)* gehört zu den Wasserpflanzen. Sie wurzelt auf dem Grund von Seen und erblüht auf einem langen festen Stiel auf dem Wasserspiegel. Ihre grossen Blätter bedecken oft grössere Wasserflächen. Bei den Griechen heisst die Seerose Herakleios. Da eine Nymphe von Herakles verschmäht und nicht mehr zu trösten war, wurde sie von den Göttern in eine Seerose verwandelt. Die Seerose verbindet sich in den meisten Sagen mit den weiblichen Sinneskräften. Seerosenblüten, die bei Vollmond gepflückt werden, gelten als Liebeszauber. Die Ärzte in der Antike verschrieben die Samen der Seerose gegen zu starke Sexualgelüste, und so wurden sie wohl auch in den Klöstern ab und zu den Speisen zugesetzt. Die Wurzel wurde früher gemahlen und dem Mehl zugesetzt. Als Tee soll sie gegen Blasenerkrankungen helfen, ein Aufguss der Blüten hingegen beruhigend bei Ängsten wirken. Dank zahlreicher Sorten ist in fast jedem Teich Platz für die zauberhafte Blume.

Märchen: Die weisse Seerose
Die Nixe im Hüttensee
Die Blumen des Maurenkönigs

Sonnenblume

Die Sonnenblume *(Helianthus annuus)* wurde bereits ca. 2500 v.Chr. angebaut. Die Inkas verehrten die Sonnenblume als Gesicht ihres Gottes. Die spanischen Seefahrer brachten die Blume mit nach Europa. Wie im Märchen erklärt, dreht sich die Blüte der Sonnenblume dem Lauf der Sonne zu. In der Nacht kehrt ihr Kopf nach Osten zurück, um dort auf den Aufgang der Sonne zu warten. Ovid erzählt in den Metamorphosen die Geschichte von Klytia, die ihre verschmähte Liebe zu Helios nicht ertragen konnte und so lange zur Sonne schaute, bis sie nach neun Tagen in eine Sonnenblume verwandelt wurde. Da die Sonnenblume in der Antike jedoch unbekannt war, könnte hier auch das Sonnenröschen *(Helianthemum)* gemeint sein. Erst relativ spät begann man die Kerne für die Ölgewinnung zu nutzen. Auch die Tiere lieben die Sonnenblumenkerne und fressen im Spätherbst die grossen «Blütenteller» in Windeseile leer. Der Samenstand der Sonnenblume weist ein interessantes Muster aus Spiralen auf, das mit der Sonnensymbolik korrespondiert.

Märchen: Warum sich die Sonnenblume zur Sonne dreht

Stiefmütterchen

Das Stiefmütterchen *(Viola)* trägt im Volksmund viele Namen wie Muttergottesschuh, Gedenkemein und Schöngesichtchen und tatsächlich wird der Absud der Blüten bei Hautproblemen verwendet. In einer Legende wird das mit dem Veilchen verwandte Stiefmütterchen auch Dreifaltigkeitsblümchen genannt, da die Samen in drei Samentaschen reifen. Früher soll die Blume stark geduftet haben und da sie gerne im Korn blüht, wurden die Getreidehalme zerdrückt, wenn die Menschen sie pflückten. Da bat sie den Schöpfer, dass er ihr den Duft und die Heilkraft nehme, so kommt es, dass das Stiefmütterchen nicht mehr duftet – die Heilkraft aber hat es immer noch. Die Anordnung seiner Blütenblätter soll zu seinem heute bekannten Namen geführt haben. Das Kronblatt stellt die Stiefmutter dar, die seitlichen Blütenblättchen ihre Töchter und die obersten Blütenblättchen die Stieftöchter. Das Acker-Stiefmütterchen trifft man im Sommer oft zusammen mit Kamille und Mohn auf den Getreidefeldern an. Es mag trockene, nährstoffreiche Böden und warme Stellen, an denen es seine vielfarbigen Blütenblätter entfaltet.

Märchen: Der Garten des Königs

Veilchen

Aphrodite liess, mit Veilchen *(Viola)* geschmückt, die ersten duftenden Blüten erblühen. Viola hiess auch die Tochter des Königs Eurytos, die später den Sohn des Herakles heiratete. Die römische Mythologie erzählt, dass es dem Gott Vulcanus nur gelang einen Kuss von Venus zu ergattern, weil er nach Veilchen duftete. Viele Parfüms enthalten (heute künstlich hergestellten) Veilchenduft, wobei es zahlreiche duftende und nicht duftende Veilchenarten gibt. Verzuckert sind sie als «Violettes de Toulouse» bekannt und schmücken feine Süssspeisen. Getrocknet sind sie eine Beigabe zu Briefen, die die Blume mit Unschuld und Treue assoziieren. Das Veilchen soll denn auch die Jungfrau aus einer wendischen Sage erlösen, wenn es in der Walpurgisnacht gepflückt wird. Im Garten wachsen Veilchen gerne an lichten Plätzen, wie am Fuss von einem Rosenstrauch und bilden grüne Teppiche voller kleiner Blüten.

Märchen: Wie die Blumen erschaffen wurden
Das Zauberveilchen

Vergissmeinnicht

Das Vergissmeinnicht *(Myosotis)* trägt, anders als viele andere Pflanzen, in verschiedenen Sprachen einen Namen mit ähnlicher Bedeutung. Andere Namen sind Blauer Himmelsschlüssel, Herrgottsblume, Muttergottesäuglein, und es heisst, die Feen würden ihre Füsse in den blauen Blumen baden. Der griechische Name «Myosotis» bedeutet «Mäuseohr», da die Blätter Mäuseohren ähneln. Früher war es an Waldrändern verbreitet, bevor es Mitte des 19. Jahrhunderts für die Gärten entdeckt wurde. In der Romantik wurde es als blaue Blume zum Inbegriff von Treue und Sehnsucht. Medizinisch setzte man es bei Augenentzündungen ein. Die blaue Farbe variiert je nach Beschaffenheit des Bodens und reicht von blassblau bis zu einem leuchtend tiefen Blau. Nach Schlachten sollen besonders viele dieser Blumen erblüht sein. Das Vergissmeinnicht fand Eingang in zahlreiche Gedichte, in Wappen und Embleme. Eine Sage berichtet von einem Ritter, der seiner Braut einen Strauss Vergissmeinnicht pflücken wollte, doch er stürzte einen Abhang hinunter und rief nur noch: Vergissmeinnicht! Im Garten sät sich das Vergissmeinnicht gerne selbst aus und sucht sich damit auch gleich den besten Standort zum Wachsen.

Märchen: Wie die Blumen erschaffen wurden

Wegwarte

Die Wegwarte *(Cichorium intybus)* wächst, wie der Name es sagt, an den Wegrändern. Sie wurde spätestens seit dem Mittelalter in der Medizin bei Magen- und Darmerkrankungen eingesetzt. Die Blätter können als Salat genutzt und die geröstete Wurzel als Kaffeeersatz verwendet werden. Der Wegwarte werden Zauberkräfte zugeschrieben. Unter dem Kopfkissen einer Jungfrau soll sie im Traum den zukünftigen Ehemann erscheinen lassen. Im Kampf soll sie unbesiegbar machen. Viele Sagen um die Wegwarte ranken sich um das Motiv der wartenden Frau auf ihren Bräutigam und beziehen sich auch auf Freya, die Göttin des Sommers, die in den zwölf heiligen Nächten Odur versprochen wurde. Im Mai wurde Hochzeit gehalten, aber zur Sonnenwende verliess er sie und sie wartete so lange, bis sie zur Blume wurde. Früher war die botanische Bezeichnung *Sponsa solis*, was so viel bedeutet wie «Sonnenkraut». Sie öffnet ihre Blüten mit der Sonne am Morgen und verblüht nach dem Mittag.

Märchen   Die Sonne und das Mädchen mit den blauen Augen
*   Gretel im Busch und Hansl am Weg*

Winde

Die Winde *(Convolvulaceae)*, die in den Gärten nicht gerne gesehen wird, hat eine erstaunliche Wuchskraft. Sie findet immer eine Möglichkeit, sich an einer anderen Pflanze emporzuwinden, bis sie die Sonne erreicht und für wenige Stunden ihre wunderbaren Blüten öffnet. Sie kann sich nicht nur über die Samen, sondern auch über Wurzelausläufer vermehren. Es heisst, die Wurzel wachse so tief, dass der Teufel daran ziehen kann, um die Blütenglocken zu läuten. Die Süsskartoffel, eine der Kartoffel ähnliche, stärkehaltige Knolle ist ebenfalls ein Windengewächs. Früher galt die Winde auch als Heilpflanze und soll Bestandteil von Hexensalben gewesen sein, da sie psychoaktive Stoffe enthält. Sie soll bei wunden Füssen Heilung bringen und im übertragenen Sinne ist sie wirklich eine Meisterin im «Fuss fassen».

Märchen: Das Muttergottesgläschen

Ylang-Ylang

Ylang-Ylang *(Cananga odorata)* ist die Blüte des gleichnamigen Baumes. Er wächst vor allem in Indonesien und gehört zu den Magnoliengewächsen. Die Blüten werden nur einmal im Jahr am frühen Morgen verarbeitet, nachdem die Blüte bis einundzwanzig Tage gereift ist. In der malaiischen Sprache bedeutet Ylang-Ylang «Blume der Blumen». Die Blüten des Baumes werden täglich geerntet. Das Holz eignet sich zum Schnitzen und wird auch zum Bau von Trommeln verwendet. Das ätherische Öl wird in der Kosmetik verwendet. Es gilt als sehr weibliches Öl, da es die Sinne anregt, und wird in Indien als Liebesöl verwendet. Junge Mädchen schmücken sich mit den Ylang-Ylang-Blüten und verwenden das Öl zur Pflege von Haut und Haar. In der Aromatherapie soll das ätherische Öl starke Gefühle beruhigen und Selbstvertrauen schenken. Der Ylang-Ylangbaum wächst schnell und erreicht eine Höhe bis fünfundzwanzig Meter.

Märchen: Von der duftenden Blume Ylang

Zinnie

Die Zinnien *(Zinnia)*, die nach ihrem Entdecker Johann Gottfried Zinn benannt sind, gehören zu den Korbblütlern und sind in Mexico, Mittel- und Südamerika zu Hause. In Mitteleuropa sind sie einjährig und blühen von der Mitte bis zum Ende des Sommers. Die Zinnie kann äusserst lange blühen, da sie immer neue Blütenköpfe treibt – bei guten Wetterbedingungen auch hundert Tage. In der Blumensprache soll sie die Gedanken an einen abwesenden Menschen ausdrücken. Auch der folgende Wunschspruch wird mit der Zinnie verbunden: «Der Himmel erhöre unsere Wünsche.» Erst im 18. Jahrhundert wurde die Zinnie von Mexiko nach Europa gebracht. Die Menschen haben ihre Samen so lange gezüchtet, dass es heute nicht nur rote, sondern vielfarbige Variationen gibt. Die Zinnie wächst in unseren Breiten einjährig und muss im Warmen vorkultiviert werden, bevor sie nach den Maifrösten im Garten ein sonniges Plätzchen erhält.

Märchen: Die Hunderttageblume

Verwendete Literatur
H. Lundt, Im Garten der Nymphen, Düsseldorf 2006
J. Erb, Blumenlegenden, Kassel 1955
W. Storl, Pflanzen der Kelten, Aarau 2000
M. Beuchert, Symbolik der Pflanzen, Frankfurt 2004
J. G. T. Grässe, Sagenbuch des Preussischen Staates, Band 1, Glogau 1868
J. H. Dierbach, Flora Mythologica, Frankfurt 1833
A. Schön, Von Blumen, Heiligen und vom lieben Gott, Würzburg 1950
C. Zerling, Lexikon der Pflanzensymbolik, Aarau 2007
M. von Strantz, Die Blumen in Sage und Geschichte, Berlin 1875
A. und R. Geier, Götterzauber, Strassburg 2008

Quellenangaben

1. Kapitel

Wie die Blumen erschaffen wurden
  Fassung Djamila Jaenike, nach: A. Schön, Alte deutsche Blumenlegenden, Würzburg 1955
Wie die Blumen wieder in die Welt kamen
  Fassung Djamila Jaenike, nach: P. Hambruch, Südseemärchen, Jena 1916
Die Blume Quihuel-Quihuel
  Fassung Djamila Jaenike nach: B. Kössler-Ilg, Indianermärchen der Kordilleren, Düsseldorf 1956
Warum der Mohn blutrot ist
  J. Vadislav, J. Vepenik, Warum die Bäume nicht mehr sprechen können, Hanau 1976
Warum die Hyazinthe nur kurze Zeit blüht
  Ebenda
Wie das Maiglöckchen auf die Welt kam
  Ebenda
Wie die Christrose entstand
  Fassung Djamila Jaenike aus verschiedenen Quellen
Der Frauenschuh
  Fassung Djamila Jaenike, nach: J. Guter, Verwünscht, verzaubert und verhext, Dortmund 1980
  und anderen Quellen
Das Muttergottesgläschen
  J. und W. Grimm, Kinder- und Hausmärchen, Ausgabe 1840
Der Schnee und das Schneeglöckchen
  Fassung Djamila Jaenike, nach: O. Dähnhardt, Natursagen, Märchen, Fabeln und Legenden, Leip-
  zig 1907, und A. Schön, Alte deutsche Blumensagen, Würzburg 1955

2. Kapitel

Rätselmärchen
  J. und W. Grimm, Kinder- und Hausmärchen, Ausgabe letzter Hand 1857
Die Löwenzahnblume
  J. Vadislav, J. Vepenik, Warum die Bäume nicht mehr sprechen können, Hanau 1976
Warum sich die Sonnenblume zur Sonne dreht
  Ebenda
Die Sonne und das Mädchen mit den blauen Augen
  Ebenda
Die Rose und die Nachtigall
  Ebenda
Gretel im Busch und Hansl am Weg
  Fassung Djamila Jaenike, nach: A. Schön, Alte deutsche Blumenlegenden, Würzburg 1955
Die Mohnblume und die Kornblume
  Ebenda
Von der duftenden Blume Ylang
  Fassung Djamila Jaenike, nach: J. Genzsor, A. Fialowa, Philippinische Märchen, Hanau 1978
Die Tochter der Lilie und des Wermuts
  J. Vadislav, J. Vepenik, Warum die Bäume nicht mehr sprechen können, Hanau 1976

Die Rose und der Musikant

H. von Wlislocki, Märchen und Sagen der Transsylvanischen Zigeuner, Berlin 1886

Die drei Nelken

H. Meier/F. Karlinger (Hrsg.), Spanische Märchen, © 1991, Diederichs Verlag München, in der Verlagsgruppe Randomhouse GmbH

Die weisse Seerose

V. Hulpach, Das Geschenk des Totems, Prag 1972

3. Kapitel

Das Diadem aus Morgentau

Fassung Djamila Jaenike, nach: H. Görz, Sandmännchens Reise durchs Märchenland, München 1981

Die blaue Rose

Fassung Helga Gebert, nach: L. Tetzner, Märchen für 365 und einen Tag, München 1956

Drei Rosen auf einem Stiel

F. G. Brustgi, Das Wunderschiff, Schwäbische Volksmärchen, Stuttgart 1941

Die Lavendelblüte

Spanische Hunger- und Zaubermärchen, Jose Maria Guelbenzu (Hrsg.), aus dem Spanischen von S. Lange, © AB – Die Andere Bibliothek GmbH & Co. KG, Berlin 2000, 2011

Die singende Rose

U. Assaf-Nowak, Arabische Märchen, Frankfurt am Main 1997

Die Rosenschöne

Fassung Djamila Jaenike, nach: I. Kunos, Türkische Volksmärchen aus Stambul, Leiden 1905

Jorinde und Joringel

J. und W. Grimm, Kinder- und Hausmärchen, Ausgabe letzter Hand 1857

Die Nixe im Hüttensee

K. W. Glättli, Zürcher Sagen, Zürich 1970

Die Hunderttageblume

Fassung Djamila Jaenike, nach: V. Pucek, Koreanische Märchen, Hanau 1992

Die weisse Rose

O. A., Die schönsten Sagen aus Österreich, o. J

Der blühende Brunnenrand

Fassung Djamila Jaenike nach: K. Rauch, Märchen aus Italien, Spanien und Portugal, Hamburg o. J.

Der goldene Blumenstrauss

Fassung Djamila Jaenike nach: A. Reissenweber, Deutsche Volkssagen, Hersching o. J.

Die Lotosblüte

Poetische Asiatische Märchen, Wien 1979

Das Märchen von dem Mann im Garten

C. Hassan, D. A. Mustafa, U. Gösken, Drei Säcke voll Rosinen, Stuttgart 2001

4. Kapitel

Das Zauberveilchen

Fassung Djamila Jaenike, nach: A. Schön, Alte deutsche Blumenlegenden, Würzburg 1955

Grossmütterchen Immergrün

Fassung Djamila Jaenike, nach: C. und T. Colshorn, Märchen und Sagen aus Hannover, Hannover 1854

Die Blume des Glücks
H. von Wlislocki, Märchen und Sagen der Transsylvanischen Zigeuner, Berlin 1886
Die Blume des Guten
Poetische Asiatische Märchen, Wien 1979
Die Jungfrau und die Wunderblume
Fassung Djamila Jaenike nach: J. G. T. Grässe, Sagenbuch des Preussischen Staates 1 – 2, Band 1, Glogau 1868 und anderen Quellen
Die Aster
Poetische Asiatische Märchen, Wien 1979
Die singende Lilie
Fassung Djamila Jaenike, nach: L. Xuhe, Das Bett der hundert Vögel, Peking 1991
Choung und die Lotosblüte
Poetische Asiatische Märchen, Wien 1979
Der Bauer und die Roggenfrau
Fassung Djamila Jaenike, nach: H. F. Blunck, Märchen und Sagen, Hamburg o. J.
Die Päonien
Poetische asiatische Märchen, Wien 1979
Die Blumenelfen
R. Wilhelm, Chinesische Volksmärchen, Jena 1914

5. Kapitel

Die Schlüsselblumenfee (Originaltitel: Warum die Schlüsselblume keine Schätze mehr aufschliesst)
J. Vadislav, J. Vepenik, Warum die Bäume nicht mehr sprechen können, Hanau 1976
Der Flachs
Fassung Djamila Jaenike, nach: V. Blüthgen, Märchenquell, Leipzig 1920
Die Jungfrau Chrysantheme
D. und M. Stovickova, Chinesische Volksmärchen, Hanau 1968
Die Mohnblumen
G. A. Megas, Griechische Volksmärchen, © 1965, Diederichs Verlag München, in der Verlagsgruppe Randomhouse GmbH
Dornröschen
J. und W. Grimm, Kinder- und Hausmärchen, Ausgabe 1819
Die Fee der vier Jahreszeiten
Fassung Djamila Jaenike, nach: F. Karlinger, Wundersame Geschichten von Engeln, Frankfurt am Main 1989
Die Tochter der Blumenkönigin
H. von Wlislocki, Märchen und Sagen der Bukowinaer und Siebenbürger Armenier, Hamburg 1891
Ruschullina
Fassung Djamila Jaenike, nach: F. Obert, Rumänische Märchen und Sagen aus Siebenbürgen, Hermannstadt 1925
Die schöne Rosenblüte
K. Rauch, Märchen aus Italien, Spanien und Portugal, Hamburg o. J.
Der junge König und Maria Roseta
Fassung Djamila Jaenike, nach: H. Meier, F. Karlinger, Spanische Märchen, Düsseldorf 1961; V. Cibula, Spanische Märchen, Prag 1973; L. Salvator, Märchen aus Mallorca, Leipzig 1896
Die Hochzeit der Merisana
K. F. Wolf, Dolomitensagen, Bozen 1813

6. Kapitel

Die Blumensamen
  Fassung Djamila Jaenike, nach einer indischen Geschichte aus: Osho, Zen, The Path of Paradox, Band 2, Dehli 1978
Soniri, der Thronfolger
  V. Pucek, H. Tomaova-Weisova, Koreanische Märchen, Hanau 1992
Die Mondblume
  F. Karlinger, G. de Freitas, Brasilianische Märchen, Düsseldorf 1972
Die Wunderblume Romanial
  F. Karlinger und U. Ehrgott, Märchen aus Mallorca, Düsseldorf 1968
Die Blumen des Maurenkönigs
  A. Mehdevi, Märchen aus Mallorca, Frankfurt am Main 1974
Hans mit dem duftenden Blumenstrauss
  J. Horak, Der König und sein Narr, Hanau 1993
Die Glücksblume
  Fassung Djamila Jaenike, nach: L. G. Barag, Belorussische Märchen, Berlin 1967
Die drei Rosen
  Fassung Djamila Jaenike, nach: H. Branky, Volksüberlieferungen aus Niederösterreich, Halle 1877
Die schönste der Blumen
  Fassung Djamila Jaenike, nach verschiedenen Fassungen., u.a. A. Barber, P. Hess, Die schönste aller Blumen, Stuttgart 2002, und V. Hulpach, Balkanmärchen, Hanau 1996
Die Rose des Königs Avetis
  Z. Novakova, J. Vapenik, Kaukasische Märchen, Hanau / Prag 1977
König Laurin und sein Rosengarten
  Leicht gekürzte Fassung Djamila Jaenike, nach: K. F. Wolff, Dolomiten-Sagen, Innsbruck 1977
Der Garten des Königs
  Fassung Djamila Jaenike, nach: Osho, Take it Easy, Band 2, Dehli 2005

Gedichte:
L. Uhland: Der Mohn (Auszug)
J. v. Eichendorff: Mondnacht (Auszug), Die blaue Blume (Auszug)
M. Claudius: Der alte Gärtner (Auszug)

In einzelnen Fällen konnten wir trotz aller Bemühungen keine Rechteinhaber ausfindig machen. Falls hierdurch Honoraransprüche entständen, sichern wir deren Entgelt in angemessener Höhe zu.

Widmung und Dank

Ich widme dieses Buch Hasib Jaenike und danke allen, die mich ermutigt haben, das Buch zu illustrieren – es hat mir unzählige Stunden im Garten in der Betrachtung der Blumen und viele Erkenntnisse in der Bearbeitung der einzelnen Märchen gebracht. Ein besonderer Dank allen, die den Märchen und den Blumen wieder mehr Platz zum Wachsen und Gedeihen geben.

Djamila Jaenike

Publikationen der Mutabor Märchenstiftung

Baummärchen aus aller Welt
Vierzig Baummärchen in sieben Kapiteln
Mit einführenden Texten und Baumbetrachtungen
Ausgewählt und illustriert von Djamila Jaenike
Mit zahlreichen Schwarzweiss-Zeichnungen und 17 Farbbildern
Herausgegeben von der Mutabor Märchenstiftung, 2010/2013
Mit einem Vorwort von Sigrid Früh
184 Seiten, gebunden
ISBN 978-3-9523692-0-3

Wintermärchen
Siebzig Wintermärchen in sieben Kapiteln
Ausgewählt von Djamila Jaenike
Mit zahlreichen Schwarzweiss-Zeichnungen von Cristina Roters
Herausgegeben von der Mutabor Märchenstiftung, 2011
240 Seiten, gebunden
ISBN 978-3-9523692-1-0

Märchenkalender
Zwölf Märchenbilder und zahlreiche
Schwarzweiss-Zeichnungen von Cristina Roters
Zwölf Märchen für Kinder, ausgewählt von Djamila Jaenike
Mit immerwährendem Kalendarium
Herausgegeben von der Mutabor Märchenstiftung, 2012
Format: 23,5 x 33,5 cm
ISBN: 978-3-9523692-2-7

Zeitschrift Märchenforum
Die Fachzeitschrift für Märchen und Erzählkultur
Sie erscheint viermal im Jahr und enthält thematisch
gefasste Märchen, Beiträge aus Märchenforschung,
Pädagogik und Erzählkunst
Durchgehend vierfarbig, Format A4, Umfang ca. 44 Seiten
Herausgegeben von der Mutabor Märchenstiftung

Mutabor Verlag
www.mutaborverlag.ch

Mutabor ist das Zauberwort aus dem Märchen
von Kalif Storch und bedeutet:
Ich werde verwandelt werden.

Informationen

Mutabor Märchenseminare – Schule für Märchen und Erzählkultur
In der Schule für Märchen und Erzählkultur erhalten Menschen die Gelegenheit, die Kunst des Märchenerzählens zu erlernen. In den verschiedenen Ausbildungsangeboten werden je nach Schwerpunkt erzählerische, kreative, therapeutische oder psychologische Aspekte betrachtet und erarbeitet. Verschiedene Dozenten ermöglichen Einblicke und Sichtweisen in eine neu belebte Märchenkultur, die heute in unterschiedliche Tätigkeitsfelder einfliesst.

Mutabor Märchenstiftung
Die Mutabor Märchenstiftung hat sich zum Ziel gesetzt, die Integration des Märchens in den Alltag mit verschiedenen Projekten zu unterstützen. Auf der Homepage können Sie sich über die einzelnen Aktivitäten informieren. Hier finden Sie auch die Adressen von Märchenerzähler/-innen, eine Datenbank mit Märchen aus dem Schweizer Märchenschatz und Informationen zur Zeitschrift Märchenforum.

Mutabor Verlag
Der Mutabor Verlag legt seinen Schwerpunkt auf die Herausgabe von besonderen Märchensammlungen, die zum Vorlesen und Erzählen anregen. Die Grundlage sind Volksmärchen, die ursprünglich über Generationen mündlich weitergegeben wurden und heute als literarisches Kulturgut neu entdeckt werden können. Mit unseren Publikationen können Sie eintauchen in vergessene Welten und Märchenschätze neu entdecken, damit die überlieferten Märchen lebendig bleiben und ihre Weisheiten nicht verloren gehen.

Mutabor
Postfach
CH-3432 Lützelflüh
www.maerchen.ch